生活因阅读而精彩

生活因阅读而精彩

# 输给
# 会说话的人
# 不甘心

## 会说话是能力，懂沉默是智慧

戈 阳⊙编著

中国华侨出版社

**图书在版编目(CIP)数据**

输给会说话的人不甘心:会说话是能力,懂沉默是智慧 /
弋阳编著.—北京:中国华侨出版社,2012.7

ISBN 978-7-5113-2594-5

Ⅰ.①输… Ⅱ.①弋… Ⅲ.①人际关系–口才学–通俗读物
Ⅳ.①C912.1-49

中国版本图书馆 CIP 数据核字(2012)第 154181 号

输给会说话的人不甘心:会说话是能力,懂沉默是智慧

编　　著 / 戈　阳
责任编辑 / 严晓慧
责任校对 / 孙　丽
经　　销 / 新华书店
开　　本 / 787×1092 毫米　1/16 开　印张/17　字数/258 千字
印　　刷 / 北京溢漾印刷有限公司
版　　次 / 2012 年 8 月第 1 版　2012 年 8 月第 1 次印刷
书　　号 / ISBN 978-7-5113-2594-5
定　　价 / 29.80 元

中国华侨出版社　北京市朝阳区静安里 26 号通成达大厦 3 层　邮编:100028
**法律顾问:**陈鹰律师事务所
编辑部:(010)64443056　　64443979
发行部:(010)64443051　　传真:(010)64439708
网址:www.oveaschin.com
E-mail:oveaschin@sina.com

# 前言 QIANYAN

　　说话，是每个人的必修课程，也是影响生活、友谊、工作等最直接的一件事。一个会说话的人，不仅可以充分利用说话的技巧，清楚地把自己想表达的事情与他人做有效的沟通，更可以将个人在事业上面的发展、人际关系的处理，推向更成功的地位。相反地，一个不会说话的人，不仅无法充分表达自己的意思，更会使个人在工作、处世等方面受到诸多的限制与阻碍，使成功的路途多添障碍。

　　既然说话这么重要，口才好那么令人羡慕，那为什么我们又会对一些口若悬河的能说之人产生反感呢？原来，这些人犯了以下几种说话的忌讳：一、不看时间说话；二、不看场合说话；三、不看对象说话；四、说假话、空话等"不靠谱"的话；五、只说自己想说的话，逞一时口舌痛快……诸如此类，都是表达上的大忌，它会引起听众的反感和不信任。正如庄子所言："能胜人之口，不能服人之心，辩者之囿也。"

　　可见，真正的口才是门艺术，它要能感染人、打动人，能让人听了心里舒服，能引起听众的共鸣。要在该说话时，能够"一语百步音，一言力万钧"，做到每一句都精妙有用；在不该说话时，要善于倾听，懂得沉默。如果说会说话是一种能力，那适时的沉默便是一种智慧。

　　基于此，本书推崇"该说话时会说话"是一种能力、"该沉默时懂沉默"是一种智慧的观点。前者是指要说得精当准确，而不是信口开河、长篇大论。言语是有好坏之分的，言语圆满周全，就受人欢迎；言语不圆满周全，就会使别人产生不良印象，甚至会给自己制造麻烦。后者告诉你在不该多说的时候懂得沉默，以此达到以退为进、宽容忍让等目的。有内涵和智慧的人绝不会轻易显耀自己的口才，他们懂得倾听，懂得适时沉默，在倾听中获得更大的价值。无论在演讲、论辩，还是在与人谈话时，时刻要提醒自己，要使自己可进可退。这好比在战场上一样，有了牢固的后防，进可攻，退可守。

　　无数成功者的事例说明，人最具有可塑性，只要我们在实践中注重加强口才训练，掌握正确的训练方法，即使天生笨嘴拙舌，不善言谈，也能练出好口才。本书正是本着这种精神，在编写过程中，遴选了大量实例，总结了许多好的经验，通过一个个针对性强的细节，使广大读者朋友在阅读中能直接地获得启示、方法和技巧。

# 目录 MULU

## 上 篇

# 别输在不会说

## 该说话时会说话是一种能力

每个人都会遇到很多在各种场合发言的机会,当你因害怕不会讲话而放弃这些机会时,实际上就是放弃了许多次成功的机会。

## 第1章 此言一出,举座皆惊:演讲的话要会说

演讲的目的在于宣传思想、激励他人,用意想不到的见解引出话题,营造"此言一出,举座皆惊"的艺术效果;用滴水不漏的语言,深刻影响听众,极大地感染听众,唤起听众的热情和兴趣,引起最广泛的情感上的共鸣。

## 第2章　天衣无缝，无懈可击：论辩的话要会说

在法庭上不会辩护，那么注定会失败；在面试时说不出要点，也注定不会被录用；不懂得用道理与人沟通，人际关系会惨淡。论辩是思想的交锋，是逻辑的碰撞；辩辞必须天衣无缝，无懈可击。

## 第3章　或藏或露，或直或曲：谈判的话要会说

成语"词不达义"是指人们在说话或写文章时，不能准确表达内心的真实意愿。这种人一到谈判桌上，常常失去自己的底线，被对方牵着鼻子走。而富有雄辩的人，能充分表达自己的想法，语意或藏或露，口吐莲花，话锋或直或曲，话柄牢牢在手，把握着谈判的主动权。

## 第4章 以情动人，以理服人：社交的话要会说

当今社会是一个充满竞争与合作的信息化社会，说话不仅是人们日常生活之必需，也是直接影响个人事业成败的重要因素。生意场上有"金口玉言，利益攸关"之说；生活中有"一言既出，驷马难追"之说。

## 第5章 有礼有度，攻心为上：公关的话要会说

仅仅依附于空洞的文字，而缺乏雄辩的口才，是无法将你和你身后的团队推广宣传出去的。只有通过在各种场合、各种环境中不断地"说"，才能够让更多的人对你与你的团队，由陌生到认识，由认识到了解，由了解再到认同，产生信赖和好感。

## 第6章 分寸恰当,灵活机变:竞聘的话要会说

不能说出自己的特长、能力,通不过面试这一关,也就得不到需要的职位,怎么能证明自己的才干?不善于与领导对话,将不被任用,限制了发展空间,又怎么证明自己是个能人?善于倾听和回答问题,善于提问和引导话题,是能够帮你展现水平和能力的。

## 第7章 含蓄委婉,心服口服:批评的话要会说

人无完人。在这个世界上,没有人不犯错误。在错误面前,你可能忍不住要大发雷霆。"狂风暴雨"过后,你可能会沮丧地发现,你的"善意"并没有被对方接受,甚至,结果可能让你追悔莫及。批评对谁来说,都不是一件让人愉快的事,但是,如果你能够掌握批评的技巧

和方法的话,相信你和他人的交流将更容易些。

## 第 **8** 章　真心诚意,温暖人心:赞美的话要会说

　　赞美是极具效率的人脉语言,我们身边的每个人,当然也包括我们自己,都希望得到他人的赞美,希望自己的价值得到肯定。我们都处于一个极小的天地里,并且认为自己是小天地中的重要人物,渴望得到他人由衷的赞美。那么,我们究竟希望得到什么样的赞美呢?我们又该如何去巧妙地赞美他人呢?

## 第 **9** 章　以心换心,四两拨千斤:求助的话要会说

　　一个人如果事事都要依赖别人,那做人也太没有骨气了。但是,人生在世,身不由己,谁又能靠自己的力量解决所有的问题呢?智慧者如诸葛亮,为促成孙、刘联盟,亲自跑到东吴求人;才学者如蒲松龄,为写《聊斋志异》,广求乡邻搜集奇闻逸事……

## 下 篇

# 别败在太能说

## 该沉默时懂沉默是一种智慧

该说话时说话,是一种水平;不该说话时不说话,是一种能力;
知道什么时候该说话、什么时候不该说话,是一种智慧。

### 第10章　提高涵养,了解真意:沉默是为了更好地倾听

　　伏尔泰说:"耳朵是通向心灵的道路。"倾听是对他人的一种肯定、一种尊重,可我们的心中往往有太多自以为是的东西,阻碍我们去倾听别人的话。听,需要艺术;听,还是不听,更需要艺术。

### 第11章　心宽如海,大度待人:沉默是为了更好地包容

　　宽容是一种境界,而无语的宽容是一种更高的境界。有智慧的人不会总是在言语上战胜别人,他懂得给人余地的好处,于是以沉默表示自己的宽容。这种无声的语言,同样能起到帮助他人改正错误的作用,它比责骂、教训有更好的效果,因为它更具力量。

## 第 12 章　大智不辩，为而不争：沉默是为了更好地忍让

老子在《道德经》里说"智者不辩"、"为而不争"，看似消极，实则积极。不是不争，更不是无为。如果不是大是大非问题，对那些犹如夏虫语冰之类的话题，我们还是远离为好，不争不辩为好。有口才的人辩倒他人很容易，但有智慧的人还是不辩为好。这道理，妙在其中。

## 第 13 章　内心明了，表面糊涂：沉默是为了更好地体察

沉默不是默而不示，它是有内容的，其内容有时清晰，让对方明白，有时却是模糊的，不可让对方完全猜透。做到这一点，你必须去了解对方。人的直觉虽然敏感却容易受人蒙蔽，懂得如何推理和判断才是察言观色所追求的顶级技艺。

## 第14章　借形示意，无声胜有声：沉默是为了更好地暗示

体语作为非言语符号，其形成和使用较之语言的出现和运用历史更久，而且其使用频率和使用广度较之言语亦更甚。据美国体态语言学大师伯德惠斯戴尔的测定，两人沟通时，有65%以上的信息是用非言语符号，即体语传递的。

## 第15章　口讷木言，不生是非：沉默是为了更好地息争

孔子认为君子应"讷于言而敏于行"，这句话很有道理。"敏于行"值得发扬，与它相并列的一项修炼是"讷于言"，也就是我们现在所说的"心直但不能口快"。这里的"心直"是正直率真，胸怀坦荡；"不能口快"是说不能口无遮拦、想说就说。

## 第 16 章　以心代言，贵在默契：沉默是为了更好地理解

有一种比语言更伟大的真理，那就是沉默。一切的含义都蕴涵在一个眼神、一个笑容，甚至一个表情中，这恰恰能表达我们最真实的意图。当你能表达沉默并读懂沉默时，已经参透了与人相处的最大秘密。

## 第 17 章　等待时机，以静制动：沉默是为了更好地博弈

老子说："重为轻根，静为躁君。"人在沉默冷静的时候，思维更活跃，思路更清晰，所以与其当面锣对面鼓地干，不如在沉默中等待时机，选择最有力的方式，然后在"沉默中爆发"。当自己处于被动不利的位置时，保持沉默实际上就是保护自己。

# 上 篇

# 别输在不会说

## 该说话时会说话是一种能力

每个人都会遇到很多在各种场合发言的机会,当你因害怕不会讲话而放弃这些机会时,实际上就是放弃了许多次成功的机会。

# 第1章
# 此言一出,举座皆惊:演讲的话要会说

演讲的目的在于宣传思想、激励他人,用意想不到的见解引出话题,营造"此言一出,举座皆惊"的艺术效果;用滴水不漏的语言,深刻影响听众,极大地感染听众,唤起听众的热情和兴趣,引起最广泛的情感上的共鸣。

## 技巧1:三句话抓住听众的心

演讲时,开场白最不易把握,演讲者要想三言两语抓住听众的心,并非易事。如果在演讲的开始听众对演讲者的话就不感兴趣,那后面再精彩的言论也将黯然失色。

### (1)触动听众的内心

听众对平庸普通的论调都不屑一顾,置若罔闻;演讲者倘若用意想不到的见解引出话题,营造"此言一出,举座皆惊"的艺术效果,会立即震撼听众,使他们急切地想接着听下去,这样就能达到吸引听众的目的。

美国总统奥巴马的就职演说,他一上台几句话就让人们"震惊"了:

今天我站在这里,看到眼前面临的重大任务,深感卑微。我感谢你们对我的信任,也知道先辈们为了这个国家所做的牺牲……

现在我们都深知,我们身处危机之中。我们的国家在战斗,对手是影响深远的暴力和憎恨；国家的经济也受到严重地削弱，原因虽有一些人的贪婪和不负责任，但更为重要的是我们作为一个整体在一些重大问题上决策失误，同时也未能做好应对新时代的准备。

我们的人民正在失去家园、失去工作，很多企业要倒闭。社会的医疗过于昂贵，学校教育让许多人失望，而且每天都会有新的证据显示，我们利用能源的方式助长了我们的敌对势力，同时也威胁着我们的星球。

统计数据的指标传达着危机的消息。危机难以测量，但更难以测量的是其对美国人国家自信的侵蚀——现在一种认为美国衰落不可避免，我们的下一代必须低调的言论正在吞噬着人们的自信。今天我要说，我们的确面临着很多严峻的挑战，而且在短期内不大可能轻易解决。

就在人们情绪被"抑"下去后，奥巴马立即接着说：

但是，我们要相信，我们一定会渡过难关。

今天，我们在这里齐聚一堂，因为我们战胜恐惧选择了希望，摒弃了冲突和矛盾而选择了团结。今天，我们宣布要为无谓的摩擦、不实的承诺和指责画上句号，我们要打破牵制美国政治发展的若干陈旧教条。

美国仍是一个年轻的国家，借用《圣经》的话说，放弃幼稚的时代已经到来了。重拾坚忍精神的时代已经到来，我们要为历史作出更好的选择，我们要秉承历史赋予的宝贵权利，秉承那种代代相传的高贵理念：上帝赋予我们每个人以平等和自由，以及每个人尽全力去追求幸福的机会。

......

美国依然是地球上最富裕、最强大的国家。同危机初露端倪之时相比，美国人民的生产力依然旺盛；与上周、上个月或者去年相比，我们的头脑依然富于创造力，我们的商品和服务依然很有市场，我们的实力不曾削弱，但是，可以肯定的是，轻歌曼舞的时代、保护狭隘利益的时代以及对艰难决定犹豫不决的时代已经过去了。从今天开始，我们必须跌倒后爬起来，拍拍身上的泥土，重新开始

工作,重塑美国。

国家的经济情况要求我们采取大胆且快速的行动,我们的确是要行动,不仅是要创造就业机会,更要为下一轮经济增长打下新的基础。我们将造桥铺路,为企业铺设电网和数字线路,将我们联系在一起。我们将回归科学,运用科技的奇迹提高医疗质量,降低医疗费用。我们将利用风能、太阳能和土壤驱动车辆,为工厂提供能源。我们将改革中小学以及大专院校,以适应新时代的要求。这一切,我们都能做到,而且我们都将会做到!

奥巴马的演说无异于平地惊雷,又宛若异峰突起,怎能不震撼人心?

### (2)用自嘲活跃气氛

自嘲是幽默的最高境界。自嘲用在开场白里,目的是用诙谐的语言巧妙地自我介绍,这样会使听众备感亲切,无形中缩短了演讲者与听众间的距离。

在一次作代会上,萧军应邀上台,第一句话就是:"我叫萧军,是一件出土文物。"这句话包含了多少复杂感情:有辛酸,有无奈,有自豪,有幸福。而以自嘲之语表达,形式异常简洁,内蕴尤其丰富!胡适在一次演讲时这样开头:"我今天不是来向诸君作报告的,我是来'胡说'的,因为我姓胡。"语音刚落,听众大笑。这个开场白既巧妙地介绍了自己,又体现了演讲者谦逊的修养,而且活跃了场上气氛,一石三鸟,堪称一绝。

1930年2月9日,蔡元培70岁生日,上海各界人士在国际饭店为他设宴祝寿,他在答谢演讲时风趣洒脱地自嘲道:"诸位来为我祝寿,总不外乎要我多做几年事。我活到了70岁,就觉得过去69年都做错了。要我再活几年,无非要我再做几年错事咯。"宾客一听,顿时大笑,整个宴会充满了欢声笑语。试想,如果他摆出一副严肃相,一本正经地致答谢辞,就不会造成这样轻松愉悦的气氛。

### (3)情景交融,引人入胜

一上台就开始正式演讲,会给人生硬突兀的感觉,让听众难以接受。不妨以眼前人、事、景为话题,引开去,把听众不知不觉地引入演讲之中。

1863 年，美国葛底斯堡国家烈士公墓竣工。落成典礼那天，国务卿埃弗雷特站在主席台上，只见人群、麦田、牧场、果园、连绵的丘陵和高远的山峰历历在目，他心潮起伏，感慨万千，立即改变了原先想好的开头，从此情此景谈起：

站在明净的长天之下，从这片经过人们终年耕耘而今已安静憩息的辽阔田野放眼望去，那雄伟的阿勒格尼山隐隐约约地耸立在我们的前方，兄弟们的坟墓就在我们脚下，我真不敢用我这微不足道的声音打破上帝和大自然所安排的这意味无穷的平静。但是我必须完成你们交给我的任务，我祈求你们，祈求你们的宽容和同情……

这段开场白语言优美，节奏舒缓，感情深沉，人、景、物、情是那么完美而又自然地融合在一起。据记载，当埃弗雷特刚刚讲完这段话时，不少听众已泪水盈眶。

### （4）用故事提升趣味

用形象性的语言讲述一个故事作为开场白，会引起听众的莫大兴趣。选择故事要遵循这几个原则：要短小，不然成了小说评书；要有意味，促人深思；要与演讲内容有关。

某年，82 岁高龄的麦克阿瑟回到母校——西点军校。这里的一草一木，令他眷恋不已，浮想联翩，仿佛又回到了青春时光。在授勋仪式上，他即席发表演讲，开头他这样说：

"今天早上，我走出旅馆的时候，看门人问道：'将军，您上哪儿去？'一听说我到西点时，他说：'那可是个好地方，您从前去过吗？'"

这个故事情节极为简单，叙述也朴实无华，但饱含的感情却是深沉的、丰富的。既说明了西点军校在人们心中非同寻常的地位，从而唤起听众强烈的自豪感，也表达了麦克阿瑟深深的眷恋之情。接着，麦克阿瑟不露痕迹地过渡到"责任—荣誉—国家"这个主题上来，水到渠成，自然妥帖。

**(5)用悬念激发好奇心**

人们都有好奇的天性,一旦有了疑虑,非得探明究竟不可。为了激发起听众的强烈兴趣,可以使用悬念手法。在开场白中制造悬念,往往会收到奇效。

有一位教师举办讲座,会场秩序比较混乱,学生对讲座不感兴趣,老师转身在黑板上写了一首诗:"月黑雁飞高,单于夜遁逃。欲将轻骑逐,大雪满弓刀。"写完后说:"这是一首有名的唐诗,大家都说写得好,我却认为它有点问题。问题在哪里呢?等会儿我们再谈。今天,我要讲的题目就是'读书与质疑'。"这时全场鸦雀无声,学生的胃口被吊起来了。演讲即将结束时,老师说:"这首诗问题在哪里呢?不合常理。既是月黑之夜,又是严寒冬季,北方哪有大雁?"这样首尾呼应,强化演讲内容,令人回味无穷。

# 技巧2:真实的事,实话实说

在叙事型演讲或谈话中,演说者要从生活中实实在在的事说起,以事才能明理。这在演讲和说话中是一条非常重要的思路。

叙事型演讲是通过通俗易懂和生动感人的经验、事例引发出深刻而令人深思的道理。它不能是生硬、机械地空谈道理,而是讲述一些实实在在的道理,丝丝入扣地分析事理。一句话,善于这样做的人懂得,哪怕是最好的调料,也不能一勺一勺地填入听众口中,而只能撒在汤中,浇在菜里,恰到好处,适可而止。

某公司连续几年亏本,已经面临倒闭的状态,公司老总为了挽救公司,决定开一次全员总结大会,这是公司创办2年来的首次全体员工都参加的大会,大会开始前的20分钟,公司老总要求公司73多人每人都要提一条自己最想提的建议,如果这条建议符合规定,那么公司将执行此建议。

大会开始后,73 名员工提的建议几乎都是:一、人性化管理,不强求员工加班;二、按时发工资;三、伙食好点。

这三点让公司老总沉默了,这三点是保障每个员工最基本的 3 点,也是公司规定上唯独没有的 3 点,偏偏正是这 3 点,成了公司员工们心头的痛。试问,一个心头有痛的员工,怎能做好工作?

公司老总说:"召开这个的大会,我觉得很好,这实际上是开启了一扇从善之门,公司以前有做的不对的地方,请多包含,公司管理层有不对的地方,请大家指出。公司也会通过这次的从善之会,改正缺点。"

公司的员工听后立刻欢腾了,也正是通过了这次大会,公司在之后几个月的业绩和生产进程一直节节高升。

通过这次大会,公司老总终于知道了公司为什么会连续几年亏本面临倒闭了,他没有避重就轻,而是针对当前形势,敢于面对,并且提出了整改。

当然,只有在事实以及基于事实的一系列基本判断真实可信的条件下才能得出富于说服力的结论。因此,演讲者和说话者必须学会一定的技巧,以强化基本事实和判断的可信度。有一位牧师在布道演说中这样说教:

兄弟姐妹们,请大家把头抬起来,看看上边,看看气窗和天窗,看看上面的玻璃,是否明亮?是否像在室外一样看到蓝天和太阳?请兄弟姐妹们把头低下来,看看下边,看看地板上,是否干净?是否有一片纸屑、一口痰迹?请兄弟姐妹们把手伸出来,把双手都伸出来,摸摸凳子上面再摸摸扶手,看看你们的手掌,是否有一星尘埃、一点污迹?你们看看左边再看看右边,看看每一个窗台,看看窗台上的每一盆花、一盆一盆看过去,有没有发现一片黄叶?是不是每一盆花、每一朵花都开得正好?一切都做得很好,好得不能再好,是不是呢?然而我们却不知道是谁做了这些事。

当然,一定有人做了这样的事。兄弟姐妹们,是谁做了这样的好事?我们不想把做了好事的人一个个指给大家看,也不应该把这样的好人一个个指给大家

看。兄弟姐妹们，看看你们的左边，看看你们的右边，看看你们的前面或是后面，做了好事的人就在你的身边。你们相互看一眼，笑一笑，就这样好了，也就足够了。有心做好事的人，不愿意人们知道他，但做了好事的人，你是一眼就可以看得出来的，做了好事心里就满足、就愉快，他的神情就温暖、就慈爱。做了好事的人心里很清楚，是谁来得最早，谁是第一，谁是第二，谁带的抹布，谁带的扫把，谁送的鲜花……

牧师从刚刚发生在人们身边真实的事情说起，平稳自然地把一些做事和做人的道理寓于其中，让人们切实地体会到身边的小事需要每一个充满爱心的人去做。

## 技巧3：找到引发联想的触点

演讲时，演讲人的思维应该处于一种极度活跃的状态，对于对方的话题或身边的事物应有敏锐的感触。正因为思维状态的活跃，人的思维触觉才十分敏锐，对身边的物和人能触类旁通，观一知十。因此，即兴说话时要认真观察，多方感受，快速思考，引发联想。根据演讲所处的特定时间、特定地点，深立意、巧构思，讲出一个奇妙的境界。

即兴说话时，可以按听众所关心的问题引发；可以根据场地布置的标语引发；可以按天气、时令、突发事件和前面说话者的说话内容引发。一般来说，"触媒点"应是能形诸视觉或听觉的具体事物，引发时要巧妙地找到它们之间的联系，在一定程度上赋予实物一个新的、深的含义。两者之间有同有异，唯其异才能产生新意，唯其同才能借此引发。

在一次抽题演讲比赛中，一位演讲者抽到了《三峡工程在召唤》，他如是说：

大家知道，三峡工程将在三峡把长江拦腰截断。虽然从此在中国的版图上再也看不到三峡美丽的风光、壮丽的景色了，再也感受不到李白"两岸猿声啼不住，轻舟已过万重山"的意境了，但展现在我们面前的将是另一番迷人的景观。那是一幅现代科技的主体图画，是现代人智慧的完美造型，是勇敢和创造的反映物。面对如此沉重的呼唤，我不能亲临现场为三峡工程增一块砖、加一片瓦，对此我感到非常遗憾！但面对这呼唤我又感到高兴和激动，我将为之鼓舞。

这时响起了告示铃，演说到这里已进行了两分半钟，只剩下半分钟了，如果演讲者顺着这思路讲下去，似乎讲不出什么新意了。这名演讲者突发奇想，抓住刚才响起铃声这个触媒，引发开去：

铃声响了，告诉我演讲的时间只有半分钟了。是啊，时间紧迫啊，这铃声也向我们昭示：人生在世，时间是有限的。朋友们，让我们在有限的时间内多为祖国、为社会、为人民做点事。我虽然不能为三峡工程直接作贡献，但三峡工程的目的就是能够让长江两岸人民免除水患，安居乐业。所以我应在自己的工作中尽职尽责，辛勤付出，只有这样才能达到和三峡工程相同目的——为人民服务，同时也响应了三峡工程的召唤。谢谢！

他的演讲一结束，现场就响起了长时间的掌声。这就是演讲者抓住了"铃声"这一触媒，展开联想进行巧妙衔接，使演讲生动活泼。

著名语文教育家谢东曙应邀参加春节团拜会，事先没准备发言，可主持人在会上临时请他讲几句。他看到桌上一改过去摆设丰盛糖果、高级糕点的传统习惯，仅清茶一杯，于是灵机一动，抓住"清茶一杯"这一触媒点，以"一"字引发，即兴赋诗："欢聚一堂迎佳节，清茶一杯显精神，团结一心创伟业，步调一致向前进！"大家报以热烈的掌声，欢呼再来一个，他急中生智，顺着刚才进行的"一"字一直思考下去，卖了一个关子："别喊，还有一个横批：说一不二！"得体的引发得到了与会者的交口称赞。特别是最后一句"说一不二"，既是对前话的延续，又是对观众要求的一种答复，巧用双关，精妙之至。

# 技巧4：合理组织，有话可说

演讲最显著的特点便是它的即时性。它是激情的喷涌，心灵的闪耀；是睿智的迸发，思想的火花；是知识的展示，更是能力的外化。即兴说话最大的难点是无话可说，有话难说。无话可说，有话难说都是没有很好地组织语言材料，没有理清讲话思路。怎样才能组织好材料呢？下面介绍几种方法：

**（1）逐层展开法**

以文题为中心逐层展开，像剥笋皮一样一层一层剥开，直至鲜明主题。采取这样的思路时，即使各小节不能即时准备，但有主线串连，演讲者也能做到有话可说。

**（2）正反用例法**

围绕题目可先选用一到两个正面例子，然后选取一到两个反面事例，这样正反交错，能较好地过渡与组织材料。一正一反，形成强烈对比，深化讲话主题的意义不言而喻。

**（3）平行组合法**

围绕题目可选用几个事例或观点组合起来，并列前进，把这些事例或观点稍稍排队，然后一个个地进行表述，再适当总结，上升到理论，如郭沫若《在萧红墓前的讲话》中的一段：

那么，什么是年轻精神的品质呢？

第一，是真理的追求者。他是一张白纸，毫无成见地去接受客观真理。他如饥似渴地请人指教，虚心袒怀地受人指教，他肯向一切学习，以养成他的智慧。这是年轻人的第一特征。

第二，是博爱的实践者。他大公无私，好打抱不平，决不或很少为自己打算，切实地有着人饥己饥、人溺己溺的情怀，甘为他人服务。这是年轻精神的第二特征。

第三，是勇敢的战士。他不怕任何艰难困苦。他富于弹性，倒下去立刻跳起来，碰伤了舐干血迹，若无其事，他以牺牲自我的意志战胜一切。这是年轻人的第三特征。

这三种年轻人的特征，每一个年轻人都是有的，假如他把这些特征保持着，并扩大着，那他便永远年轻，就是死了还年轻；假如他把这些特征失掉，比如年纪轻，便做狗腿子的事，那他不仅不年轻，而且老早是一个死鬼了。

**(4)层层递进法**

在一些较短的即兴说话中，可以运用关键词把一些材料连起来以展开思路。用这种方法构思，材料才会聚而不散。

**(5)纵向扫描法**

紧扣说话题目或情境，从纵的角度，按时间的顺序进行组材：过去怎样，现在怎样，以后又怎样。

以上几种方法一般是交叉运用，协同进行的。真正要做到锦心绣口、妙语连珠，还需平时的日积月累及各方面的锻炼。

# 技巧5：发散思维，彰显幽默

高明的演讲者时时会用到发散思维。所谓发散思维，是指突破恒定的思维模式，展开独到、新颖、奇特的联想。它被广泛运用于现实生活中，"脑筋急转弯"就是发散思维的实际运用。正因为发散思维突破了常规的局限，将说话上升到一个崭新而又特别的层面，于是常常折射出幽默的色彩。

为什么说应用发散思维会给即兴说话带来幽默感呢？下面我们看应用发散思维解释社会现象的实例：

有位领导从国外谈判回来，顺路回老家休假，少不了当地政要、实业家或同学、乡友们前来探望，其间，一些人向他请教："咱们省是个穷省，资金少、底子薄，在开发西部的战略中，怎样才能把经济发展起来？"

领导一本正经地说："你们要争取'傍大款'。"在场的人一时没有反应过来，他接着说道："咱现在比较落后，所以要从长计议，韬光养晦，傍住一个大企业，先给人家打工，然后慢慢进入它的生产环节、销售环节，很快就把你带起来了。"

"傍大款"本不是一个褒义词，但与经济发展这样一个大主题联系到一起，顿觉其内涵是那么丰富，意义是那么贴切，一个"傍大款"，既形象地描绘出了西部地区发展经济的一般模式和基本规律，其指导作用也是显而易见的，人们听起来，既不费解又受益匪浅。

这种运用发散思维的效果，是不是很明显？如果在即兴说话中遇到一些自己一时难以说清楚的事物，利用这一构思工具，问题不就解决了吗？这样，不光让你避免说话中断的尴尬，同时还能为你增添幽默，赢得支持。

发散思维告诉我们：

①即兴说话构思的开始阶段，说话人没必要将全部思想锁定在主题上，一心一意为了主题而挖空心思构造演说，而应该静下心来，抓住主题，并以主题为出发点，将思维打开，向四面八方去寻找你所想要的表现主题的东西，这样，思维就变得开阔了，说话才会显得大气，视野开阔。

②即兴说话要求说得有用、中肯，这就要求所说的每一件事都应与主题有密切联系，即它们之间有共性。这其实也是运用发散思维的关键。要做好这一点，就需要说话人在构思当中准确无误地把握好主题的属性特征以及"发散"到的事物的内在本质，并将两者放在一起作适当的比较，看二者之间是否有某些关键性的相通之处，有则用之，无则免之。

# 技巧6：用哲理提振信心

一个人在演讲中能否让话题有哲理，能否产生震撼性的效果，与说话者的思想成熟程度密切相关。哲理性语言有许多种类型：

**（1）警策型**

这类语言的特点是话一出口使人一惊，但惊而无险。出人意料，却在情理之中。例如，有一位哲学家曾说过这样一句话："有人可能100岁时才走向坟墓，但他生下来就已经死亡。"这句话中的"活了一百岁"与"生下来就已经死亡"是一对矛盾，然而矛盾背后却蕴涵着深刻的哲理。

**（2）若愚型**

这一类型的语言往往说出最平常的事，然而这些事情一经提示，便成了很耐人寻味的东西。如爱默生说："站在山的旁边，就看不到山。"歌德也曾说："光线充足的地方，影子也特别黑。"他们说的都是极普通的事实，然而一经他们提示，这些事实就起了奇妙的变化，使人从中领悟到了很多东西。

**（3）忠告型**

这类语言常使人在善意中感到亲切，在亲切中领悟道理。如："如果你考虑两遍再说，那你一定说得比原来好一倍。""如果一个人不知道他要驶向哪个码头，那么任何风都不会是顺风。""从伟大到可笑，只有一步远。"等等。

**（4）总结型**

这类语言的特征是归纳经验。如："长久迟疑不决的人，常常找不到最好的答案。""财富往往像海水，你喝得越多，就越感到渴。"等等。演讲和谈话中运用哲理性语言，可以达到精辟、深邃和简练的效果，可以使自己的言辞更有力量。

从生活中提炼具有哲理性的句子，并用排比的形式加以列出，效果会更好。如有一篇演讲中阐述"严厉惩处不是纠正腐败现象的最好手段"的观点时，强调指出："腐败分子是活生生的人，你消灭了他的肉体，却消灭不了他的灵魂；你限

制了他的人身自由,却限制不了他的思想自由;你解除了他的职务,却解除不了他的恶劣影响。"这段富有哲理的话,赢得了听众的阵阵掌声。

## 技巧7:针对强手,采用"欲擒故纵法"

所谓欲擒故纵,就是首先故意避开目标,使人放松戒备,然后抓住要义,一举擒拿,达到目的。它往往异峰突起,获得出奇制胜的效果。西门豹治邺的故事,就是运用擒纵法的典型事例。西门豹要破除迷信,却不明言,反而故意装成十分虔诚的样子,与大家一同为河伯送女,等到看过河伯妇之后,他突然对巫妪说:"是女子不好,烦大巫妪为入报河伯,待更求好女,后日送之。"便相继把巫妪一一投入河中。他巧妙地借神权迷信来打击神权迷信,以出其不意的突然一击,严惩了害人者,挽救了受害者,使广大群众猛然惊醒,陋俗得以破除。

在演讲中,特别是在论辩性较强的演讲中,擒纵之法经常被采用。其原因在于它符合"情随事迁"的心理活动,易于收到事半功倍的奇效。演讲者要把基本主题组织到另外一些能为听众接受的主题中去,使听众产生一种印象,似乎演讲者与听众在某些观点上是相近的,造成演讲者与听众心理吻合的情境,使演讲者的观点自然地被听众顺利接受。

19世纪中叶,美国维护奴隶制与反奴隶制的斗争空前激烈。1858年,伊利诺伊州南部奴隶主对废奴主义者十分愤恨,声称林肯若来演讲,必置之于死地。林肯并没被吓倒。他十分自信:"只要他们给我谈几句话的机会,我就可以把他们说服。"他在演讲的一开头,运用的就是擒纵手法:

南伊利诺伊州的同乡们,肯塔基州的同乡们,密苏里州的同乡们……让我们大家以对待朋友的态度来交往。我是立志要在世上做一个最谦和的人,决不会去损害任何人，也决不会干涉任何人。我现在对你们诚恳地要求：请你们允许我说几句话，并请你们静心地听。你们是勇敢而豪爽的，这一点要求，我想一定不致遭到拒绝吧。现在让我们诚恳地讨论一个严重的问题吧。

面对强悍的反对者，林肯开头没有直接批评，而是以"纵"的手法，先颂扬他们勇敢豪爽，和他们"套近乎"，为他们唱赞美诗，渐渐地消除他们的戒备心理和敌对情绪，使演讲得以顺利进行，最后竟赢得了喝彩大潮。

## 技巧8：感人的话，用故事来说

有的演讲者在演讲时只是刻板地讲些理论，听众感到没有意思，于是，他在台上讲，听众在台下小声说，有的人打瞌睡，有的人干脆溜了。但有的演讲者，在演讲时经常穿插一些小故事，听众非常感兴趣。所以，有经验的人在演讲时总是在注意搜集故事，特别是到一个新地方演说，总是希望能够早几日到达该处，有充分的时间去访问当地人，了解当地情况和历史，然后再来演讲，演讲辞中尽量插入该地的实际情况，这样才能引人注意。如果总是讲述一些刻板的理论，会令人生厌；而讲述一些普通人的事，就容易抓住听众。

演讲者必须牢记：人们不愿意接受教训式的演讲。教训是没有一个人愿意听的，必须要使听众高兴，否则，没有人会注意到你的演讲。世界上最大的趣事之一，便是高尚的美妙的闲谈，应该讲述自己熟悉的人的故事给听众，说明为什么某人成功而某人失败的原因，这是听众所乐意听到的。

例如，某人在演讲"人靠什么成功"时说了这样一个故事：

有一位留美的计算机博士，毕业后想在美国找份工作。由于自己是博士，所以找工作的时候，净挑一些职位高的，职位太低了他总觉得没面子。就这样跑了

许多天，终究没有结果。一天晚上，他思来想去，突然决定改变求职的方法。

第二天，他来到一家职业介绍所作了登记。不过，他没有出示任何学位证明，他要以最低的身份碰碰运气。

出乎意料的是，没过几天，就接到职介所的通知：他被一家公司录用了，职位是程序输入员。

对一个计算机博士来说，这个职位简直是用"高射炮打蚊子"，太大材小用了。不过，他知道这份工作来得并不容易，所以干得一丝不苟。

没过多长时间，老板就发现这个小伙子非一般的程序输入员可比。因为他能看出程序中不易察觉的错误。这个时候，他亮出了学士证，老板看了看，就给他换了个对应的职位。

又过了几个月，老板又觉得这个小伙子远比一般的大学生高明，因为他时常能提出许多独到的，而且非常有价值的建议。这个时候，他亮出硕士证，老板看了一眼，就立刻提拔了他。

又过了半年，老板觉得他还是和别人不一样，他几乎能解决工作中遇到的所有技术难题。于是，老板破例请他到自己家喝酒。在老板的一再追问下，他说自己是个计算机博士，因为工作不好找，就隐瞒了起来。第二天一上班，老板就宣布了他的新职位。他还没有来得及出示计算机博士证，就成了公司的副总裁。

这个演讲者所说的故事，很有趣味，因而容易演讲成功。演讲者讲述内容丰富的人生故事，一定是动人的。一个人在事业上努力拼搏而取得成功的故事永远是动人的。有人说，最好的故事题材就是一个人一生中的真实经历，这句话很有道理，谁没有过奋斗和挣扎呢？

事情本身往往就能说明问题。演讲中如果能穿插故事，不仅可以说明道理，而且能够给人启迪。

## 技巧 9：收场的话，要引起共鸣

收场的话如何引起听众共鸣?这需要技巧，更需要经验。我们先来看下面这个例子。这是当年威尔斯亲王在多伦多帝国俱乐部发表演说的结束语:

各位，我很担心。我已经脱离了对自己的克制，而对我自己谈得太多了。但我想要告诉各位，这是我在加拿大演讲以来听众最多的一次。我必须要说明，我对我自己地位的感觉，以及我对与这种地位同时而来的责任的看法——我只能向各位保证，将随时尽这些重大的责任，并尽量不辜负各位对我的信任。

大家可以听出，即便是不敏锐的听众，也会"感觉"到这就是结束语。它不像一条未系好的绳子那般在半空中摆荡;它也不会零零散散地未加修整，它是修剪得好好的，已经整理妥当的。

林肯总统在他的就职演说中所表现的是多么高贵而又富有力量，下面是他这次演说辞的结尾部分:

我们很高兴地盼望，我们很诚挚地祈祷，这场战争的大灾祸将很快成为过去。然而，如果上帝的旨意是要这场战争持续两百五十年，让那些无报酬的奴隶所积聚的财富完全耗尽，持续到受皮鞭鞭打而流出的每一滴血要用由刀砍伤而流出的血来赔偿，那么，我们也必须说出三千年来相同的那句话:"上帝的裁判是真实而公正的。"不对任何人怀有敌意，对所有人都心存慈悲，坚守正义的阵营，上帝指引我们看见正义，让我们努力完成我们目前正在进行的任务，治疗这个国家的创伤，照顾为国捐躯的战士们，照顾他们的遗孀及孤儿，我们要尽我们一切的责任，以达成在我们之间的一项公正永久的和平，并推广至全世界各国。

奥巴马就职演说和林肯的就职演说可以说有着异曲同工之妙，他们的结尾都可以说是透着庄严的语气、铿锵有力的话语，体现着内心真实的感情，行若流水地体现着一位杰出的演讲者应该具备的扎实素质。奥巴马在就职演说辞的结尾这样说道:

让我们记住这一天，记住我们是谁、我们走了多远。在美国诞生这一年，在最寒冷的几个月，在结冰的河岸，一群爱国人士抱着垂死的同志。首都弃守，敌人进逼，雪沾了血。在那时，我们革命的成果受到质疑，我们的国父下令向人民宣读这段话：

"让这段话流传后世，在深冬，只剩下希望和美德，这个城市和这个国家，面临共同危险，站起来迎向它。"

美国，面对我们共同的危险，在这个艰困的冬天，让我们记得这些永恒的话语。怀着希望和美德，让我们再度冲破结冰的逆流，度过接下来可能来临的暴风雪。让我们孩子的孩子继续流传下去，说我们受到考验时，我们拒绝让旅程结束，我们不回头，也不踌躇；眼睛注视着远方，上帝的恩典降临我们，我们带着自由这个伟大的礼物，安全送达未来的世世代代。

可以说，像这样充满感情、充满爱意的演说很容易引起人们的共鸣，给人们以强有力的触动，从而留下更多的回忆。也只有这样的结尾，才可称得上美丽而又完整的结尾。

# 第 2 章
# 天衣无缝，无懈可击：论辩的话要会说

在法庭上不会辩护，那么注定会失败；在面试时说不出要点，也注定不会被录取；不懂得用道理与人沟通，人际关系会惨淡。论辩是思想的交锋，是逻辑的碰撞；辩辞必须天衣无缝，无懈可击。

## 技巧 10：严肃的问题，风趣地说

在论辩中，幽默往往会带来意想不到的效果，一会让对手丧失论辩抵抗力，也会让自己充满风趣与自信，从而赢得论辩的主动权。一句风趣的话语会感染着论辩场中的每个人，让你获得论辩的成功。

当论辩即将引发一场冲突时，幽默有助于使剑拔弩张的紧张气氛缓和下来。

有一次，英国有位善辩人士在街上演讲，当他讲到社会种种问题时，激昂地说道："为使这些老爷们清醒，我们唯有把宫殿和众议院烧光。"由于听众越来越多，几乎挤得水泄不通。维持秩序的警察向群众说："各位请散开吧。要烧宫殿的请到左边来，要烧众议院的请到右边来。"群众爆笑起来，自行散开了。

论辩中运用幽默手法是一种极为有效的制胜术，它能直接体现辩手的知识水平、思想素质、语言表达能力的高低。运用幽默来阐述或批驳对方观点，会产生极好的论辩效果。在论辩中运用幽默艺术，有很多方法，不论是请君入瓮，

还是暗度陈仓以及旁敲侧击、以守为攻等，都可以使用幽默。

在辩论赛中，幽默常常可以发挥巨大威力，能巧妙地表达观点，控制场上气氛，不仅给对方造成心理压力，也给评委和观众留下良好印象。例如：

在一次大专辩论会上，反方为了驳斥正方的"温饱决定论"，反方三辩对裴多菲的诗作了如下的改动："生命诚可贵，爱情价更高。若为温饱故，两者皆可抛。"这一幽默的驳斥在场上取得了相当好的效果。又如，在辩论艾滋病问题时，反方三辩又幽默地说："如果哪个人给艾滋病'爱'上的话，恐怕会'此恨绵绵无绝期'吧！"在批评对方把艾滋病局限于医学领域，必然会延误治疗，从而给全社会带来灾难性后果时，反方三辩又机智地引证了柳宗元的诗："千山鸟飞绝，万径人踪灭，孤舟蓑笠翁，独钓寒江雪。"从而生动地刻画出对方在理论上孤立无援的窘态，为反方赢得了长时间的笑声和掌声。

语言的幽默当然不仅仅表现在语言之诗化上，也表现在机智的应对上。在辩论"温饱"问题时，正方的第四辩手一口气向反方提出了三个问题，可是，他在讲话中错误地称李光耀为新加坡的"总统"，反方第四辩手站起来，立即指出了他的这一常识性的错误，引起了长时间的掌声。

把严谨的逻辑思维与幽默风趣的语言（加上辅助动作）结合起来，并不是一件容易的事情。所以，幽默以其巨大的力量被论辩家们称为"幽默炸弹"。"幽默炸弹"在赛场上轰炸，往往会取得意想不到的效果。

在生活中，也处处存在论辩（或争辩），如果你善于幽默，就会钝化攻击，淡化矛盾，避免尴尬。

有一次，海明威在一个晚宴上遇到了一个喜欢吹嘘而又无实力的作家，他借故走开，但是这个作家缠住他不放，对他说："我老早就很想为你写传，希望在您百年之后，我有这个荣幸。"

海明威不喜欢对方的为人，但又不便当面拒绝，于是风趣地婉拒说："既然我知道你想为我写传，我就不得不设法活久一点了。"

海明威出名之后，除获得大多数人的敬仰之外，也招致了一些人的妒忌，当然也有不少富人来附庸风雅，海明威对此非常反感。

一天，纽约的一个靠炒房地产发了大财的富翁来拜访海明威，并一再要求海明威给他签名留念。

在一再推托无效的情况下，海明威便用手杖在沙地上画上了自己的名字，然后挺客气地对那富翁说："请您收下我的签名吧！"

这就是海明威的智慧，他用幽默的方式委婉地拒绝他人，既没伤害到别人，也让自己显得很有体面。

"在公司里我是头。"一位公司经理对他的朋友说。

"这我相信，但在家里呢?"他的朋友问。

"在家里我当然也是头。"

"那么您太太呢?"

"她是脖子。"

"为什么?"

"头想动弹的话，将先服从于脖子。"

如此幽默，一笑之后，双方距离就拉近了。人与人之间没有解不开的疙瘩，许多事情都是误会造成的；或者由于把问题看得太死，不懂得通融和幽默，而把人际关系闹僵了。一笑解千愁，善于幽默者常常逢凶化吉；一笑泯恩仇，善于幽默的人总是把问题引向良性的轨道。

## 技巧11:破解悖论,巧妙地说

悖论,是自相矛盾的命题。即如果承认这个命题成立,就可推出它的否定命题成立;反之,如果承认这个命题的否定命题成立,又可推出这个命题成立。如果承认它是真的,经过一系列正确的推理,却又得出它是假的;如果承认它是假的,经过一系列正确的推理,却又得出它是真的。悖论常常会出现在论辩中,某些辩手的辩辞往往有意无意会含有悖论,此时,论辩者如能慧眼明察,加以利用,并以此为突破口,巧妙地予以破解,必使对方辩手难以自圆其说而被击败。

《吕氏春秋》记载了这样一个故事:有一年发了大水,淹死了郑国富户家的一员。尸体被别人打捞起来,富户的家人要求赎回。然而捞到尸体的人要价太高,富户的家人不愿接受,他们找邓析出主意。

邓析说:"不用着急,除你之外,他还会卖给谁?"捞到尸体的人等得急了,也去找邓析要主意。邓析却回答:"不要着急,他不从你这里买,还能从谁那里买?"

同一个事实,邓析却推出了两个相反的结论,每一个听起来都合乎逻辑,但合在一起就荒谬了。

在论辩中,要学会破解悖论,须掌握下列3种方法:

### (1)用"自我涉及法"使对方无言以对

一般的悖论,如果不涉及对方自我,往往不易发现其悖谬,而一旦把对方牵涉进去,则悖论立现。用对方自我涉及的方法来使对方作茧自缚,是破解对方悖论的绝妙方法。

河南大财主金泰来是个有名的刻薄鬼。袁世凯称帝时,他也想趁乱世之机,克扣长工的工钱。某日,他摆了几桌酒席,把长工奴仆都叫来,说:"今天请大家只为袁大总统当了皇帝,咱们喜庆喜庆。"

"为了庆贺皇帝登基,我想赏在座各位每人二百两白银,只是有条件,每人说一件我从来没听过的事就行。说对了有赏,说错了受罚,罚他一年的工钱。"

大伙儿一听，心想，这哪是请客？分明软刀子杀人，想扣工钱啊！一个个只好皱着眉头想对策。

一个小丫头说："老爷，从前我家养了一只鸭，一天下七个蛋，三个'双黄'，四个……"

没等小丫头说完，金泰来一摆手说："听说啦，我家的鸭子，一天下过十个蛋哟！哈哈哈……把工钱抹去！"

一个长工说："老爷，我见过一只狗，两只眼睛朝前，两只眼睛朝后，两只眼睛朝左，两只眼睛……"

"唉，别说啦！这算啥，一边长六只眼睛的狗，我都见过！哈哈哈，把他的工钱抹掉！"

金泰来一口一个"听说过"，把长工们的血汗钱都给吞了。这时，一个当奶妈的仆人站起来说："老爷，奴家姓赵，我家祖父说，他与你家曾祖父有八拜之交。论起来，你还得叫我姑奶奶呢。这事你一定听说过吧！"

"胡说！"金泰来眼睛一瞪，吼道："我怎么从来没听说过？"

奶妈哈哈笑了起来，说："老爷，既然你没有听说过，那就快拿二百两银子赏我吧。"

金泰来半晌才转过弯来，在众人面前，不好赖账——再说，他总不能凭空认一个姑奶奶吧。如此，金泰来只好无言以对了，只好拿出二百两亮光光的白银给了奶妈。

### （2）用"悖论假定法"使对方无话可说

凡是悖论，都隐含着自相矛盾的逻辑错误，破解对方的悖论，可以运用逻辑中的二难推理形式揭穿对方悖论的自相矛盾，对方悖论构成夹击钳制之势，使对方陷入进退两难，难以自圆其说之境地。

在论辩中还可以利用"悖论假定法"，让对方陷入自相矛盾的境地，将对方逼进"死胡同"，无话可说。悖论假定法是以假定的内容为前提，再利用一种特殊

的逻辑矛盾,使对方无论作出怎样的回答,其结果总会自相矛盾,从而达到讲话者的目的。

包拯年少时聪明过人,甚受大家喜爱。有一次,他的好友公孙策跟一个同伴到郊外游玩,不料迷路了。转来转去,竟然闯入了军营之中,按当时的条律:擅闯军营者当斩。公孙策百口莫辩。危急时刻,包拯闻讯赶到,证明公孙策等人的身份并陈述事情原委,请求放人。可都尉执意处罚,并且刁难包拯:如果能回答出他的一个问题就可放人,否则就要连包拯一同治罪!

都尉双眼一翻,一个怪题就出来了:"你若能猜出我此刻心里所想,那么我就放了你们。"问题一出,周围的人都不由倒抽了一口凉气。人的心思变化多端,又有谁能猜得出?况且即使猜出来,他也可以说是没猜对啊!这不纯粹是逼人送命吗?公孙策更是叫苦连天,心想这回老包也不行了,我们是死定了。大家都静静地注视着包拯。只见包拯沉思了一会回答说:"我知道你心里想什么了,你心里就是想如何给我们治罪。"此话既出,四座皆惊。大家都怪包拯这样说,心想若说别的,也许还能再求情,现在你出言尖刻,得罪了都尉,哪还有活路?

可包拯不慌不忙继续解释:"都尉大人若说我猜对了,那么就应该放了我们;若说我猜错了,那就是你本就无心治我们的罪,那也应该放了我们。都尉大人,你说我说得对吗?"大家一听,都热烈地鼓起掌来。都尉陷入了进退两难的境地,只好免了他们三人的罪。

这里,包拯所用的说话技巧是论辩中的"悖论假定法"。包拯通过一句假定的"你心里就是想如何给我们治罪",使都尉陷入了"两难回答"的境地:如果都尉说是对的,那就正好符合了前面自己所说的"你若能猜出我此刻心里所想,那么我就放了你们",却与他内心的想法相悖,包拯也就达到了救人的目的;如果都尉说是错的,那么又正好与包拯所说的"你心里就是想如何给我们治罪"相反,从而得出"你心里本来就不想给我们治罪"这个结论,那当然也应该放人。因此,无论都尉的回答是肯定的还是否定的,其结果只有一种:都应该放了他们几人。

### （3）用"揭悖反驳法"使对方言行相悖

与辩者行为相矛盾的论题，就是不符合辩者行为的论题。一个辩者的论题如果不符合自己的行为，就犯了"言行相悖"的立论错误。《吕氏春秋·淫辞》云："所言非所行，所行非所言，言行相诡。"所谓"言行相诡"，即这里所说的"言行相悖"。《墨辩》中说："非诽者悖，说在弗非。"该书《经下》篇又说："非：诽非，己之诽非也。不非诽，非可非也，不可非也。是不非诽也。"

这两段话是说：反对批评的人是言行相悖的，原因在于不能反对。如果说进行批评不对，那你这种说法本身也就不对。不反对批评，别人有错误才能批评，这样才能无可非议。所以，我们不能反对批评。墨家学派阐明，如果"反对批评"（即非诽），那么，由于"反对批评"本身也是一种批评，这种"反对批评"的批评也应该反对。只有不反对批评才能批评别人的错误，因而不能"反对批评"。实际上，这种"反对批评"的批评是言行相悖的。因此，这种"反对批评"的言论，也是与辩者行为相矛盾的论题。

一切口是心非、阳奉阴违、表里不一的人们的言辞，都与自己的行为不符，其言行是相互矛盾、难以自圆其说的。在现实生活中，有些人说话冠冕堂皇，然而其所作所为，离其所讲的差距很大，这也是一种言行相悖的悖论。在论辩中，如果遇到这种情况，可以先极力肯定、赞美对方所说的美言，再以其美言反衬其丑行，达到揭露其心口不一、言行相悖的目的，使其不得不收敛自己的丑行。

进行反驳，如果发现对方的论题与其行为相矛盾，即可揭露出来予以批驳。揭露出论敌的言行相悖之处，就会使论敌陷入自相矛盾之中，他或者承认自己的论题错误，或者承认自己的行为失误，总之，只有认输而已。

有个人盖了座新房子，房子四周修了一堵雪白的围墙。他怕别人在墙上涂写，便在墙上写了"此墙不许涂写"几个字。有个旁观者问："既然'此墙不许涂写'，那为什么你还写？"房主人说："我自己的墙，我愿意写，你管不着。"旁观者

说:"你的墙,我固然管不着,可是,既然你在墙上写了字,'此墙不许涂写'这话还有什么用呢?"房主人听后愣在那里,一时不知如何回答。

旁观者指出,房主人要求"此墙不许涂写",而他自己却在墙上涂写,这是言行相违的。旁观者揭露了房主人的言行相悖之处,房主人难以自圆其说,就被辩倒了。

这种"揭悖反驳法"很有论辩力,揭露出对方的言行相悖之处,就使之处于自相矛盾的困境,无论他承认自己的论题错误,还是承认自己的行为失误,总之是认错了,也就将他辩胜了。

## 技巧 12:对付诡辩,错误地说

在现实生活中,有些人为了维护自己的观点或看法,往往会构设诡辩来向对方发难,陷对方于被动尴尬的境地。诡辩在论辩中固然厉害,但诡辩自身存在着语言模糊、内容矛盾、逻辑错误等方面的局限性,因此,反驳诡辩可从以下这些方面打开突破口:

### (1)以诡辩反诡辩

论辩中,我们的种种努力,不过就是找出或者制造出对方的错误。对方以诡辩作为武器,那很好,省得我们麻烦——立即抓住诡辩的小辫子,以诡辩进行毫不留情的反"诡辩"。

对方抛出荒谬的观点,那就还给他一个同类的观点,对方便会欲辩无辞。

古时候有一个吝啬的财主,算计完下人就喜欢喝酒。这一天,他拿出一个空酒瓶,叫一个聪明的长工去买酒,却没有给长工一钱银子。

长工莫名其妙,问道:"老爷,没有银子,怎么能够买到酒呢?"

财主生气了，大声诡辩说："你不是很聪明吗？花银子买酒，哪一个不会？不花银子买到酒，那才算本事呢！"

长工听了，没有反驳，跑到外面小睡了一会儿，然后揉揉眼睛，就举着空酒瓶回来了，恭恭敬敬地对财主说："酒来了，请老爷品尝！"

财主一看是个空酒瓶，不禁高声喝道："没有酒，喝什么喝！"

长工却笑着说："酒瓶里有酒，谁不会喝？要是您从空酒瓶里喝出酒来，那您才是有本事呢！"

一个长工，就这样将错就错地把为难自己的大财主给制伏了。

对方的立论本来就有显而易见的谬误，再层层引申出其更多的荒谬，对方便会败得惨不忍睹。

### （2）就错解错，以正驳反

对方诡辩的语言如果含糊不清，那我们就可以将错就错，通过判断、分析、解释，淋漓尽致地批驳他的荒谬观点和不实之词，恰到好处地阐明自己的立场和观点。

一天，重利的老张和重义的老刘论辩了起来。老张为了给老刘脸上抹黑，构设了一个以模糊语言为核心的诡辩以嘲讽老刘，问："在金钱和道德之间，你选哪一个？"

老刘不假思索地答："当然选道德。难道你选金钱？"

老张诡辩说："我是选择金钱，因为我缺少金钱。你选择道德，那是因为你缺少道德。"

老刘知道老张诡辩的关键词语是"缺少"，而"缺少"这个词的含义在特定语境中是很模糊的，即包含了"缺得很多、缺得不多、缺一点点"等方面的意思，他立即反驳说："你的话只讲对了一半，十分的道德，我已有九分，还缺少一分，所以我要选道德；万贯的家财，你已有九千贯，但你还缺少一千贯，所以你要选金钱。因此，准确地说，我选道德是因为我崇尚道德，你选金钱是因为你贪图金钱。"

老张终于没有了言语。

**（3）恣意发挥说开去**

恣意发挥，是论辩的自由之境，是不易到达的层次。和许多精彩的方法一样，它可以让我们战胜对手，同时享受论辩的过程。

乾隆年间的大学士纪晓岚满腹诗书，才华横溢，善于在论辩中恣意发挥。

一天，乾隆皇帝问纪晓岚"忠孝"二字作何解释，纪晓岚答道："君要臣死，臣不得不死，为'忠'；父要子亡，子不得不亡，为'孝'。"乾隆皇帝立刻叫纪晓岚马上去死。纪晓岚领旨，乾隆皇帝又问纪晓岚打算怎么死。纪晓岚说跳河。乾隆皇帝当然知道纪晓岚不会去死，于是就静观其变。不一会儿，纪晓岚回到乾隆跟前。乾隆笑着问他为什么没有死，纪晓岚答道："我走到河边，正要往下跳时，屈原从水里向我走来，他说：'晓岚，你此举大错矣！想当年楚王昏庸，我才不得不死，你在跳河之前应该先回去问问皇帝是不是昏君，如果不是昏君，你就不该投河而死；如果说皇上跟当年楚王一样地昏庸，你再死也不迟啊！'"乾隆听后放声大笑，连连称赞纪晓岚不愧是雄辩之才，当然也不叫纪晓岚去死了。

对方如果进行诡辩，那我们就可以将错就错，恣意发挥，反衬荒谬的立论，先指明矛盾所在，然后再点出问题的实质。

对一些貌似正确而实则错误的说法，正面进攻不易，那就先肯定歪理，将错就错，从另一面说开去。

一个烟民和一家商店的售货员争辩没有结果。事情的起因是这样的，这个烟民入商场买烟，点燃便抽，售货员以不许抽烟的店规予以阻止，烟民非但不听，还责问商店为什么卖烟。于是，这个烟民和售货员之间发生了争辩。正在两不相让之际，商店经理闻讯而至。问明情况后，经理笑着拍了拍这位烟民的肩膀说："你的意思好像并非无理。是啊，商店不让抽烟，为什么要卖烟呢？不过，我们商店还卖手纸呢。"在围观者的大笑声中，烟民听出了经理话中的意思——你总不至于认为在我们商店可以大小便吧——不由得脸上发红，于是掐了烟头，讪讪离去。

### （4）就着错误打圆场

在某些场合，我们如果说错了话就改口，往往反而不美，甚至可能把错话越说越黑。就着错误妙打圆场，以下可以借鉴。

如果因为说错了话而陷入尴尬的境地，那么也可以索性顺着错处接下去，自找台阶，为自己也为对方打个圆场。

婚礼正在进行中，一位来宾为新人的祝福却引起了一场轩然大波。

当时，这个婚宴上的来宾正在争先恐后地祝福新人。一位先生激动地说道："……感情的世界时常需要润滑，你们现在就好比一对旧机器……"

举座哗然。一对新人的不满之情溢于言表，因为他们是各自离异后又重新组合的一对，自然以为那位先生的"旧机器"之说隐含着讥讽。那位先生更是后悔不迭——原来，他的本意是要将一对新人比作新机器，希望他们能够少些摩擦，多些谅解，没想到却在脱口之间说错了话。

见改口反为不美，那位先生马上又补了一句："已过了磨合期。"见举座称妙，那位先生于是乘势而上，继而又充满深情地说道："新郎新娘，祝愿你们永远沐浴在爱的春风里。"大厅里一时掌声雷动，一对新人早已笑若桃花。

论辩中出现语言失误，马上巧释词义，可以妙渡难关。

在一次智力竞赛中，主持人问"三纲"指什么，一个女学生过于紧张，匆忙之间答道："臣为君纲，子为父纲，妻为夫纲。"在哄堂大笑中，这个女学生意识到自己答倒了，于是接着说道："我说的是新'三纲'。现在人民当家做主是主人，而领导者是人民的公仆，所以'臣为君纲'；当前一对夫妇只生一个孩子，孩子在家庭里成了小皇帝，这就是'子为父纲'；如今许多家庭里妻子的权利超过了丈夫，'妻管严'、'模范丈夫'流行，这就是'妻为夫纲'。"

"三纲"被她赋予了新的含义，满堂的嘲笑于是变成了热烈的掌声。

被误会，或者被污蔑，申辩争吵往往无济于事。将错就错，巧释对方的词义，往往可以很快平息风波。

某学校举办作文竞赛，获一等奖的小丽在颁奖大会上宣读作文。就在她满怀激情地朗读作文的时候，忽然有人高喊了一声："抄的！"

在同学们的交头接耳中，小丽同学却大声宣布："是抄的！"

全场哗然！作文朗读也停了下来。老师一惊，低声却又不乏严肃地对小丽同学说道："作文比赛是一项严肃的活动，不允许任何弄虚作假的行为。假如你的文章是抄的，核实后将取消评奖资格。"

声音虽小，但全场又是一阵骚动。这时，小丽同学却坦然地说："请允许我把话说完。我说的抄，是经过自己深思熟虑打好腹稿之后，再抄到草稿纸上加以润色，最后定稿抄到规定的稿纸上。我抄的正是我自己独特的思想，难道这种'抄'不对吗？"

一阵静默之后，全场响起了热烈的掌声。

## 技巧 13：针对谬论，正确地说

想指出对方的错误，不妨先假定对方错误的论题是正确的，然后顺着这个论题引申，推导出更为荒谬的结论，让人一看就明白，毋庸置疑。例如，"如果有胡子就算学识渊博，那样山羊也可以上讲台了"，显然，山羊不能上讲台。可见以胡子来判断学识水平是荒谬的。

楚庄王特别喜欢养马，有匹马因过肥而死了，楚庄王要以"大夫"的葬礼为该马办丧事。大臣们纷纷劝阻，楚王不依，并声称："谁敢再劝，杀他的头！"于是谁也不敢开口了。优孟得知此事后，闯入王宫，仰天大哭。楚庄王惊诧不已："优孟，你为何哭得这样悲伤？"优孟说："大王心爱的马死了，用'大夫'的葬礼太不够排场了，应该用国君的葬礼。用玉石做棺，以佳木为椁，让各国使节都来送葬，给它造一个富丽堂皇的祠堂。用金牛金羊祭祀，封它最高的封号。"优孟见楚庄王疑惑不解，便接着说："这样，人们就都知道了，大王把马看得比任何人都高贵万倍。"楚庄王听出话里有话，问道："难道我的过错有这么严重，我该怎么办好呢？"优孟笑道："依我说，用铜锅做棺椁，使炉灶做棺套，用葱姜上供，给它穿上火做的袍子，埋进人肚里，这是最好的葬礼。"

聪明的优孟，正是巧用了"归谬法"。他开始虚张声势，为死马大哭，撩人眼目，绕着弯子进入正题，然后一步一步引申到了荒唐不过的境地，终于让楚庄王醒悟，应允了把死马烹食。试想，如果优孟一开始直接批评庄王的错误，恐怕早就"人头落地"，还谈得上烹马而食吗？

谬论犹如过街老鼠，人人喊打。不过，在归谬中，辩者不是"打老鼠"，而是"喂老鼠"，让老鼠贪婪地吃，直至胀暴其身。归谬常常机智地使对方自相矛盾，束手就擒，让对方自己陷入自己挖的"坑"中，埋葬自己。

谬论犹如肥皂泡，美丽的外衣掩盖着其空虚的本质。归谬不是用手拍破肥皂泡而是用嘴吹破肥皂泡，愈吹愈大，直到"啪"的一声破灭，暴露其内在本质的空虚，获得喜剧效果。在这"啪"的破灭声中，人们顿悟式的惊喜交集，看到了谬论美的外衣掩盖下本质的空虚、可笑，从而获得一种对于谬论轻蔑、嘲笑的审美愉悦。

一位旅客面对火车误点，生气地对列车员说："既然不能正点，你们何必费事印时刻表呢？"这位旅客的观点是：不必印时刻表了。列车员就以此归谬："要是我们当真不印时刻表的话，你就无法说出火车究竟误点没有，误了多久了，对吗？"

这位列车员设假为真，顺"吹"下去，风趣幽默，轻松愉悦，使那位旅客由愤怒突然放松，情不自禁地爆出笑声。我们为列车员的机智赞叹、欢欣。

认识归谬的论辩魅力之所在，可进一步加大反驳力度，增强反驳的艺术性，在"哈哈"声中捍卫真理。

# 技巧 14：发现对方矛盾，快说

论辩中发现了对方话语的矛盾，那真是极好地驳倒对方的机会，机不可失，时不再来，这时候反应要快，语速要快。大量事实证明，人们在企图说服对方时，往往采取从对方的话语中找出矛盾并予以反驳的方法。可以说，这是一个比较常用也比较便捷的方法，它可以让对方在自相矛盾、不能自圆其说的情况下不得不认输。下面就如何利用话语中的矛盾辩驳对方介绍几种方法：

**（1）将谬论推演下去**

我们在表述观点时，往往有这样的情况，就是从个别事物或现象推导出一般的、普遍的道理，比如，下雨之前，天空大多是阴沉沉的，我们就可以概括出这样的看法：下雨天总是先要阴天的。但这种推断方法并不总是正确，许多时候有些东西往往是根据我们经验得出的，因此难免会留下漏洞，这个漏洞就是我们在辩论中的一个切入点。

**（2）进行正面交锋**

情理，是指人们在长期社会生活中，逐渐形成的普遍认可的价值观和由此而形成的处世原则。辩论时如果我们听出有悖于情理的漏洞，自然就掌握了出击的炮弹。

20 世纪 30 年代，英国商人威尔斯向香港茂隆皮箱行订购 3000 只皮箱。没想到在交货时威尔斯声称皮箱内层有木材，不能算"皮"，因此向法院起诉，要求赔偿 15% 的损失，这是明显的强词夺理。茂隆皮箱行的老板无奈之中找到著名的华人律师罗文锦，请他出面为自己主持公道。当时英国商人在香港享有特权，很明显，法院会偏袒威尔斯。但罗文锦依然决定出庭为被告辩护，他要为中国人争一口气，杀一杀英国佬的嚣张气焰。

法庭上，罗文锦和威尔斯，针对皮箱中使用了木料还是不是皮箱进行了论辩。

威尔斯出于想敲诈茂隆皮箱行的目的，提出了"皮箱中使用了木料就不是皮箱"的谬论。他想以此作为论证茂隆皮箱行"不按质量交货"的论据。

罗文锦以威尔斯说的"皮箱中使用了木料就不是皮箱"为依据,引申出了"金表中使用了非金质器件就不是金表"的荒谬结论。这样,威尔斯无理取闹的荒唐之处就非常明显,连法官也无法为他辩护。

罗文锦的批驳用了归谬反驳法,这是归结谬论直接反驳的情况。威尔斯无端滋事,制造谬论提起诉讼,蓄意敲诈他人,结果是搬起石头砸了自己的脚,被罚了5000港币。

**(3)诱敌深入法**

在辩论中,当发现对方语言中有"失真"的嫌疑时,如果我们只是据理辩驳,一般难以获得胜利,但是可以从另一个角度抛出一些对手感兴趣的话题,巧妙地将他一步步地引向自己所要达到的目标;一旦达到了目的,就迅速反击,将对手置于无路可走的境地,让他不得不认输。这种辩论技巧,我们称其为诱敌深入法。

老王喜欢钓鱼,但技术不好,常常是空手而归。有一次,他没钓到鱼又怕难为情,于是上街买了几条鱼,放在桶里,装作是钓来的。回家路上,碰到喜欢和他开玩笑的邻居老张,两人唠了起来。

老王:今天总算有收获了。

老张(不相信):这么多鱼?啊呀!全一般大呀,是你钓的吗?

老王:瞧你说的!怎么不是钓的?不是钓的能有脑袋吗?

老张:哟!要是钓的可不容易,这足有两斤多啊!

老王:两斤多?足足三斤三两!

老张:三斤三两?你怎么知道得这么清楚?

老王:怎么不清楚!我给他十元钱,剩下一毛钱我也没要他找!

老张:你这鱼怎么给人钱?刚才你不是说是自己钓的吗?

……

在这里，老张用的招数，就是诱敌深入法。老张知道，这场辩论的要害之处，就是让老王自动承认他的鱼是买的。和他正面交锋，这是行不通的，于是老张采取了与朋友唠嗑，步步深入的方式，待其说得高兴，说漏了嘴时，马上收网。这样，老王就说不出话了。

### (4)以彼之道，还施彼身

有的人爱要小聪明戏弄人，你可先假装顺从的意思，套住对方的思路，然后抓住对方话中的矛盾予以巧妙的反击。

丹麦童话大师安徒生生活极为俭朴，尤其是对自己的衣着从不刻意修饰。一天，安徒生像往常一样戴着他那顶破帽子在大街上行走。这时，有个不怀好意的贵族青年走过来问安徒生：

"安徒生先生，你脑袋上的那个玩意儿是什么东西？能算是帽子吗？"

安徒生有心狠狠地教训他一顿，但在街上，那样做有失自己的身份。于是安徒生忍住怒火，淡淡一笑说："先生，在我回答你之前，你可以先回答我一个问题吗？"

贵族青年不知安徒生用意何在，但也很爽快地说："当然可以。"

安徒生接着说："你能告诉我，你帽子下边的那个玩意儿是个什么东西？能算是脑袋吗？"那个贵族青年一时目瞪口呆，只得灰溜溜地逃掉了。

贵族青年用一个毫无道理的问题来嘲笑安徒生，安徒生巧妙地用同样的问题回击他，这样的如法炮制看似缺乏创意，实则犀利无比，使贵族青年哑巴吃黄连，有苦说不出。

### (5)事实质疑法

事实质疑法指的是，人对某种事实的陈述与这种客观事实之间发生了抵触，我们只要追击不舍，让其在事实真相与谎言之间做出选择，就能逼其认输。

唐朝初年，庐江王李瑗谋反，唐太宗李世民杀了李瑗，把李瑗的爱姬留在了身边。一天，侍中王珪与李世民谈话，见他身边侍立着一位美女，便问是谁。

李世民说："这是庐江王李瑗的姬子，李瑗杀了她丈夫娶了她。"

王珪对李世民的做法不满，问道："陛下认为，庐江王纳姬是对还是不对？微臣心中弄不明白，所以大胆请教陛下。"

李世民说："杀了人，又抢了人家的妻子，是非已经十分明显，卿何必还要问呢？"

王珪说："庐江王杀人夺妻，陛下认为他不对。可是，庐江王因谋反被杀，他的姬子却留在陛下身边，陛下不是明知故犯吗？因此，我觉得陛下肯定认为李瑗做得对。"

李世民听了，明白了自己的做法不对，便虚心纳谏，立刻把美女送出宫去了。

## 技巧 15：情况不明时，慢说

通常来说，在论辩中，重要的是坚持自己的观点和立场，紧咬对方不放，快速取胜。但是，在某些特定的论辩局势中，快攻速战反而会使自己陷于被动，而缓进慢动却能"克敌制胜"。论辩学上，这叫"以慢制胜法"。它适用于以劣势对优势、以弱小对强大的论辩。它是弱小的一方为了战胜貌似强大的一方而采取的一种谋略手段。也就是说，在情况不明时，或力量弱小时，不急于说，而应"慢说"。慢是一种计谋，其过程充满巧妙。这里的"慢"并非反应迟钝、不擅言辞的同义语，而是大智若愚、大辩若讷的雄辩家定计施谋的法宝之一。

在论辩中要正确使用"以慢制胜"法，至少要注意以下几点：

**（1）拖延时间，以慢制人**

古人说："欲速则不达。"在时机不成熟时仓促行事，往往达不到目的。论辩也是如此，"慢"在一定条件下也是必需的。"以慢制胜"法实际上是论辩中的缓兵之计，缓兵之计是延缓对方进兵的谋略。当论辩局势不宜速战速决，或时机尚

不成熟时,应避免针尖对麦芒式的直接交锋,而应拖延时间等待时机的到来。一旦时机成熟,就可后发制人,战胜论敌。

1940年,丘吉尔在张伯伦内阁中担任海军大臣,由于他力主对德国宣战而受到人们的尊重。当时,舆论欢迎丘吉尔取代张伯伦出任英国首相,丘吉尔也认为自己是最恰当的人选,但丘吉尔并没有急于求成,而是采取了"以慢制胜"的策略。他多次公开表示在战争爆发的非常时期,他将准备在任何人领导下都会为自己的祖国服务。

当时,张伯伦和保守党其他领袖决定推举拥护绥靖政府的哈利法克斯勋爵作为首相候选人。然而主战的英国民众公认在政坛上只有丘吉尔才具备领导这场战争的才能。在讨论首相人选的会议上,张伯伦问:"丘吉尔先生是否同意参加哈利法克斯领导的政府?"能言善辩的丘吉尔却一言不发,足足沉默了两分钟之久。哈利法克斯和其他人明白,沉默意味着反对。一旦丘吉尔拒绝入阁,新政府就会被愤怒的民众推翻。哈利法克斯只好首先打破沉默,说自己不宜组织政府。丘吉尔的等待终于换来了英国国王授权他组织新政府。

丘吉尔在时机不成熟时,不急于成功,以慢待机,在讨论首相人选的关键时刻,以沉默表示反对。丘吉尔面对张伯伦的追问,拖延时间,实际上是假痴不癫的缓兵之计。在这一种韧性的相持中,张伯伦一方终于沉不住气了,丘吉尔以慢施谋终于取得了胜利。

**(2)回避问题,反问对方**

为难我们的问题,我们巧妙地将这一问题接过来反投向对方,使难题转移到对方的头顶,这样战局立即就会得到扭转,将问题抛给对方。例如,有这么一次论辩:

某单位举行关于婚姻、家庭、夫妻关系问题的辩论会。

甲方代表认为,这是一个复杂的多方面的问题,一言难尽,多言未必有益,不如以巧取胜。于是他提出了一个令对方感到棘手的问题,要求对方回答:"我想向乙方提出个问题，请立即回答。你是如何正确对待你的妻子的？是作为私有财产呢，还是作为公有财产？抑或是公私合营？"

乙方代表是个大学生，面对这一令人尴尬的问题，如果立即回答，显然必进对方的圈套。乙方于是不作正面回答，而是采用返还制敌术，答道："我对待自己的妻子采取众所周知的正确对待法。甲方代表，你呢？是把妻子当做私有财产呢，还是当做公有财产？或者是公私合营的呢？"

这个事例中，甲方代表想将乙方代表压下去，但乙方不急不躁，将问题"回敬"给甲方，致使甲方搬起石头砸自己的脚，最后只能是哑口无言。

### （3）以静制动，消除怒气

"慢"在论辩中还是一种很好的"制怒"之术。论辩中唇枪舌剑，自控力较差的人很容易激动。在这种情况下，要说服过分激动的人，宜用慢动作、慢语调来应付。

在某商场里，一位女顾客气势汹汹找上门来，喋喋不休地说："这双鞋鞋跟太高了，样式也不好……"

商场售货员一声不吭，一直没打断她，耐心地听她把话说完。等这位顾客不再说了，售货员才冷静地说："您的意见很直爽，我很欣赏您的个性。这样吧，我到里面去，再另行挑选一双，好让您称心。如果您不满意的话，我愿再为您服务。"

听到这番话，这位顾客的不满情绪发泄完了，也觉得自己有些太过分了，又见售货员如此耐心地回答自己的问题，也很不好意思，结果她来了个180度大转弯，称赞售货员给她新换的实际上并无太大差别的鞋，说："嘿，这双鞋好，就像是为我定做的一样。"售货员以慢对快，以冷对热，让顾客把怒气宣泄出来，达到了心理平衡，化解了这一场纠纷。

售货员以冷静的态度、和缓的语气，平息了对方的怒气，化解了矛盾。可见，以慢制怒，以冷对热，才能使其"降温减压"。只有对方心平气和了，你讲的道理对方才能顺利接受。

# 技巧 16：反驳，借对方的证据说

辩论者面对对方的攻击，巧妙地从对方方面取得反驳的证据，借对方之箭再回射对方，反守为攻、化被动为主动，使对方欲辩无辞，只得认输。这是一种"借兵之计"的论辩谋略。例如：

张某因"抢劫罪"被送上了法庭，为了给自己开脱罪名，特意从某知名律师事务所请来了李律师。在该案件的开庭审理中，李律师提出，被告张某在该案件中的行为不构成抢劫罪，理由是张某并没有实施暴力，而仅仅是扬了一下拳头，被害人就吓得放下物品逃走了，故被告人的行为充其量也只能构成抢夺罪，而并非抢劫罪。

公诉人认为，此案的关键是被告人是否使用暴力，抓住这一实质性问题一说即明，因而直接反驳道："抢劫罪是以非法占有为目的，以暴力、威胁或者其他方法强行将公私财物抢走的行为。可见暴力手段并不是构成抢劫罪的唯一条件，采用语言、用某种动作或示意进行威胁的手段同样也能构成抢劫罪，被告人张某对被害人扬了一下拳头，是以将要实施暴力相威胁，实质是实行精神强制，使被害人恐惧不敢反抗，被迫当场交出财物，这就是一种用暴力胁迫进行抢劫的行为，完全符合抢劫罪的特征。"

由于公诉人巧妙地从李律师提出的证据中抓到了要点，合乎逻辑地进行反驳，有理、有利、有节地驳倒了被告方，使李律师哑口无言，欲辩无词。

在论辩中运用"因敌取证"谋略，有以下 3 个特点：

## (1) 因利趁便，取证于敌

当论敌进攻时，如果疏于防范，暴露出证据不够严密的破绽，论辩者要善于搜寻战机，因利趁便，取证于敌，借力制胜。由于证据来自对方方面，对方如果要反驳，也就否定了自己的观点，这就势必要陷入自相矛盾的境地。

**（2）换位寻理，借势反推**

当论敌以某些事实为证据发起进攻时，论辩者要善于进行换位思考，从另一个角度探寻事理，并借敌之势，进行反向推论，利用对方的证据，推出相反的结论，出乎对方意料之外，而又在情理之中，使对方难以辩驳。

**（3）顺手一击，置敌死命**

运用"因敌取证"的论辩谋略，还要注意对论辩态势的把握和利用。当对方进攻时，如果自己能够因敌取证，为己所用，就应该敏锐地抓住稍纵即逝的战机，借敌之力，顺敌之势，狠狠地一击，置敌于死命，一举获胜。

# 技巧 17：询问，将对方往难题引

只要时机得当、方式得当、内容与措辞得当，询问也能变成一颗颗"软钉子"，在论辩中起到绵里藏针、以柔克刚的特殊作用。

**（1）另生枝节，问出破绽，乘胜追击**

谁都希望自己的论辩能做到攻势凌厉，势如破竹；然而欲破其"竹"，必先找到对方的破绽，撕开口子，方能抓住先机，进而乘胜追击，直捣敌"巢"。这里，破"竹"的第一刀，最好是在窥察到对方薄弱环节时，以询问的方式"砍"下去，就可以收到突然袭击的效果。在一次题为"联合国是否有存在下去的必要"的论辩中，甲方队员突然向乙方队员"询问"："请问，联合国究竟是什么时候成立的？"谁知乙方队员竟愣住了，一时答不上来。一个枝节性的、常识性的问题对方居然支支吾吾，甲方由此窥探到了对方的虚弱处，于是立即由此撕开口子，乘胜追击道："对方辩友连联合国的生辰八字都没搞清楚，怎么能够断定联合国是否有存在下去的必要？"询问"砍"开裂缝之后，一下子被紧跟而来的反问扩大成决口，

使对方只有招架之功而无还手之力了。

**(2)声东击西,问出蹊跷,真相大白**

如果能在提问对象与方式上有所变化,它所起到的作用就非同小可了。通常说来,这种询问,问的是乙,针对的却是甲;问的是问题 B,针对的却是问题 A。一日,列车到达上海站,在检票口,检票员发现一妇女携一小男孩,而小男孩却没票,便要求补票。那妇女却说:"这小孩刚进站,是来接我的。站台票给他弄丢了!"那检票员觉得蹊跷,怎样才能问出真相呢?忽然,他蹲下来,对小男孩亲切地发问:"小朋友,今天午餐你是在哪儿吃的,都吃了些什么呢?"那小男孩脱口回答说:"我在火车上吃的盒饭,里边有鸡肉、有粉条⋯⋯"短短两句询问,便问出了事情真相,对方无法再狡辩了。这种询问的关键是声东击西,突然改变了论辩对象,表面关注的是另一个人的另一问题,实际上却万变不离其宗,目标依然对准论题和论辩对手,因此能收到良好的效果。

**(3)巧抓尾巴,问出老底,趁机撤离**

论辩中,尽管自己处于守势,只要沉住气,也是可能抓住对方小辫子的。有一对夫妇到市场上挑选了一袋"荔浦芋头",就在付钱的一刹那,丈夫发现那袋子底部的芋头大都已腐烂了,于是提出退货。岂知那水果商贩全然不理睬,反而强调自己的荔浦芋头是正宗货。妻子见状,便对商贩声明不要了。这时,商贩霍地站起来,大声嚷道:"想走?没那么便宜!这荔浦芋头称好了你就别想溜!"商贩愈嚷愈厉害,引来大批围观者。就在双方坚持的时候,那妻子灵机一动,问道:"请你说说荔浦在什么地方?你又没去过荔浦,你用什么证明这芋头是正宗货呢?"那商贩愣住了,一时间无言以对。"不是正宗的,谁买?"那丈夫一边应和,一边拉着妻子匆匆离开了市场。这对夫妇在对方的无理面前,一时处于守势,但他们沉着冷静,巧妙地抓住了"荔浦"这个辫子,以正宗与否去询问对方,态度不卑不亢,语调不疾不徐,却在无形中为自己撑起了一柄安全撤离的保护伞。在突如其来的询问面前,对方被打了个措手不及，没有反应过来，自己在询问的"烟幕"下迅速撤离了。

**（4）智创话题，问出苦衷，隐喻实情**

事实上，一般人所争论的问题，常常是模棱两可、见仁见智的，或者是难以准确度量、分清青红皂白的，这时候，要使自己的话有说服力，不如巧设话题，循循提问，将论据引向有利于自己的方面。汉高祖刘邦给萧何封侯之后，一些战将很不服气，有的人说，自己的战功是拼杀来的，而萧何只是耍耍嘴皮子、弄弄笔杆子而已。刘邦听说后，召来那些议论者，一开场便是一句平和的询问："请问诸位，你们见过打猎的吗？"将领们一愣，不约而同地回答："见过。"刘邦这才娓娓道来："见过便好。你们一定注意到了，撒腿猛追，逮住野兽的是猎犬，而指挥猎犬的是猎人。说句笑话，诸位只能逮住野兽，所立的不过是猎犬之功，萧丞相立的是猎人之功呀！大家想一想，猎犬之功能够同猎人之功相比吗？"刘邦用的不是生硬的驳斥，而是一个自然的询问，为后边的比喻论证作了铺垫。

# 技巧18：正面难说，就从侧面说

在论辩中，如果对方固执己见，正面突破难以实施时，我们不妨避开正面进攻的路线和目标，利用自己所掌握的一些情况，从侧面进行突破。为了使对方在不知不觉中暴露其失误、疏漏，我方应暂避锋芒，先绕个弯从一些看似与辩题不相干的话题入手，瞅准出战时机后，再突然发兵，切入正题，直捣对方要害，从而巧妙战胜对方。这就是"侧面突破"的论辩术。

例如，甲乙二人就"能不能预料未来的事"展开了论辩：

甲：以往的事可以知道，未来的事却不可预料。

乙：我们知道，人们只要掌握了事物的发展规律，就可以预料未来的事。

甲：事物的发展规律是难以掌握的，因此，未来的事是不可预料的。

乙：那么我问你：飞机速度快，还是火车速度快？

甲：飞机速度快，火车比不上它，这是以往的经验告诉我们的。

乙：假设你在上海接到电报，要你在一天之内赶到北京去参加紧急会议。你是坐飞机去，还是坐火车去？

甲：当然坐飞机才赶得上开会。

乙：那么，你现在还没有去北京，怎么能够预料坐飞机才能赶得上开会呢？

甲：这，这……（无言以对）

在这里，乙方并没有从正面直接去反击甲方观点，而是用生活常识设问，从侧面进行突破，诱使甲自己作出坐飞机才能赶得上开会的预料。这时，乙瞅准了出战时机，迅速转入正题，反问一句："你现在还没有去北京，怎么能够预料坐飞机才能赶得上开会呢？"使甲无言以对，不得不接受乙的观点。

由上个例子可见，"侧面突破"的论辩术具有以迂为直、旁敲侧击、避实击虚、出奇制胜的特点。在论辩实践中灵活巧妙地运用这种方法，不仅有助于打破论辩中正面交锋的僵持局面，而且还能从侧翼开辟出一条克敌制胜的捷径。

当然，我们在运用"侧面突破"的方法时，还得注意以下两个问题：

**(1)以迂为直，旁敲侧击**

在论辩过程中，当正面交锋难以奏效时，就应该另谋制胜之道。可以先避开敏感的实质性问题，从侧面选择突破口，旁敲侧击，由远及近，由此及彼，逐渐接近目标，切入论辩的关键性问题，迫使对方就范。通过迂回的形式，达到战胜对方的目的。

**(2)持之以恒，击之有方**

我方实施侧面突破时，并不是对对方的情况一无所知的纯试探，而是在知己知彼的基础上，选择最佳的论辩切入角度，打破论辩的僵持局面。如果对方进行顽抗狡辩时，要适时出示证据，堵其退路，使其心理防线彻底崩溃，不得不低头认输。同时，实施攻击的方法要巧妙，选择用于侧面突破的话题，表面上看起来与正题毫不相干，实际上有一种内在的逻辑联系。

# 技巧 19：把"球"踢还给对方

所谓的"球"就是指对方的话题。当需要反驳时，我们不妨先接过对方的话题，然后，用某种与之相似的事物或情况来打比方、作比较，并依照对方的语言表达形式掷还给对方，从而达到反驳对方的目的。

一天，一个水手准备出海，他的一位朋友问他："你的祖父死在哪里？"水手答道："死在海里。"朋友又问："那你的父亲呢？"水手答："也死在海洋的风暴中。"朋友大声说："天啊！那你为什么还要当水手去远航呢？"水手笑着反问道："那么，你祖父死在哪里？"朋友回答："死在床上。"水手又问："那你的父亲呢？"朋友答："也死在床上。"水手笑了，说："朋友，那你为什么晚上还要睡在床上呢？"

不用说，水手的回答非常精彩，究其原因，是因为他用了人们所熟悉的类比的表达方式，将"球"踢还给了对方，才轻而易举地占了上风。当然，在踢还"球"的时候，我们既可以将对方的话题、表达方式原封不动地使用，也可能只触及对方话语中的部分字词或表达形式。但是，无论用哪种方式，只要所说的事物有可比性，那么，就都有可能做到将"球"踢回去的同时，也封住对方的口。这种反驳一般有两种情况：

第一种情形是"完全性仿造"的类比反驳。

英国一家电台采访作家梁晓声，采访中间记者要求他："下一个问题，请你用'是'或'否'来回答，好吗？"梁晓声答应了。那记者问："没有'文化大革命'，可能不会产生你们这一代作家，那么，'文化大革命'在你看来，是好还是坏？"面对

如此狡黠的提问，梁晓声没有犯憷，他灵机一动，答道："没有第二次世界大战，就没有以反映二战而出名的作家，那么，你认为二战是好还是坏?"此言一出，那位英国记者顿时无话可说了。

不难看出，梁晓声在反驳时，无论从话题内容到表达形式，乃至语气上，都完全"模仿"了对方，同样产生了某种似乎矛盾的语义表达，所以这"球"踢得非常准确、有力，与上述水手的辩驳有异曲同工之妙。

第二种情形是"局部性仿造"的类比形式。它指的是在反驳时，紧扣住对方话语中的部分关键词语或者概念，用另一种事物或情况来加以对比，从而使之形成反差，暗示出某种既矛盾又荒谬的结论来。

德国女数学家艾米·诺德获得了博士学位，可是要经过教授会的讨论才能批准能否有授课的资格。在哥廷根的大学教授会上，因为诺德是女性而对其任教资格起了争论。某教授振振有词地说："我们的战士从战场回到课堂，突然发现自己拜倒在女人的脚下读书，会作何感想呢?"资深数学家希尔伯特听罢，立即起来反驳："先生们，候选人的性别绝不应当成为反对她当讲师的理由。毕竟，课堂不是洗澡堂!"

这里，希尔伯特在接过对方的"球"（课堂）以后，巧妙地用"洗澡堂"来做替换词，从而形成了强烈反差，在某种荒谬的类比中巧妙地将"球"踢回给了对方，把对方的"性别区分"论批驳得体无完肤。总之，在需要反驳别人时，无论用"完全性仿造"还是"局部性仿造"的方式，都有可能做到在类比中将结论推向荒诞不经的极致，从而达到将"球"踢回并封住对方之口的目的。

# 第 3 章
# 或藏或露，或直或曲：谈判的话要会说

成语"词不达义"是指人们在说话或写文章时，不能准确表达内心的真实意愿。这种人一到谈判桌上，常常失去自己的底线，被对方牵着鼻子走。而富有雄辩的人，能充分表达自己的想法，语意或藏或露，口吐莲花，话锋或直或曲，话柄牢牢在手，把握着谈判的主动权。

## 技巧 20：避开心理期待，突击地说

"避开心理期待，突击地说"，利用此计打破对方的心理定式和逻辑框架。谈判时，避开对方正常的心理期待，从一个不太可能的地方进行突击，尽可能让对方的思维、判断脱离预定轨道。等到对方的心理逐渐适应你的思维逻辑，再转而实施正面突击，常常会出现转机。

广东一家玻璃厂厂长率团与美国欧文斯公司就引进先进的浮法玻璃生产线一事进行谈判。双方在部分引进还是全部引进的问题上陷入僵局。我方部分引进的方案，美方无法接受。

"全世界都知道，欧文斯公司的技术是第一流的，设备是第一流的，产品也是第一流的。"我方首席代表转换了话题，先来三个"第一流"，诚恳而中肯地称赞了对方，这样的"突击"使对方由于谈判陷于僵局而产生的沮丧情绪得以消除。

"如果欧文斯公司能够帮助我们广东玻璃厂跃居全中国的第一流,那么,全中国人民会感谢你们。"这里,刚离开的话题,似乎又转了回来。但由于前面说的话,已解除了对方心理上的对抗,所以,对方听到这些话时,似乎也顺耳得多了。

"美国方面当然知道,现在,意大利、荷兰等几个国家的代表团,正在我国北方省份的玻璃厂进行引进生产线的谈判。如果我们这个谈判因一点点小事而归于失败,那么,不利的不仅是我们广东玻璃厂,更重要的是欧文斯公司方面将蒙受巨大的损失。这损失不仅是生意上的,更重要的是声誉。"这里,我方代表没有直接提到谈判中最敏感的问题,也没有指责对方缺乏诚意,只是用"一点点小事"来轻描淡写,目的当然是冲淡对方对分歧的过度关注。同时,指出万一谈判破裂将给美方造成巨大损失,替对方考虑。这一点,对方无论如何是不能拒绝的。

"目前,我们的确因资金有困难,不能全部引进,这点务必请美国同行们理解和原谅,并且希望在我们有困难的时候,你们能伸出友谊之手,为我们将来的合作奠定一个良好的基础。"这段话中,对方已是我们的朋友,现在不是做什么买卖,而是朋友之间的互相帮助,既通情,又达理。

经我方代表的突击,僵局打破了,协议签订了,为我国节约了好几百万美元的外汇。

突击与迂回结合更有力量,因为迂回在谈判中显得持之有据,言之有理。而突击迂回中所提及的理由,估计是对方没有考虑过的,或至少是考虑得不周全的。这样,说出来的话才有"信息量",才会引起对方的注意,并加以思考。

使用此策略,说话态度要始终充满自信。当谈判双方在某个问题上争执不下时,自信加技巧,是胜利的因素之一。谁要自信,谁说话更有技巧,谁获得成功的可能性就越大。

# 技巧21：欲给甜头，先往苦处说

人们往往对辛苦得来的东西备感珍惜，所以善于谈判的人开始"咬紧牙关"毫不松口，濒临破裂才给对方尝到一点"甜头"。

此计是两种策略的综合体，在谈判初期，锱铢必较，丝毫不让，犹如小气财神。而在谈判最后阶段，方案即将敲定时，却又突然让步不小。

在谈判中先用苛刻的条件使对方产生疑虑、压抑、无望等心态，然后逐步优惠或让步，使对方满意地签订合同，你便从中获得较大利益。

比如，买方想卖方在价格上多打些折扣，但同时也估计到如果自己不增加购买数量，卖方很难接受这个要求。于是，买方在价格、质量、包装、运输条件、交货期限、支付方式一系列条款上都提出了十分苛刻的要求，此所谓先给卖方一点"苦"头尝。来看一个例子：

甲方："如果付现金的话，要减让多少钱呢？"

乙方："那个嘛！因为分期付款要付利息，现金的话就不必了……"

甲方："那是什么话呀！毕竟还是付现金来得好呀！你说不是吗？"

乙方："是的，因为是付现金，所以只能减价1.5万元了。"

甲方："什么？只减那么一点儿？那，跟分期付款没有什么不一样呀！"

乙方："不是的，因为1.5万元之外还要加上3万元的利息，总计相差了4.5万元左右呢！"

甲方："哎呀！我是用现金买卖的，再少一点吧！怎么样？再减少5000元吧！"

乙方："不要再谈下去了……不要再做这种'还价'的事了。还是决定只减低1.5万元吧！"

甲方："不要这么说，我是用现金！……2万元怎么样？……跟你们老总商量

看看吧!"

乙方:"太勉强了,到时候会让我哭丧着脸领薪水的。"

甲方:"唉!我是永远无法得到意外利益的,那么就取中间数目1.75万元吧!"

乙方:"唔!没办法了,就如此决定吧!"

讨价还价的过程中,买方尽量让卖方感到在绝大多数交易项目上,买方都"忍痛"做了重大让步。这时,卖方鉴于买方的慷慨表现,在比较满意的情况下往往会同意买方在价格上多打些折扣的要求。之所以如此,重要的一条,就是卖方觉得在价格上做减让之前,已经从买方那里占了不少便宜。

在谈判中,不论遇到或采取哪种战术,首先要挑明的就是"合则两利,分则两害"的观点,谈判中以双方利益为着眼点切入谈判,如此才有助于双方都赢,大家同乐。所以运用先苦后甜计时,应注意先苦的条件不要过于苛刻,若分寸失当,会使对方觉得你缺乏诚意而使谈判中断。

## 技巧 22:对方提问,不急于回答

谈判中回答问题,不是一件容易的事。因为,不但要根据对方的提问来回答,并且还要把问题尽可能地讲清楚,使提问者满意。而且,你对自己回答的每一句话都负有责任,因为对方可以把你的回答理所当然地认为是一种承诺,这就给自己带来一定的精神负担和压力。因此,一个谈判者水平的高低在很大程度上取决于他回答别人提出的问题的水平如何。

在实际的谈判中,为了巧妙应付忽视我方立场而强逼我方的对手,不要一开始就针对对方的话回答,因为对方已虎视眈眈地等待你的答案的漏洞,并准备展开攻击。此时最有效的方法就是在迂回中说:"我不知道我的回答是否成为你问题中的答案,我将十分诚实地回答,但这种结果只有间接的关系。"从而为避免落入圈套而留下了广阔的空间。

项羽自称西楚霸王后,想杀掉刘邦,范增出了个主意:"等刘邦上朝,大王就问他:'寡人封你到南郑去,你愿不愿意去?'如果他同意,就说明他意图养精蓄锐,有谋反之心,可以绑出去杀了;如果他说不愿意,您便以违抗王命为由杀了他。"

刘邦上朝后,项羽一拍几案,大声道:"寡人封你到南郑去,你愿不愿意?"

刘邦的回答可谓巧妙之致,他说:"臣食君禄,命悬于君。臣如陛下坐骑,鞭之则行,收缰则止,臣唯命是听。"

项羽一听,无可奈何,只好作罢。

刘邦在这里并不直接回答愿意不愿意,而采用了迂回式的回答,让项羽体会到其意,却又抓不住刘邦的把柄。这种回答技巧可以借鉴于谈判中。

为了做到事后不后悔,在回答对方的问题时,须冷静一下,不要急于回答。下面的方法可以帮助你应对提问:

**(1)不要彻底回答所提的问题**

答话者要将问话者所提的问题的范围缩小,或者在回答之前加以修饰和说明。比如,对方对某种产品的价格表示出关心,发问者就会直接询问这种产品的价格。如果很彻底地回答对方,把价钱一说了之,那么在进一步的谈判过程中,回答的一方可能就会比较被动了。

**(2)不要确切回答对方的提问**

回答问题,要给自己留有一定的余地。回答时,不要过早地暴露你的实力。通常可用先说明一件类似的情况,再拉回正题的方法。或者,利用反问把重点转移。

**(3)降低与减少问话者追问的兴致和机会**

问话者如果发现了答话者的漏洞,往往会刨根问底地追问下去。所以,回答问题时要特别注意不让对方抓住某一点继续发问。为了这样做,借口问题无法

回答也是一种回避问题的方法。

**（4）让自己获得充分的时间思考**

回答问题前必须谨慎，对问题要进行认真的思考，要做到这一点，就需要有充分的思考时间。

一般情况下，谈判者对问题答复得好坏与思考时间成正比。正因为如此，有些提问者会不断地催问，迫使你在对问题没有进行充分地思考的情况下仓促回答。

这种情况下，作为答复者更要沉着，不必顾忌谈判对手的催问，而是转告对方你必须进行认真的思考因而需要时间。

**（5）有些问题不值得回答**

谈判是语言的交流和碰撞，你需要回答对方提出的问题，才能使谈判持续下去，但并不要求对对方所提的每一个问题都必须回答，特别是对某些不值得回答的问题，可以礼貌地加以拒绝。

例如，对方提些与谈判主题无关的问题，你回答这种问题显然是浪费时间。或者，对方会有意提一些容易激怒你的问题，其用意在于使你失去自制力。不假思索地回答这种问题，只会损害自己，因此对这类问题可以一笑了之。

**（6）不轻易作答**

有些谈判者会提出一些模棱两可或旁敲侧击的问题，意在以此摸对方的底。对于这一类问题，你更要清楚地了解对方的用意是什么。否则，轻易、随意作答，会陷自己于被动。

**（7）找借口拖延答复**

有时可以用资料不全或需要请求等借口来拖延答复，但这并不意味着可以拒绝回答对方提出的问题。因此，对于难以下定论的问题，在回答之前，要找借口拖延时间，从而进一步思考如何来回答这个问题。

### （8）有时可以将错就错

谈判中，由于双方在表述与理解上不一致，会经常出现这种情况，即错误地理解对方讲话的意思。一般情况下，这会增加谈判双方信息交流与沟通上的困难，因而有必要予以更正、解析，但是，在特定情况下，这种错误理解能够为谈判中的某一方带来好处。因此，可以采取将错就错的策略，把"好处"捞过来。

# 技巧 23：妥协的话，有步骤地说

妥协不是傻瓜，是为了更好地得到。让的时候，话要说得好听，使对方感激于你的"让"，又不能一步让出很多。有步骤地妥协，才是谈判的高手。

有步骤地妥协，这种策略的方法是：先有计划地主动做出一个让步，以迫使对方也做出让你满意的让步，从而达到自己的目的。

第一步：在合理范围内，先提一个比较大的、极可能会拒绝的请求。

第二步：在对方拒绝了这个请求之后，再提出一个小一些的、你真正感兴趣的请求。

注意：第二个请求不必很小，只要比前一个请求小就可以了，成功的关键在于让对方看到这是一种让步、妥协。

这个策略看似很简单，实际大有学问。不少人在谈判中常用的方法是利用一切手段给对方施加压力，以达成谈判目标。其实更好的方法是让对方产生责任感、义务感，自愿并且满意地接受你的方案。先有计划地妥协，以便使对方让步，除了让对方产生"你敬我一尺，我还你一丈"互利互惠的心理外，还符合社会认知对比原理，效果十分惊人。

什么是社会认知对比原理呢？举例说：你去一个专业的服装店，如果服务员

先跟你介绍一件价值 7 000 元的高档西装，然后再介绍价值 500 元的领带，你会觉得领带不是很贵，实际生活中你可能都没买过超过 300 元的领带，但今天你会心安理得地接受这个价位。

所以在达成协议的谈判过程中，如果在对方的要求下你终于放弃自己原来的立场，做出一些妥协和让步，对方会觉得更合理，然后会对方案产生更大的好感。

所以，运用有计划妥协策略的谈判者，不仅可能让对方答应自己的要求，还可以获得对达成协议的更高的满意度，使对方更加努力地履行自己的诺言，自愿在将来做出更多的承诺。

既然有计划妥协策略有以上好处，在实际工作中又如何操作呢？

**（1）对谈判对手不要表现得太热心**

不少人谈判时，一直以为对谈判对手表现出好感，有利于达成协议，大量调查表明恰恰相反，你对人越表示好感，对方越怀疑你有利可图，于是他更谨慎，更觉得你有让步的空间。

**（2）你的第一反应应该是否定的**

第一反应是否定的，一方面可以探探对方虚实，是否有让步的空间。另一方面，一旦决定接受对方条件，对方会更有成就感，这是典型的社会认知对比原理。而且，对方一满足就可能放松警惕，你就会更有机可乘，何乐而不为？

**（3）总是佯作准备停止谈判**

这一条的前提是你了解对方的底线，你要做好前期的准备和调查，随时准备停止谈判。这只是为了让对方感觉到压力，并按你的要求答应条件而已，即使不答应，你一旦决定继续谈判，对方便会感到高兴，也就是你的妥协又得到了回报。

**（4）坚持到底，80% 的收获来自最后的谈判部分**

有了上面的操作方法，你更应该坚持自己的观点直到最后，因为即使让步了，不到最后时刻，对方还会要求你再妥协，如果你一再妥协，那你的妥协就没起到效果，因此有计划妥协策略最关键一点：妥协就产生回报，不要为妥协而妥协。

# 技巧24：拖延的话，耐心地说

商务谈判中的拖延战术，形式多样，目的也不尽相同。由于它具有以静制动、少留破绽的特点，因此成为谈判中常用的一种战术手段。拖延战术按目的分，大致可分以下4种：

**（1）清除障碍**

这是较常见的一种目的。当双方"谈不拢"而造成僵局时，有必要把洽谈节奏放慢，看看到底阻碍在什么地方，以便想办法解决。

当然，有的谈判中的阻碍是"隐性"的，它往往隐蔽在种种堂而皇之的借口之下，不易被人一下子看破，这就更需要你先拖一拖，缓一缓，从容处理这种局面。

美国一家公司著名谈判专家D.柯尔比，曾讲过这样一个案例：

柯尔比与S公司的谈判已接近尾声，然而此时对方的态度却突然强硬起来，对已谈好的协议横加挑剔，提出种种不合理的要求。柯尔比感到非常困惑，因为对方代表并非那种蛮不讲理的人，而协议对双方肯定是都有利的，在这种情况下，S公司为什么还要阻挠签约呢？柯尔比理智地建议谈判延期。之后从各方面收集信息，终于知道了关键所在：对方认为柯尔比的公司占的便宜比他们公司多多了！价格虽能接受，但心理上不公平的感觉却很难接受，导致了协议的搁浅。

重新谈判后，柯尔比耐心地向对方进行一番比价算价，使对方知道了双方利润大致相同，消除了心理的不平衡，这样，一个小时后双方就愉快地签订了合同。

在实际洽谈中，这种隐性阻碍还有很多，对付它们，拖延战术是颇为有效

的。不过，必须指出的是，这种"拖"绝不是消极被动的，而是通过"拖"来利用时间收集情报、分析问题、打开局面、变消极为积极等，否则消极等待的结果只能是失败。

### （2）消磨意志

人的意志就好似一块钢板，在一定的重压下，一开始可能还会保持原状，但一段时间以后，就会慢慢弯曲下来。拖延战术就是对谈判者意志施压的一种最常用的办法。突然地中止，没有答复或是含糊不清的答复往往比破口大骂、暴跳如雷要好得多。

20世纪80年代末，硅谷某家电子公司研制出一种新型集成电路，其先进性尚不能被公众理解，而此时，公司又负债累累，即将破产，这种集成电路能否被赏识可以说是公司最后的希望。幸运的是，欧洲一家公司慧眼识珠，派3名代表飞了几千公里来洽谈转让事宜。诚意看起来不小，可报价却只有研制费的2/3。

电子公司的代表站起来说："先生们，今天先到这儿吧！"从开始到结束，这次洽谈只持续了3分钟。岂料下午欧洲人就要求重开谈判，态度明显"合作"了不少，于是电路专利以一个较高的价格进行了转让。

硅谷公司的代表为什么敢腰斩谈判呢？因为他知道，施压有两个要点：一是压力要强到让对方知道你的决心不可动摇；二是压力不要强过对方的承受能力。他估计到欧洲人飞了几千公里来谈判，绝不会只因为这3分钟就打道回府。这3分钟的会谈，看似打破常规，但在当时当地，却是让对方丢掉幻想的最佳方法。

此外，拖延战术作为一种基本手段，在具体实施中是可以有许多变化的，一些日本公司就常采取这个办法：以一个职权较低的谈判者为先锋，在细节问题上和对方反复纠缠，或许可以让一两次步，但每一次让步都要让对方付出巨大精力。到最后双方已把协议勾画出了大体轮廓，但总有一两个关键点上谈不拢，这个过程往往要拖到对方精疲力竭为止。这时本公司的权威人物出场，说一些"再拖下去太不值得，我们再让一点，就这么成交吧！"这样的话，此时对方身心均已透支，这个方案只要在可接受范围内，往往就会一口答应。

**（3）等待时机**

拖延战术还有一种运用，即通过拖延时间，静待法规、行情、汇率等情况的变动，掌握主动，要挟对方作出让步。一般来说，可分为两种方式：

一是拖延谈判时间，稳住对方。例如，中国香港一个客户与东北某省外贸公司洽谈毛皮生意，条件优惠却久拖不决。转眼过去了两个多月，原来一直兴旺的国际毛皮市场货满为患，价格暴跌，这时港商再以很低的价格收购，使东北某省外贸公司吃了大亏。

二是在谈判议程中留下漏洞，拖延交货（款）时间。早在 1920 年，武昌某纱厂建厂时，向英国安利洋行订购纱机 20000 锭，价值 20 万英镑。当时英镑与白银的兑换比例为 1:2.5，20 万英镑仅值白银 50 万两，英商见银贵金贱，就借故拖延不交货。到 1921 年底，世界金融市场行情骤变，英镑与白银兑换比例暴涨为 1:7，这时英商就趁机催纱厂结汇收货，50 万两白银的行价，一下子成了 140 万两，使纱厂蒙受了巨大的损失。

总的来说，防止恶意拖延，要做好以下几点工作：

一要充分了解对方信誉、实力，乃至谈判者的惯用手法和以往事迹。

二要充分掌握有关法规、市场、金融情况的现状和动向。

三要预留一手，作为反要挟的手段。如要求信誉担保，要求预付定金等。

**（4）赢得好感**

谈判是一种论争，是一个双方都想让对方按自己意图行事的过程，有很强的对抗性，但大家既然坐到了一起，想为共同关心的事达成一个协议，说服合作就是基础。因此，凡是优秀的谈判者，无不重视赢得对方的好感和信任。

有两家公司的谈判代表刚落座，寒暄已毕，还没谈到主题，其中一方是个"谈判专家"，他客客气气地说："今天先休息休息，不谈了吧，我们这儿的风景名胜很多的哩。"当谈判相持不下，势成僵局，他忽然又客客气气地说："不谈了，不

谈了,今天的卡拉 OK 我请。"于是莺歌燕舞之际,觥筹交错之间,心情舒畅,感情融洽了,僵局打破了,一些场外交易也达成了。这位谈判高手奉行这套感情投入术极为有效,许多谈不下的业务,经他利用拖延战术最后都获得了成功。

平心而论,场外沟通作为拖延战术的一种特殊形式,有着相当重要的作用。心理学家认为,人类的思维总是随着交谈对象的身份、交谈场合与环境的变化而改变。你在谈判桌上的心理和在夜光杯前的心理肯定不一样,作为对手要针锋相对,作为朋友要促膝交谈。当双方把这种融洽的关系带回到谈判场上,自然会消除一些误解,免去不少曲折。

## 技巧 25:抢占机会,直截了当地说

为了揽到一笔业务,商家常常花费很多精力,但为了将这笔生意做成,业务员要做大量艰苦而细致的工作。可以说成交前的工作是艰辛的极富挑战性的谈判,但是并非每笔生意都能成交,若不能成交,为此所付的努力将付诸东流,一切都要从另一笔生意的开始从头做起。

IMG 集团公司创业时,业务局面开始打开,有一天终于约见了几个月来就想拜见的全美有名的席梦思床垫公司总裁格兰特·席梦思以及好几位副总裁,向他们推销 IMG 公司的服务,希望为这家床垫公司生产配套产品。

整个会谈进行得十分顺利,但是床垫公司仿佛仍然没有被说服下决心合作。如果错过这个机会,再找机会将这几位公司的巨头与 IMG 公司的董事们聚集在一起,那可能会是几个月以后甚至是更长时间以后的事了。为此,IMG 公司总经理麦克先生果断地向格兰特·席梦思先生提出了自己的想法:

"我们刚才非常荣幸地向各位介绍了本公司能为贵公司提供的配套服务,

对于双方今后的合作计划、前景也得到了各位一致的赞同，这项合作计划对我们双方都将是有利可图的；但是，如果我们一离开这个房间，这项业务或许就会被贵公司暂时搁置一旁，因为贵公司的业务实在是太多了；但我们公司已经为此等待了 4 个月的时间。既然我们都认为这是一个可行的合作项目，何不趁格兰特先生和几位副总在场把合作协议签了，为我们的初次合作画上一个圆满的句号呢？希望能原谅我的冒昧请求。"

当然，结果是非常令人满意的，格兰特·席梦思先生从沙发上站了起来，握住了麦克先生的手，说："好。"合作协议就这样签订了。

当麦克回到公司将结果告诉同人，他们都感到难以置信，不到一个上午的会就大功告成。但结果正是如此，只要抓住机会，直截了当地谈，照样能拿下订单，成功的过程就是这样简单。

直截了当地说明白，有时运用幽默的语言，效果会更好。来看一位乘客在一家美国航空公司售票处的经历。

这些年，美国航空公司之间竞争激烈，机票竞相减价。一次，一位乘客要买机票去旧金山，走进了西部航空公司的售票厅，对售票小姐说："我要两张旧金山的机票。"

"好的。不过，先生，这种机票有多种优惠价格，不知您适合哪一种？"小姐答道。

"哦，优惠？"这位乘客漫不经心地说："我早听说过，可不知道能有些什么优惠？"

"您如果在星期一至星期五之间乘飞机，并且保证在盐湖城（美国西部城市，那里有不抽烟、不喝酒等许多戒律）上空不吸烟的话，我们可以给您优惠价格。"

"我从不吸烟，能给多少优惠？"

"你是美国印第安人吗？"

"不是。你问这干吗？"

"那太遗憾了，先生，因为如果您是印第安人并在清晨 4 点起程，又在次日

清晨返回的话,我们可以给您30%的减价优待,但现在只能8%了。"

"哎,我的上帝,请问你们还有其他优惠条件吗?"

"嗯,如果您已经结婚50年以上没有离婚,并且是去参加您的结婚纪念活动的话,我们给您减价20%。"

"这对我不合适,还有吗?"

"如果您是个神经外科大夫,为了给病人做手术来买往返机票,您可以得到10%的减价优待。"

"我在政府机构做事,你们没有什么像我这种人可以享受的优惠吗?"

"有的,这里有一种票,如果您是一个国家的驻外使馆人员,那可以给予15%的优惠。"

"那我又错过了,我正和我太太一起旅行。"

"哎呀,先生您怎么不早说呢?您太太不到60岁吧?如果她不到60岁,且你们又不赶在周末旅行,那可以享受20%的优惠价。"

"可我们非得在周末才有空呀?"

"嗯,别灰心,请问您和您夫人中有当学生的吗?如果你们有上大学的,且又在星期五(星期五在美国虽属周末,却又因耶稣在星期五遇难而被视为不祥的日子)乘飞机,我们可给你们45%的减价优惠。"

"我的天,差不多便宜一半啊!可惜我已早两年念完大学了。这样吧,小姐,您还是给我那8%的优惠吧,谢谢您介绍。"

你看,面对如此名目繁多而又富有幽默色彩的优惠条件,这位乘客最后虽没得到多少优惠,却也心满意足地买下了机票,不用说,只要有机会,他还会多多光顾这家航空公司。

以上是商品经营者与顾客的关系处于"和平"阶段进行的情况。当由于种种原因,这一关系处于"战争"或"冲突"阶段时,直截了当地、幽默地说明白就更显得"魔法无边"了。

比如,有时候,由于商品经营者的过失,使顾客的利益遭受损害,导致顾客的强烈不满,这要怎么挽回呢?当问题发生在公司与客户之间时,直截了当地讲明白也能发挥调解的作用。

无论是谈判,还是处理问题,针对有些对象和事情,决不能拖泥带水。

# 技巧26:将不可谈变为可谈

你想要在各种争端中胜人一筹吗? 你知道如何在谈判过程里出奇制胜,突然一拳击倒对手吗? 你知道如何在似乎已经走到没有协商余地的死胡同时,创造性地找到突破口吗?有必要掌握以下两个要点:

**(1)认清你的对手**

在一项谈判正式签约前,什么都可能发生,什么都可能改变。很多谈判的失败,就是因为对对方的微小反应不敏感,不了解对方的真正需求与动机。

以商务谈判为例:谈判人员要非常了解公司的产品结构、成本及生产周期。应当运用自己熟悉的东西来引导顾客对自己产品增加认知程度和满意程度。自己的工厂自己了解,成本底线,生产情况,企业资金情况都应当熟悉。因此,一般工厂谈判的都是销售副厂长, 而外贸公司谈判的都是资深业务员或者部门经理。之所以这样,就是为了能在关键的时候及时做出决定以达成合作。虽然说谈价格比较困难,但不是不可以变化的。通过努力而取得成效的例子非常之多。当你了解到一个产品在国内已经饱和,那么你知道竞争的将是什么。而你的产品有技术含量,有独特的地方,那么你也知道为什么可以获得高利润。

**(2)把握整个过程**

什么事情都是有过程的,你把握不清过程,就用不好口才,此时你在谈话上

赢了,过了一会儿却可能输了,因为你没有从全过程去考虑。

2005年,我国某食品公司同新加坡华裔客商某先生做成了一笔数额可观的大蒜生意。如果不是我方灵活掌握方法,将谈判的整个过程控制住,那么,到手的生意就可能跑掉了。

第一轮谈判,双方在货物品质、交货地点等问题上没有什么分歧,可是,一报价,双方差距较大:我国进出口公司报价每吨720美元,而对方最高只肯出705美元,并声称这是上司的最后决定,由于差距太大,且难以通融,谈判暂时搁浅。

几天后,我方谈判人员主动约请对方重开谈判,并提出,愿意以705美元的价格成交。进出口公司为何做如此大的让步呢?原来大蒜的收获期就要到了,如果不尽快定下来成交,错过了收购期,不但质量和数量保证不了,而且,收购价格也会上涨。权衡利弊后,我方决定退让。

然而,此时对方却使出一个怪招,他说:"我祖籍是山东平度,这批大蒜卖705美元一吨,贵公司有些亏,我也于心不忍。做生意讲个来日方长,这样吧,每吨我增加5美元,交个朋友吧。"进出口公司被对方这一招弄糊涂了。然而,既然对方主动加价,何乐而不接受。于是,双方签订了正式合同。

其实,对方也是一个十分精明的人,他主动加价,也是为生意的顺利成功以及今后的交往铺设道路。果然,发货时,出现了新的难题:原定的发货港青岛港刚刚开出一班到新加坡的货船,要等下一班。于是,新加坡客商找到我方进出口公司,要求将发货口岸改在上海。对这一新情况,我方经过权衡,觉得对方主动加价,表示了友好的态度,我们也应予以回报,第三天货就发出去了。

在谈判过程中,如果对方显得太过贪婪,并且在一次谈判中不断更新自己的要求,这种情况,我方要通盘考虑,将整个过程把握住。而真正的关键在于:"谈判是一个战略性沟通的过程。"你必须很好地把握谈判过程,在任何一个谈判中,你都不能只关注所谈的内容,而忽略了谈判到达了什么地方。

# 第4章
# 以情动人，以理服人：社交的话要会说

当今社会是一个充满竞争与合作的信息化社会，说话不仅是人们日常生活之必需，也是直接影响个人事业成败的重要因素。生意场上有"金口玉言,利益攸关"之说；生活中有"一言既出,驷马难追"之说。

## 技巧27：与人交流，坦诚地说

由于说话态度不同，语言既可以成为建立和谐人际关系的强有力的工具，也可以成为刺伤别人的利刃。在说服对方时,用真诚的态度,会招人喜欢,易于被人接纳。入情入理的话,一方面显示说服者坦诚的态度；另一方面表示出尊重对方并为对方着想。这样无论在交易原则上,还是在人的情感上,都进行了沟通,达成了共识,促使合作成功。

松下电器公司还是一家乡下小工厂时，作为公司领导,松下幸之助总是亲自出马推销产品。在碰到杀价高手时,他就说："我的工厂是家小厂。炎炎夏日,工人在炽热的铁板上加工制作产品。大家汗流浃背,还努力工作,好不容易制出了产品,依照正常利润的计算方法,应当是每件xx元承购。"

对手一直盯着他的脸,听他叙述。听完之后,展颜一笑说："哎呀,我可服你

了，卖方在讨价还价的时候，总会说出种种不同的话，但是你说的很不一样，句句都在情理之中。好吧，我就照你说的价钱买下来好了。"

松下幸之助的成功，首先在于他真诚的说话态度。他强调自己是依照正常的利润计算方法确定价格的，自己并无贪图非分之财之意，同时也暗示对方无讨价还价的余地。这就使对方调整角度，与其达成共识。

当我们与人交谈时，必须秉持着一颗"至诚的心"，不要流于巧言令色、油嘴滑舌之辈，并根据时间、场所和对象的不同，而将自己最好的一面通过"说话"表达出来，如此才能建立良好的人际关系，使自己融入群体之中。

费城的奈佛先生，多年来一直想把燃料卖给一家大连锁店，但是这家连锁店一直向外地购买，运货的路线正是从奈佛先生办公室的门口经过。奈佛先生晚上就在卡耐基的课堂上演讲，并且大骂这家连锁店。

卡耐基建议他改变战略。首先，他们准备在课堂上举行一次辩论会，主题就是连锁店的广布，对国家害多益少。于是卡耐基建议奈佛先生加入反方，他同意了。由于要为连锁店辩护，奈佛便前去拜访一位他原本瞧不起的连锁店经理，告诉他"我不是来推销燃料的，我是来找你们帮个忙"。他把来意说清后，并特别强调："我来找你，是因为我想不出还有其他人更能提供给我事实。我很希望能赢得这场辩论，无论你提供什么给我，我都十分感激。"

奈佛原先要求这位经理只拨出一点时间，所以对方才同意见他。当奈佛把事实说出之后，经理指着一张椅子要奈佛坐下，并且整整用了一个多钟头的时间。经理请来另一位主管，这位先生写过一本有关连锁店的专论。他觉得连锁店提供了最真实的服务，他也以自己能够为许多社区服务为荣。当他侃侃而谈的时候，两眼发亮，奈佛也不得不承认对方的确让他明白了许多意想不到的事，改变了他整个心态。

罗马诗人帕利里亚斯·赛洛斯说过："当别人真诚地对待我们的时候，我们也要真诚地对待他们。"真正站在对方的立场上，为对方着想，并全面分析双方的利弊得失，说话真诚，语气亲切随和，不卑不亢，入情入理，这是成功打动对方的绝窍所在。

# 技巧28：赞美的话，适度地说

适度的赞美，其实是一个重要原则。其要点是抓住赞美的事和物的实质，不说外行话，让别人听起来觉得你在行、老练。许多人常犯外行的错误，见了什么都说好，见了谁都说高，有的人是不懂装懂，有的人是只知其一、不知其二，语言不到位，说不到点子上，切不中要害，缺乏力度。

做一个内行的赞美者，要懂专业知识。常言道："隔行如隔山。"现代社会中，专业分工很细，各专业相对独立，自成相对封闭的系统。如果知识面狭窄，无疑就成了"门外汉"，找不到赞美的话题。如何令自己成为内行人呢？

首先，对某一行要有一定造诣，你的赞美才能令内行的人接受，并视你为知己。运用专业术语是一种技巧。俗语说，各行都有各行的行话。曲艺中有吹、拉、弹、唱；相声中有说、学、逗、唱；围棋中有边、角、星、目等；书法中有筋、骨、神、锋，这些都是某一领域中的"行话"。在一定的场合，你用专业术语予人以赞美，让人觉得你是"圈内人"，你的赞美才会让人觉得可信。

再者，内行的赞美还表现为独具慧眼。独具慧眼的赞美者善于发现别人看不到的优点、长处。比如，面对一幅油画作品，几乎所有的人都异口同声地叹道："真是太绝了！""我再练十年恐怕也赶不上！"油画家对这样的恭维早就习以为常了。独有一位观赏者幽默地说道："常言说，画如其人。您的画运笔沉稳，是和您刚正不阿的禀性、对人生与社会的深刻思考分不开的。"谈画论人，在行在理，

独辟蹊径,巧妙地换了个角度,令人耳目一新。

肤浅的赞美会让人感到乏味、空洞,受到你赞美的人也丝毫感觉不到一种荣耀,并会在你的言语中产生一种不安与困惑;而见解深刻的赞美会让人觉得你看到了问题的实质,确确实实对被赞美者产生了认同感,而被赞美者也对你的一双慧眼报以信赖,产生了与你积极沟通与交流的愿望。

由此看来,适度的赞美,会使人心情舒畅;反之,则使人十分尴尬。为了防患于未然,合理把握赞美的"度"就成为赞美者们必须重视的问题。赞美者要注意以下几点:

**(1)严戒滥用**

这里讲的滥用是针对相对时期内对一个对象赞扬的次数。次数太少,起不到应有的作用;次数太多,也会削弱应有的效果。而赞扬的频率是否适中,是以受赞扬者优良行为的进展程度为尺度的。如果被赞扬者的优良行为同赞扬的频率成正比,则说明赞扬的频率是适度的;如果呈现反比的现象,则说明赞扬的频率过高,已经到了"滥施"的程度。

**(2)看得远一点**

赞美不仅要符合眼前的实际,而且要高瞻远瞩,具有一定的前瞻性和预见性。那样才能提升你的赞美高度,使你的赞美经得起推敲和时间的考验。

有些东西具有相对稳定性,比如人的容貌、性格、习惯等,这方面比较容易称赞。而有些东西则不稳定,如人的行为、成绩、思想、态度等,若从长远考虑,赞美时要谨慎。

**(3)深切体会过程**

我们可能有过这样的体验。当你夸奖朋友取得的成绩时,他会说:"你不知道我付出了多少心血!"言语间仿佛有你不知其艰辛、看结果不看过程的意思。相反,如果你说:"真不错,一定花了你许多的心血吧!"他就会觉得心里舒服,认为你很了解他。可见,夸奖劳动的付出是必不可少的,甚至效果更佳。

其实，很多人做事并不仅仅在乎结果，更注重过程。如果你人云亦云地夸奖他取得的成果，不但有势利之嫌，还会让他这样想："如果我失败了呢?"很多名人讨厌记者的采访，也许有此感受。

## 技巧 29：夸奖的话，得体地说

夸奖的话能在瞬间沟通人与人之间的感情。人际交往中必然会有人说夸奖的话，人们也大都希望能被他人夸奖。威廉·詹姆斯就说过："人性深处最大的欲望，莫过于得到别人的认可。"

重要的是夸奖的话要说得得体，这样才能使双方的感情和友谊在不知不觉中得到增进，还能够调动其交往合作的积极性。但对于不了解的人，最好不要随便夸奖，因为有些人不吃这一套。那么我们如何得体地夸奖他人呢?

如果有人告诉我们：某某人在我们背后说了关于我们的好话，我们会不高兴吗?这种赞语，如果当面说给我们听，会让我们感到其虚假，或者疑心他不是诚心的，为什么间接听来的，反而觉得非常悦耳呢?因为我们觉得那是真诚的赞语。

德国的"铁血宰相"俾斯麦，为了要一个敌视他的下属支持他，他便有计划地对某人夸奖那个下属，他知道那个人听了以后，一定会把他所说的话传给那个下属。

还有一种间接夸奖他人的方法。美国总统威尔逊，在竞选民主党总统的时候，就应用了这种方法。有人发布威尔逊多年以前所写的一封信，在那封信里，他表示要将某议员打得一塌糊涂。信件发布后不久，在华盛顿的某一场宴会中，那位议员也在座，威尔逊在他的演说辞里，对那位议员的品格和他的名誉倍加赞誉。过了不久，威尔逊又和该议员碰面了，那议员与原来判若两人，对威尔逊

十分热情客气,并在竞选中支持了威尔逊。

夸奖的话要说得坦诚得体,还必须说出对方的长处。无论如何,人总是喜欢被别人奉承的。有时,即使明知对方讲的是奉承话,心中还是免不了会沾沾自喜。换句话说,一个人受到别人的夸赞,绝不会觉得厌恶,除非对方说得太离谱了。

夸奖他人的首要条件,是要有一份诚挚的心意及认真的态度。言语会反映一个人的心理,因而有口无心地乱说,或者轻率的说话态度,都很容易被对方识破,由此产生不愉快的感觉。

例如,你看到一位流着鼻涕、表情呆滞的孩子时,你却对他的母亲说:"你的小孩看起来很聪明!"对方的感受会如何呢?本来是夸奖话,却变成了很大的讽刺,收到了相反的效果。如果你这样说:"哦!你的孩子好像很健康的样子。"是不是好多了呢?

古人云:"金无足赤,人无完人。"相反,一个人不可能只有缺点,而没有长处。所以,我们在夸奖他人时,将对方的优点提出来夸奖,不仅可多得一个朋友,同时增加你的机会,只有好处,没有坏处。例如,对于真正的英俊男人应该怎样夸奖呢?或许你认为这太简单了,事实上并不是这样。有些人喜欢用某明星来夸人,尽管他乐意接受你的夸奖,可如果对方非常讨厌这位明星的话,那会产生什么结果呢?也许对方会板起面孔说:"什么,我和他很像,这简直是对我的一种侮辱!我最讨厌他那种人……"这时的你只会感到尴尬了。一般而言,大部分的男性对男明星都有自己的价值观,这份好恶的感觉非常清晰,因此,最好不要引用明星来赞美人家。如果要用的话,应该先说:

"哎,你对某明星的感觉如何?"

"唔……我觉得他很不错,尤其是精湛的演技!"

"哦,我也这样觉得。对了,以前没有人向你提起过吗,你长得很像他,非常英俊!"

这是很重要的技巧,否则,很可能得到相反的效果。

## 技巧 30：警告的话，善意地说

很多人都知道用警告的方法可以增强说服力，用善意的警告使对方产生恐惧感，从而达到说服的目的。在一次集体活动中，当大家风尘仆仆地赶到事先预定的旅馆时，却被告知当晚因工作失误，原来订好的套房（有单独浴室）中竟没有热水。为了此事，领队约见了旅馆经理。

领队："对不起，这么晚还把您从家里请来。但大家满身是汗，不洗洗澡怎么行呢？何况我们预订时说好供应热水的呀！这事只有请您来解决了。"

经理："这事我也没有办法。锅炉工回家去了，他忘了放水，我已叫他们开了集体浴室，你们可以去洗。"

领队："是的，我们大家可以到集体浴室去洗澡，不过话要讲清，套房一人50元一晚是有单独浴室的。现在到集体浴室洗澡，那就等于降低到统铺水平，我们只能照统铺标准，一人降到15元付费了。"

经理："那不行，那不行的！"

领队："那只有供应套房浴室热水。"

经理："我没有办法。"

领队："您有办法！"

经理："你说有什么办法？"

领队："您有两个办法：一是把失职的锅炉工召回来；二是您可以给每个房间拎两桶热水。当然我会配合您劝大家耐心等待。"

这次交涉的结果是经理派人找回了锅炉工，40分钟后每间套房的浴室都有了热水。

警告能够增强说服力，但是，在具体运用时要注意以下几点：第一，态度要友善。第二，讲清后果，说明道理。第三，警告程度不能过分，否则会弄巧成拙。

## 技巧31：消除防范，带感情地说

一般来说，在你和要说服的对象较量时，彼此都会产生一种防范心理，尤其是在危急关头。这时候，要想说服成功，就要注意消除对方的防范心理。如何消除防范心理呢？从潜意识来说，防范心理的产生是一种自卫，也就是当人们把对方当做假想敌时产生的一种自卫心理，那么消除防范心理的最有效方法就是反复给予暗示，表示自己是朋友而不是敌人。这种暗示可以采用种种方法来进行：嘘寒问暖，给予关心，表示愿意帮助等。

某日本企业十几年来一直以数码产品扬名世界，公司的"感情营销策略"也成为众多企业争相效仿的策略。

关于这套"感情营销策略"的起始，有一个简单的小故事。

道夫的公司创立5年来，公司的业绩一直平平，公司总裁道夫先生一直为公司未来的发展方向堪忧。

某次，福田公司需要采购一批数码相机，道夫的公司有成为福田公司待采购的供应商中的一位，这对于道夫的公司来说，无疑是一次发展扬名的机会。

那天，福田公司的人员开着车来到道夫的公司进行产品视察，当车行驶到某路段处，车胎爆掉了，车子被迫停在了马路边，这时，突然不巧合的下起了大雨。雨天爆胎，是一件很沮丧的事，福田公司的人员给汽车修理店打电话，修理店告诉他，因为路途遥远，加上下着大雨，修理人员需要3个小时，才能赶到事故现场。

就在这时，福田公司代表的电话响了起来，来电话的正是道夫，当道夫得知福田公司的车被困路边后，立马不顾外面磅礴的大雨，亲自开车并带着2名修理人员去帮助他们。当道夫赶到事故现场后，便立即带领2位修理人员跳进大雨中，帮福田公司的人员修好了车胎，福田公司的人员颇受感动。

当福田公司的人员到达道夫的公司并视察完公司后，原本公司安排福田公司的人员去附近的酒店用餐,这时道夫临时改变了决策,他对福田公司的代表说:"我们能合作,就是朋友;我们经历了风雨,就是家人。家人来了,肯定要去我家里吃饭了,我要和妻子盛情款待家人。"

福田公司的代表听到后很受感动。他在给公司董事会的一份采购建议中这样写道:"一个善于帮助人的公司总裁必将是一位稳定的合作伙伴,一位感情细腻懂得关心别人的总裁更是一位理想的长久朋友。"

通过几个月的洽谈,这笔订单也顺利拿下。

在这个故事中,道夫运用感情的细腻之处,最终做成了一笔大订单。带感情的语言,能触动人心最柔软的地方,给人带来满意和愉快的情绪,从而消除防范心理,拉近彼此的距离。

## 技巧 32:突发事件,即兴地说

在生活中,即兴说话无时不在,而对于说服也是如此。更多的说服是以即兴的方式进行的,即兴的说服更具有现实意义。即兴的说服有多种方法。

### (1)顺势疏导法

对一些人的错误言行,并非一定要从相反的方向迎头攻击,而可以从对方当时固有心理出发,看准关键之处下手,以解除对方心头症结,使之豁然开朗。

1962 年秋,郭沫若游览普陀山,无意中看到一个日记本,上面写道:"年年失望年年望,处处难寻处处寻。"横批"春在哪里"。再翻一页,写有绝命诗一首。郭沫若看罢叫人寻找笔记本失主。终于找到了,是一位神色忧郁、行动失常的姑娘,因爱情受挫,决心以死归普陀。

郭老一面耐心开导,晓之以理,一面关怀地说:"这副对联表明你有一定的

文化水平，只是下联和横批太消沉了，我替你改一下，你看如何?"姑娘点点头。

郭老把此联改为:"年年失望年年望，事事难成事事成。"横批是"春在心中"。姑娘看后茅塞顿开，深受教育。

**(2)一针见血法**

对一些执迷不悟、麻木不仁者，可以一针见血指出其错误。

有一位中学生，自以为看破红尘，认为世人都是虚伪的，并多次在作文与言行中流露出走的想法。有次他不顾劝阻，真的出走了，班主任知道后，立即骑车追寻，好不容易找到了他。回校后，班主任针对这位学生存在的糊涂认识，一针见血地指出其错误:"你认为人与人之间不存在真实，可是，你临走时给我写信，这说明你对老师的爱是真实的;你信中说要我多送几个同学升学，这也说明你对我们班的爱是真实的;你对父母、姐姐的爱也是真实的。在你身上存在着这么多真实的成分，难道别人就会是虚伪的吗?"

老师的话在他心中引起了强烈震动，他沉痛地垂下了头。

一针见血，往往技巧简单，容易伤害对方的自尊心。使用时要分析情况，看准场合。

**(3)借此说彼法**

利用两个事物之间的某一相似点，借甲事物来说明乙事物，不仅通俗易懂，且有很强的说服力，往往能收到事半功倍的效果。

唐太宗为了扩大兵源，想把不在征调之列的中年男子都召入军中。魏征知道后对他说:"把水淘干了，不是得不到鱼，但明年恐怕不会有鱼了;把森林烧光了，不是猎不到野兽，但明年就无兽可猎了，如果中年男子都召入军中，生产怎么办?赋税哪里征?"太宗无言以对，只好收回成命。

在这段话中，魏征借用两件与主要事件相类似的事例作比对，很有说服力。

**(4)正话反说法**

正话反说是语言艺术中的迂回术，它以彻底的委婉，欲擒故纵，取得合适的发话角度,达到比直言陈说更为有效的说服效果。

有一个马夫有一次杀掉了齐景公曾经骑过的老马,原来是那匹马生了病,久治不愈,马夫害怕它也把疾病传染给马群,就把这匹马给宰杀了。齐景公知道后,非常心疼,就斥责那个马夫,一气之下竟亲自操戈要杀死这个马夫。马夫没想到国君为了一匹老病马竟会杀了自己,吓得早已面如土色。晏子在一旁看见了,就急忙抓住齐景公手中的戈,对景公说:"你这样急着杀死他,使他连自己的罪过都不知道就死了。我请求为你历数他的罪过,然后再杀也不迟。"齐景公说:"好吧,我就让你处置这个混蛋。"

晏子举着戈走到马夫身边,对他说:"你为我们的国君养马,却把马给杀掉了,此罪当死。你使我们的国君因为马被杀而不得不杀掉养马的人,此罪又当死。你使我们的国君因为马被杀而杀掉了养马人的事,传遍四邻诸侯,使得人人皆知我们的国君爱马不爱人,得一不仁不义之名,此罪又当死。鉴于此,非杀了你不可。"

晏子还要再说什么,齐景公连忙说:"夫子放了他吧,免得让我落个不仁的恶名,让天下人笑话。"就这样,那个马夫也被晏子巧妙地救了下来。

### (5)侧击暗示法

侧击暗示法即通过曲折隐晦的语言形式,把自己的思想意见暗示给对方。这种方式既可达到批评教育的目的,又避免难堪的场面,所以常被人使用。

罗西尼是19世纪著名的意大利作曲家。一天,一个作曲家拿着一份七拼八凑的乐曲手稿来请教他,演奏过程中,罗西尼不停地脱帽。那位作曲家问他:"屋里太热了?"罗西尼回答说:"不,我有见到熟人脱帽的习惯,在阁下的曲子里,我碰到那么多熟人,不得不连连脱帽。"

罗西尼巧妙地用"那么多熟人"来暗示曲子缺乏新意,抄袭太多,既含蓄又明确地向对方表明了自己的看法和意见,既不伤情面又达到了目的。

## 技巧 33：批评的话，原谅地说

一个上司如果不问青红皂白，对下属臭骂一通，下属会服气吗？下属或许会顶撞上司几句，上司也许会生闷气，而这问题完全出在上司身上，因为批评不当，导致关系紧张，下属工作热情也会下降。相反，如果上司对下属宽容地一笑，说："没关系，这次失误可以原谅，但是不要有第二次。"或者首先肯定他在工作中的成绩，然后指出他的问题和责任，尽管态度严厉，想必他也会心甘情愿地接受，发誓今后努力工作，不会再犯同样的错误，工作更加仔细勤勉。

不同的人由于经历、文化程度、性格特征、年龄等的不同，接受批评的能力和方式也不同，这就要求批评者要根据不同批评对象的不同特点，采取不同的批评方式。

根据人们受到批评时不同的反应，可以将人分为迟钝型反应者、敏感型反应者、理智型反应者和强个性型反应者。反应迟钝的人即使受到批评了也满不在乎；反应敏感的人，感情脆弱，脸皮薄，爱面子，受到斥责则难以承受，他们会脸色苍白，神情恍惚，甚至会从此一蹶不振，意志消沉；具有理智的人在受到批评时会感到有很大的震动，能坦率地认错，从中吸取教训；具有较强个性的人，自尊心强，个性突出，"老虎屁股摸不得"，遇事好冲动，心胸狭窄，自我保护意识强，心理承受能力差，明知有错，也死要面子，受不了当面批评，并且也不会轻易改正其缺点。

针对不同特点的人要采用不同的批评方式，对自觉性较高者，应采用启发其作自我批评的方法；对于比较敏感的人，要采用暗喻批评法；对于性格耿直的人，采取直接批评法；对问题严重、影响较大的人，应采取公开批评法；对思想麻痹的人应采取警示批评法。在进行批评时切忌一视同仁，方法单一，死搬硬套，应灵活掌握批评的方法。

正确的批评要求细密周到，恰如其分，普遍性的问题可以当面进行批评，对于个别现象就应个别进行。另外，也可以事先与之沟通，帮其提高认识，启发其进行自我对照，使其产生"矛头不集中于'我'"的感觉，主动在"大环境"中认错。

同时，批评时不可全盘否定，一无是处，犯的什么错误就应对其错误加以批评，使其及时改正，不可一概而论。

某单位为整顿劳动纪律，召开员工大会。会上领导说："最近一段时间，我们单位的纪律总体是好的，但也有个别同志表现较差。有人迟到早退，也有人上班时间干私活……"这里，用了不少模糊语言："最近一段时间"、"总体"、"个别"、"有人"、"也有人"等，这样，既照顾了对方的面子，又指出了问题。它没有指名，实际上又是指名，并且说话具有弹性。

批评要因人而异，不可全盘否定，要通过给对方提供多角度、多内容的比较，使其反思领悟，从而自觉愉快地接受批评，改正错误，这才是我们所关心的问题，也是我们提出批评指正的目的。

当员工犯下不可原谅的错误时，身为领导不可避免地要对其加以批评。胡乱批评起不了任何作用，且极易使下属产生逆反心理，认为上司性情暴戾，动辄发怒。

美国某公司有一位高级负责人，曾由于工作严重失误造成了500万美元的巨额损失。为了此事，他心里十分紧张。许多人向董事长提出应把他革职查办，但董事长却认为一时的失败是企业家精神的"副产品"，如果能继续给他工作的机会，他的进取心和才智有可能超过未受过挫折的其他人，因为挫折对有进取心的人是最好的激励剂。第二天，董事长把这位高级负责人叫到办公室，通知他调任同等重要的新职。这位负责人十分吃惊："为什么没有把我开除或降职？""若是那样做，岂不是在你身上白花了500万美元的学费？"后来，这位负责人用坚强的毅力和智慧为公司作出了卓越的贡献。

下属犯错误时，不少领导人对此的反应常常是凶狠地训斥甚至责骂。这样做并无助于问题的解决。既然错误已经犯了，就只能在如何减少错误的损害程

度和避免重犯上下工夫,使错误成为通向成功之路的铺路石。批评是一门艺术,如何有效地利用它呢?

**(1)注意场合**

批评时考虑时间、场合和机会。假设一位管理者带着下属到顾客那里去访问,当管理者发现下属在言谈举止上存在问题时,就不能当着顾客的面提出批评。这时候,最重要的还是要用高明的谈话方法,把下属的缺点掩饰过去。当没有旁人的时候,在车上或回程的路上对下属提出批评。

**(2)对事不对人**

恰当的批评指正的话,还应做到对事不对人。当发现不良苗头,由于某种原因又不便正面对责任者提出批评时,便可通过"点事不点人"或"点单位不点名"的方式提出警告。这样就可以既点出问题,令对方受到震动,又维护对方的面子,给他们改正的机会。

有人批评人时总是说:"从你做的这件事就能看出你这个人怎样!"这是批评之大忌。批评时,只能针对事情,而不能针对个人的人格、品性来说人。

**(3)先赞扬,后忠告**

批评的最终目的不是要把对方压垮,而是为了帮助他成长;不是去伤害他的感情,而是帮他把工作做得更好。

有的领导之所以善于运用批评,就是他们能采取先扬后抑的方式,比如:"小张,你的调查报告写得不错,你肯定下了不少工夫。同时,还有一个重要的问题你要注意……"这种方式就好像外科医生手术前用麻醉药一样,病人虽然有不舒服的感觉,但麻醉药却能消除痛苦。

**(4)缩小批评的范围**

人犯错后,受不了的是大家对他群起而攻之,因为这伤害了他的自尊。他也许会承认错误,但无法接受这种批评方式,这将使他对领导、同事充满敌意,一旦有机会,将以牙还牙。

**（5）不要翻旧账**

批评不是存款，时间越久，利息越多。总是翻阅别人的老账，唠叨个没完，于做事没有丝毫的帮助。批评别人时，宜"就事论事"，不要旧账新账一起算。在交谈结束时，说几句："我相信你会从中吸取经验教训的。"诸如此类勉励的话，就会让人觉得这不是有意打击，而是变失败为成功之母，不失为一次有益的经验。这样想过之后，他会鼓起精神，更加踏实地投入工作。

# 技巧34：拒绝的话，委婉地说

有人向你提出要求，希望得到你的应允，可你心里确实不想答应他，但却又碍于情面难以拒绝，怎么办呢？这时需要"婉拒"，即委婉地加以拒绝。

我们在托人办事时，有时也会碰到别人托我们给他办事。有些人为了自己在别人心目中有个好印象，对别人提出的一些要求，不加选择地加以接受，但有许多事情并不是你想办就能办到的，有些事自己根本完不成。所以，当朋友托你办事时，你必须考虑，这事你是不是能办成，如果不行，你就得老老实实地说出来，随便夸下海口或碍于情面，都只会造成比拒绝更糟糕的结果。

简单地说"不"，不叫拒绝，拒绝是要讲究艺术的：既要拒绝对方不适当的要求，又不能伤害对方的自尊，同时又不能损害彼此的正常关系，可见，拒绝别人并不是那么容易的事。怎样才能既拒绝别人又不影响彼此关系呢？

**（1）以幽默方式拒绝**

罗斯福还没有当选美国总统时，曾在海军担任要职。一天，一位好友由于好奇向罗斯福问起海军在加勒比海一个小岛上建设基地的情况。罗斯福神秘地向四周看了看，对着朋友耳朵小声说："你能保密吗？""当然能，谁叫咱们是朋友

呢?"朋友挺有诚意地回答。"我也能,亲爱的。"罗斯福一边说,一边对朋友做了个鬼脸,两人顿时大笑起来。

可见,如果以幽默的方式拒绝,气氛会马上轻松下来,彼此都感觉不到有压力。

**(2)以其他原因拒绝**

当一位你并不喜欢的人邀请你去逛街或吃饭时,你可以有礼貌地说:"我老爸要我回家练钢琴呢!"这种说法隐藏了个人的意愿,也减轻了对方的失望感。

**(3)以类比的方法拒绝**

这种方法是别人以什么样的理由向你提出要求,你就用什么理由进行拒绝,让对方无话可说。在《帕尔斯警长》这部电视剧中,帕尔斯警长的妻子出于对帕尔斯的前程和人身安全考虑,企图说服帕尔斯中止调查一位大人物虐杀自己妻子的案子。最后她说:"帕尔斯,请听我这个做妻子的一次吧。"他却回答说:"是的,这话很有道理,尤其是我的妻子这样劝我,我更应该慎重考虑。可是你不要忘记了这个坏蛋亲手杀死了他的妻子!"

**(4)以热情友好拒绝**

你想对别人的意见表示不同意,请注意把你对"意见"的态度和对人的态度区分开来,对意见要坚决拒绝,对人则要热情友好。

**(5)以岔开话题拒绝**

当别人向你提出某种要求时,他们往往通过迂回婉转的方式,绕个大弯子再说出原意,如果你在他谈到一半时就知道了他的意图,并清楚自己不能满足他的愿望时,不妨把话题岔开,说些别的。让他知道这样做只会让你为难,他也就会知难而退了。

拒绝别人不适当要求的时候,要以一种客气的态度讲话。对于客气的拒绝,人们是乐意接受的。如果你想婉转地拒绝,可以提出一个相反的其他建议,以表示这件事的不可能。

如果一位同事想把他的任务交给你去做，也许你会本能地回答："你的事我可不在行。"这不是很好的拒绝方法。为了不伤和气，你试着这样对他说："我很愿意帮你的忙，不凑巧得很，我自己的那份工作还没干完。其实以你的能力和素质是完全可以做好那件事的。你不妨先干起来，也许我能帮你干点别的什么。"如此，既有拒绝，又有相反的建议，建议他先干起来，对方还能有什么话说呢？

## 技巧35：遭遇指责，有方法地说

现实生活中，我们难免会遇到一些令人烦心的质疑、诘难和责问，这时候就需要我们为自己作出一番辩解或辩护。这种自我辩解的成败，除了应把握据理力争、晓之以理、动之以情之类的一般原则外，还需要掌握一定的技巧与方法，才有可能争得主动，取得最佳的自辩效果。现介绍几种具体的自辩方式：

**(1)用"近义法"来自我鉴定**

一次，季羡林教授的秘书问他："季老，你为什么不想想，自己是不是保守了一些呢？"季老一仰脖了便道："老家伙嘛，有些顽固不也是正常吗？"季羡林有意使用了与"保守"近义的概念"顽固"来作辩解，自嘲中显得从容而风趣。

这种自辩形式，可称作以近义法自我鉴定，其特点是，利用近义语词的外延和内涵、褒贬色彩的不同，来作出对自己有利的肯定或否定的判断。

**(2)用"两分法"来自作解人**

著名学者启功先生曾写过一些对京剧别具一格看法的文章，一位友人诘问他："你在文章中似乎对京剧很不以为然，这是为什么？"启功听罢，回答道："不是这么一回事。我是说，清末时期，许多贵族子弟生活腐朽，无所事事，在无聊中爱上了梨园这行。他们粉墨登场、摇头摆尾、拿腔作势，那能不叫丑和恶心吗？至

于京剧本身,那是艺术——美的艺术,人家演员是正儿八经的艺术家,我有什么可反感的!"

启功先生针对他人的误解从两方面作了说明:贵族弟子的"京剧"是丑恶的,而艺术家的京剧却是美的。这种利用"两分法",对事物作条分缕析的解剖以澄清误解的自我辩护,可称作以"两分法"自作解人。其特点是:利用对立统一规律的辩证方法,对一些自己不以为然的论点进行解析,分清事理,廓清事实,达到进一步阐明观点的目的。

**(3)用"别解法"来自我解嘲**

某地著名企业家王某曾以"道德楷模"著称,后来却突然发生婚变,引得舆论一片大哗。有记者就这一问题提出诘难时,王某却自我辩解道:"婚变主要来自姻缘的变化,这是没法控制的事。一般人离婚别人不会关注,而许多名人屈从于社会压力,活在痛苦中,我不过是忠实于自己的感情罢了,当对生命有了一个重大选择机会时,也就敢于顶住压力重新选择感情了。"这里的"姻缘之变"、"忠于情感"云云,既抽象又空泛,它避开了具体的内容,在自嘲中平添了诡辩意味,在自解中增加了些许无奈,虽然空泛,却不失为一种别具一格的自辩方式。这种以泛泛的模糊概念来替代具体解释、说明,且极有谐趣的方式,可称作以"别解法自我解嘲"。其特点是:辩解者所依托的理据比较抽象、笼统和含糊,因此自由发挥、论辩的空间也较广阔。尤其是有些概念或语词本身就具有不确定性,因而也为自由发挥提供了广阔天地,其自我解嘲、解窘的味道也更浓厚。

**(4)用"对比法"来自得其乐**

美国某血液研究小组组长查利·德鲁,提出了一个用两年时间完成一项血液研究的计划,不料,却遭到另一成员约翰的反对,责难道:"你太性急了,这项研究可不是朝夕之功,应当慢慢来。"德鲁却辩解道:"约翰,你一定忘了吧,我可是个短跑选手,在大学还得过名次,所以,这回我还想跑第一!"

虽然德鲁没有具体为自己的血液研究计划辩解,却抓住对方主张中的"慢慢来"，反其道而行之，利用与之形成鲜明对比的词语"短跑选手"、"跑第一"为自己辩护，这种形式，我们不妨称作"以对比法自得其乐"。它的特点是：利用与对方观点相互矛盾或对比鲜明的概念或词语，加以发挥，从而驳斥他人论点，使自己立于不败之地。

### （5）用"引证法"来自由发挥

日本明治维新时期，闻名的改革派先驱坂本马龙给众人讲课，不料西乡隆盛却向他发难道："前天，我遇到你的时候，你的讲话同今天讲的却不一样。作为一介名士，应当有不变的信念才是啊。"坂本回答道："不，不是这样的。有人说过：'君子从时'，时间在不停地流转，社会情势也是天天在变化，昨天的'是'成为今天的'非'，正是当然的事。我们从'时'而行，才是行君子之道啊。如果你总是从头到尾地遵守一条道理到死，将来一定会变成时代的落伍者。"对于西乡的诘难，坂本采取了引证古人的话，并用阐释、发挥的方式，从而对"变化无常"的责难作了有力的自辩，这种方式，可称作"以引证法自由发挥"。这种方法的特点是：从名人名言中截取对自己有利的只言片语，加以步步深入地阐述和发挥，从而达到为自己观点辩护的目的。

### （6）用"讥嘲法"来自张声势

众所周知的二战巨头丘吉尔，曾要求巴顿将军担任亚洲的司令官，巴顿对此颇感意外，因而有些犹豫，想推辞掉。丘吉尔却诘难道："怎么，难道你以为自己不能承担此任吗？"巴顿辩解道："尊敬的爵士，你知道，我的毛病就在于，生来就过于相信自己能够承担世界上的任何工作了，所以才像个棋子被摆来摆去。"

巴顿的回答兼夸张、比喻为一体，显然是一句反话、一种反讥，也是一种借口。这种辩解，我们可称作"以讥嘲法自张声势"。这种方法的特点是：利用反唇相讥或冷嘲热讽的方式，为自己进行辩解、推托，使对方难以置喙。

## 技巧36:对强横者,用对方的观点说

在辩解中常常可以仿拟对方说话的内容或思路,拟造一个与对方话语结构相同但意义与攻击方向相反的例子来对付对方,以其人之道,还治其人之身。

这种说话的思路主要是利用事物之间存在着一种环环相扣的必然条件联系,甲现象必然与乙现象有关,乙现象又必然会引出丙现象。在一系列环环相扣的条件下,通过第一个条件可以得出另外一个意义相反的条件,用以制伏对方,如:

明朝时,南昌宁王朱宸濠自恃是皇族后裔,一天到晚只知道吃喝玩乐。有一次,他的一只挂着有"御赐"金牌的丹顶鹤独自跑到街上,被一条狗咬死了。朱宸濠气得暴跳如雷:"我这白鹤是皇上赐的,脖子上挂着'御赐'金牌,谁家野狗竟敢欺君犯上,这还了得!"

当即,他命令家奴把狗的主人捆绑起来,送交南昌知府治罪,给他的白鹤抵命。

当时南昌知府名叫祝瀚,对宁王的胡作非为很是不满,就对宁王府的管家说:"既然此案交我处理,请写个诉状来。"

管家耐着性子,写了个诉状。

祝瀚接过诉状,立即命令衙役捉拿凶手归案。

管家忙说:"人已抓到,就在堂下。"

祝瀚故作惊讶地说:"状纸上明明写着凶犯乃是一条狗,本府今日要审狗,你抓人来干什么?"

管家气急败坏:"那狗不通人言,岂能大堂审问?"

祝瀚笑道:"贵管家不必生气,我想只要把诉状放在它面前,它看后低头认罪,也就可以定案了。"

这时,管家跳了起来:"你这个昏官,走遍天下可有哪一条狗是识字的呢?"

祝瀚严肃地说道:"如果狗不识字,它也就不能认识鹤脖子上的金牌;如果狗不认识鹤脖子上的金牌，也就谈不上什么欺君犯上；如果狗不是欺君犯上，就不能处治狗的主人。"几句话把管家说得哑口无言，只好作罢。

在这则对话中，祝瀚利用"狗不识字不存在欺君犯上，所以不能治其主人的罪"，把条件一层层分析透彻，最后辩倒管家。在此过程中，祝瀚只是反向地利用了管家的观点，仿拟他的思路而展开辩论。

在运用仿拟这一思路反驳时，我们可以不去考虑所使用的表述结构是否正确，是否有效，只要与对方的表述结构相同，就能够得到对方的认同，收到绝好的反击效果。因为仿拟只在于"破"，而不在于建立自己的论说体系。

有一个小孩在面包店买了一块两便士的面包，他觉得面包比往常买的要小得多，便对老板说："你不认为这块面包比往常的要小一些吗？"

"哦，没关系。"老板回答道，"小一些，你拿起来就轻便些。"

"我懂了。"

男孩说着，就把一个便士放在柜头上。正当他要走出店门时，老板叫住他："喂，你还没付足面包钱。"

"哦，没关系。"小孩有礼貌地说，"少一些，你数起来就容易些。"

在这则对话中，小孩并没有直接说出老板的回答是强词夺理，而是不动声色地以对方的思路为己所用，用对方的方法攻击对方，做到以牙还牙。

## 技巧 37：应付尴尬，镇静地说

在生活中，有时免不了出现尴尬的情况。这或多或少会给人际交往带来负面的影响。为了使自己在身处尴尬时能及时得到补救，创造良好的人际关系，最要紧的是掌握必要的方法。

### (1)及时回避而言他

为避免尴尬，为自己打圆场，最主要的是不刻意掩饰。如果是细枝末节的问题，不妨用转移目标或话题的办法，岔开别人的注意力；如果别人已有所觉察而问题并不严重，稍作解释一下即可；如果性质较严重，而且已引起了别人的不快，甚至反感，就要立刻当场予以解决。拖得越久，后果越不好。

清朝乾隆年间，文字狱是非常恐怖的。杭州南屏山净慈寺有个和尚叫诋慧，经常议论国家大事，且嬉笑怒骂，讽刺朝野。乾隆也早有所闻，为了找个借口惩治诋慧和尚，他微服来到净慈寺。见到满院的青竹，乾隆就拾起一块毛竹片，指着篾青问诋慧："老师父，这个叫什么呀？"乾隆的意思是，如果诋慧和尚回答成"篾青"，篾青谐音"灭清"，可以以此为借口处罚诋慧，但诋慧灵机一动，回答说："这是竹皮。"乾隆一听，很不甘心，又把竹片翻过来，指着篾黄问："老师父，这又是什么呢？""篾黄"谐音"灭皇"，如诋慧回答成"篾黄"，仍然可以惩治他。但是，这次诋慧和尚仍没有中计，而巧妙地回答："这个叫竹肉。"诋慧和尚再次逃过了文字狱的陷害。

诋慧和尚用了回避而说出多变的代言词的方法，不失为补救的有效手段。在某些紧急关头，需要及时的改口，巧妙的语言技巧，才能化解难堪。

### (2)以错类比巧转移

有这样一位数学老师，他走上讲台时同学们忽然大笑起来。他莫名其妙，这时坐在前排的一位女生小声说："老师，您的扣子扣错了！"他低头一看，可不，衣服的第四个扣子扣在第五个扣眼里。批评学生吧？不该。马上改过来好吗？也许可以，不过总有些尴尬。

他灵机一动，微笑着说："老师想心事了，匆匆忙忙赶着来与你们相会。不过，这也没什么好笑的，我想起你们有的同学做作业时，运用算术公式不也这样张冠李戴吗？好吧，下次我们共同注意吧！"

这位教师用自嘲的语言既为自己解了围，还转移了学生对他衣服的注意力,起到了类比教育的作用。

### (3)一竿子到底扎入位

在不经意间,错话已说出口,有时不便及时更正,不如有意在错的地方大做文章,让听者进入新的情境中去,使自己顺利摆脱难堪的场面。

老王的同学到家里来聊天,两人在客厅里天南地北地聊着,不知不觉已经到了用晚餐的时间了。老王五岁的小儿子跑了进来,趴在老王的肩膀上"咬耳朵"。老王聊得正高兴,很不耐烦地训斥儿子:"没礼貌!当着客人的面'咬什么耳朵'?有话快说!"

小儿子顺从地大声说:"妈妈叫我告诉你,家里没有菜,不要留客人吃饭。"一时间,两个大人都愣住了,多尴尬!怎么解释啊!

老王脑筋一转,伸出手来,在儿子的小脑袋上轻轻打了一下,然后说:"小笨蛋!我不是告诉过你了?只有在喜欢赌钱、吹牛皮的小叔来的时候,才要跑出来说这句话吗?你怎么弄错了?"

尴尬局面的出现,往往是刹那间的事情,如果缺乏镇静,大惊失色,那只能是手足无措、乱上添乱。所以,遇到这样的场合,首先要做的就是保持镇静,冷静地观察局势,然后随机应变,机智巧妙地应付尴尬局面。

# 第5章
# 有礼有度，攻心为上：公关的话要会说

仅仅依附于空洞的文字，而缺乏雄辩的口才，是无法将你和你身后的团队推广宣传出去的。只有通过在各种场合、各种环境中不断地"说"，才能够让更多的人对你与你的团队，由陌生到认识，由认识到了解，由了解再到认同，产生信赖和好感。

## 技巧38：要打动人，情真意切地说

公关人员是联络员、宣传员，是沟通关系建立感情的桥梁。情真意切的语言才能打动人，理智有据的语言才能说服人。

有一家中外合资企业的公关部，要招聘两名公关小姐。报名的有20多人，基本符合条件的有14人。人事部和公关部决定当面考试，择优聘用。前两个回合姑娘们都顺利地通过了，成绩似乎不相上下。第三回合开始后，轮到陈小姐应考。一位"客人"走进公关部。

陈小姐："先生，请问您找谁？"

客人："我找你们唐经理。"

陈小姐："对不起，请您登记一下。"

客人往前走，不予理睬。于是陈小姐拦住了他。客人不悦，说道："我同你们唐总打了多年交道了，还登什么记。"说完继续往里走，陈小姐茫然无措。评委中不少人摇头。看来陈小姐处理失当。

轮到金小姐应试时，"客人"又进门了仍然说要找唐总经理。金小姐把客人让到沙发上坐下。金小姐："先生，请问您怎么称呼，让我向总经理通报一下好吗？"

客人回答了她。她用电话通报后，笑容可掬地对客人说："对不起，让您久等了！总经理欢迎您的到来，请往里走吧！"客人满意地点头，评委们的脸上露出了笑容。

下面是李小姐应考，主考人给她来了个电话："喂，你是公关部吗？我是康泰公司总经理。我们现在有急事要用车，请你们支持一下，马上派一部小车来好吗？"李小姐："好的，我们马上就派去。"

评委们认为太轻率了。另一位考官从旁插话说："这会儿公司没有小车在家。"李小姐无言以对。下一个轮到石小姐，她仍然接到同样的要车电话。

石小姐："康泰公司的朋友，很对不起，我们公司这会儿没有车，请您向别的单位借吧。"直来直去的语言，评委们仍不满意。

接着吴小姐应试，她接到电话后说："真对不起，我们公司的车都出去了。这样吧，我马上帮您向别的单位联系，找到车了立刻通知您，您看好吗？"这时考官和评委们都满意了。

从这个例子，我们可以看出公关工作对于公关人员口才的要求。每个希望成为公关人员的人都要有这样的思想准备——小心说话。公关人员的工作是为了获取与传播信息，沟通与协调关系，目的是为公众服务，为组织、企业出力，所以，在工作中要注意以下3方面的讲话原则：

### (1)要言之有礼

公关人员与人交往时，举止要得体，语言更要有礼貌，没有人愿和一个没有礼貌的人打交道。一个公司对待大小客户都要诚信有礼。礼貌语言要"以和为

重"，就是谈论问题要兼顾各方利益，求同存异。

**（2）要言之有的**

一次公关活动总有一个明确的目的。所以公关人员说话，不仅要明确目的性，而且要具有针对性。不说空话，不讲官话。一要看人说话，公关人员讲话要看清对象、弄明身份，对不同的公众采用不同的语气，就是要做到见什么人说什么话。二要紧扣中心，要使语言形象生动，可以运用修辞进行修饰，但讲到实质问题要一针见血，一语破的，简明扼要。

**（3）要言之有度**

公关是人与人之间的交流，所以公关人员讲话要有理有节，问候寒暄适可而止，分析判断恰如其分，充分考虑对方的立场。一要适时，公关人员讲话，既要积极主动，又要谨慎小心。该说话时不说就会冷场，不该讲时讲了又是多嘴。冷场会使人难堪，多嘴又令人讨厌。二要适度，公关人员说话，要追求质量且不能说太长，该短则短，既不能使人不明白，也不能讲个没完没了。三要适当，公关人员讲话，要周密思考，用语准确，语气得体，分寸恰当。既不能词不达意，也不能言过其实，虽然难以字斟句酌，也要做到言之成理。

## 技巧39:贴个标签，认同地说

西方有个电影：在遥远的银河系，卢克·天行者赢了至关重要的一仗，他说服黑武士倒戈，共同对抗邪恶势力，最终拯救了自己的生命，也为整个银河系带来了希望与和平。

那么卢克·天行者是怎样说服黑武士的呢？星战系列的最后一集《绝地大反击》中，卢克对黑武士说："我知道你内心善良，我能感觉得到。"难道会是这句简单的话说服了黑武士吗?一个心理学实验告诉我们,卢克的成功就在于这句话。

这句话运用了公关学的"标签技巧法",即公开给他人贴个"标签",表明他具有的个性、态度、信仰或其他特点,然后再提出符合该标签特点的要求。为了不担虚名,他人就会同意您的要求。

理查德·叶兹做过一个实验,它能表明"标签技巧法"在说服他人投票上的效果。理查德随意告诉一组选民,从他们的兴趣、信仰或行为看,他们"会积极参与投票与政治活动"。另一组选民则被告知他们的政治积极性一般。实验表明,前者不仅自认为比后者更优秀,在一周后的选举活动中,其出席率也比后者要高出 15%。

许多场合可以运用"标签技巧法"。比如,你为某人下达了一项工作任务,但他担心不能胜任。这时,你告诉他,你对他很放心,因为他是个坚韧不拔的员工,前几次类似的任务他都完成得很出色,这会帮助他重拾信心。

老师和父母也可用相同的方法引导当事人,结果一定会不负众望的。这点对孩子也屡试不爽。当老师表示喜欢想把字练好的学生时,学生们就会花更多时间来练字,尽管他们知道不会有老师在周围看。

这种方法还能加深与客户的感情。你也许很熟悉航空公司这样的做法:航班结束时,机组人员会告诉旅客,"感谢您在众多航空公司中选择了我们"。这样的话是在利用变形的"标签技巧法",暗示旅客这么选择是有原因的。原因就是对该公司的信任,这样的心理暗示更加深了信任度。同样,你可以告诉客户,他们的选择是对您和公司的信任,对此您十分感激并会不负所托。

最后请注意,这种方法用得不好会有背光面,像其他技巧一样,它必须被诚实地使用。也就是说,所贴标签必须符合事实。所以,不能滥用这个方法。

# 技巧 40：对不同的客户，变通着说

成功的公关充分依赖于言语的表达能力，比如销售、公关、保险业等，没有让客户接受你，和你做倾心的交流，便谈不上业务的拓展，而客户的行为与愿意赞同的交流方式又是千差万别的，这就要我们去细心体察，并找到公关的突破口。如果你稍微留心一下，就可以把客户分成三种：爱说话的人、爱听不爱说的人、不爱说也不爱听的人。

**（1）爱说话的客户**

这种人最容易应对，你只要用一两句话逗引他，他便会一直说下去。对这种人，你要有足够的忍耐功夫，不管他说得怎样，你都要耐心地听着，那么他就会非常高兴，哪怕你一句话不说，他也会以你为知音。

**（2）爱听不爱说的客户**

这种人就比较难应付了。他生性虽不爱说话，却十分喜欢听别人说话。本来人是少说话为好，因为听话容易，而说话能讨好别人却不容易。但如今你碰到了这类客户，你要不说，这局面就难以维持下去，那么你就得小心了。

你可以由头到尾包办说话，但你要牢记，你是说给对方听，不是说给自己听。因为问题不在于只图自己痛快，必须顾全到对方的兴趣，你要为听者着想。第一你要先探出对方有没有兴趣（用几个回合的对答就可以探出来了），然后选择有兴趣的话题谈下去。一般人愿意听你的谈话，大多因为你有某种可值得听的东西，或由于你刚从外地带回来很多消息，或由于你的某些经验值得学习，或由于你知道了一些特殊的新闻，或由于你对某一问题具有独特的见解……所以他才愿意耐心听你说。当你有趣的话题讲完以后，你的良好形象已印在了不爱说的人心里了。

**（3）不爱说也不爱听的客户**

这种人通常坐在客厅里的一个角落里抽着香烟。当听见别人笑时，他照例也跟着笑，但这笑显然是敷衍的，因为笑容随即收敛，他的眼光已经移到窗外或是墙上的某张字画上去了。

这是最难应付的一种人。虽然这种人绝对不会单独来看你，但要是在别人的家里遇到，或在宴会里刚巧他坐在你身边，那样你就不能不想个办法了。

首先你要明白，无论何人，不爱听也不爱说是没有的，要是真有这种人，他一定终年躲在图书室或实验室里，不会出来交际应酬。为什么这种人如此落落寡合呢？大概有两种原因。

第一，他可能是在一伙人当中年纪较大或较小，或学问兴趣不合，或同时在座的其他人比较世俗，谈天说地，问题无非是饮食男女，言语粗俗，言不及义，使比较有修养的人"望而却步"，所以他才独自躲坐一角。只要你知道症结所在，应付是不难的。你可以从几句问话中探明他的兴趣是什么，然后和他交谈下去。他见你谈吐不俗，一定会以你为知己，如此一来，僵局就打破了。

第二，他的思想并非特别高深，不过生来有点怪癖，与人难合，你用几句话探出其原因后，就可以采取另外一种方法去应付他。

"贝克汉姆近来技术不行了！"比如你知道他对足球颇有兴趣，这一句是很好的激将法，因为十个足球迷有九个拥戴贝克汉姆，如此一来，他必不肯善罢甘休，你当然要在后来表示屈服，不过在战略上你已经胜利了。

这种激将法，同样可用在对付学问高超但生性古怪的学者身上。"如果要提高中学生的语文水准一定要加强文言文的修养。"对于一个提倡白话文学的学者，这一句话是不能忍受的。于是你的目的又达到了。

## 技巧41：公关忌语，不可乱说

在长期的社会交往活动中，人们逐渐形成了一些约定俗成的社交礼仪惯例。了解社交礼仪惯例，能使自己在社交中掌握礼仪的要求，在各种具体情况下对礼仪惯例灵活运用。

第一，要尊重对方的隐私。国内外的社交活动中均尊重个人隐私，凡涉及个人隐私的一切问题，在交往中均应回避，否则就会引起对方的不悦，自己也感到尴尬。

需要强调的是，在人际交往中，一旦发现自己选择的话题不受欢迎，应立即转移话题，不要毫不知趣地继续下去。如因自己疏忽而选择了令对方不快的话题，则应当道歉，这也是对对方的尊重。

社交礼仪中要做到如下"五不问"：

①不问年龄。现代女性的年龄是保密的，她们希望自己永远年轻，特别是外国女性，24岁以后就不愿再如实告诉别人自己的年龄。

②不问婚否。中国人爱谈论彼此的婚姻状况，这对有些国家的人来说可能是个不礼貌的话题。

③不问经历。中国人之间交往，一般以询问经历来寻找共同的话题。对外国人却不能如此，因为"经历"问题既是对方的"老底"，也聚集着许多悲欢离合，一般应避开此话题。

④不问收入。收入问题是一个极为敏感的话题，不到很相熟的程度，最好是免谈。为了消除经济收入不平等所造成的心理不平衡，创造一个良好轻松的语言环境，人们也不愿意谈及这个问题。对那些能够反映出个人收入状况的化妆品和服饰的价格、汽车的型号、住宅的大小等问题也不宜提及。

⑤不问健康。外国人认为个人的健康状况，也属于隐私范围。因此，在与外国人特别是西方人的交往中，最好别打听对方的健康状况，更不要因见对方脸

色不好而惊讶地说:"你是不是得了什么病?"

第二,不能随便称谓。称谓得体,可使对方感到亲切,公关便有了基础。称谓不得体,往往会引起对方的不快甚至愠怒,双方陷入尴尬境地,致使交往受阻甚至中断。那么,怎样称谓才算得体呢?这要根据对方的年龄、身份、职业等具体情况和交往的场合以及双方的关系来决定,不可能有统一的、固定的模式,要靠自己的经验积累。有这样一个故事:

过去,有个年轻人骑马赶路,忽见一位老汉从这儿路过,他便在马上高声喊道:"喂,老头儿,离客店还有多远?"老汉回答:"五里!"年轻人策马飞奔,急忙赶路去了。结果一气跑了十多里,仍不见人烟。他暗想,这老头儿真可恶,说谎骗人,非得回去教训他一下不可。他一边想着,一边自言自语道:"五里,五里,什么五里!"猛然,他醒悟过来了,"五里"不是"无礼"的谐音吗?于是拨转马头往回赶,追上了那位老人,急忙翻身下马,亲热地叫声"老大爷"话没说完,老人便说:"客店已走过去了,如不嫌弃,可到我家一住。"

这则流传很广的故事说明了一个朴素的道理:见了陌生的长者,一定呼尊称,特别是当你有求于人的时候。比如:"老爷爷"、"老奶奶"、"大叔"、"大娘"、"老先生"、"老师傅"、"您老"等,不能随便喊:"喂"、"嘿"、"骑车的"、"放牛的"、"干活的"等,否则,会令人讨厌,甚至发生不愉快的口角。另外,还需注意,看年龄称呼人,要力求准确,否则会闹笑话。比如,看到一位二十多岁的妇女就称"大嫂",可实际上人家还没结婚,就会使人不高兴。同时,还要注意亲疏远近和主次关系。一般来说,以先长后幼、先上后下、先女后男、先疏后亲为宜。在外交场合,宴请外宾时,这种称呼先后有序更为重要。

称呼上还必须区分不同的职业,对工人、司机、理发师、厨师等,称"师傅"是合情合理的,而对农民、军人、医生、售货员、教师等,统称"师傅"就有些不伦不类,让人听着不舒服。对不同职业的人,应该有不同的称呼。比如,对农民,应称"大爷"、"大娘"、"老乡";对医生应称"大夫";对教师应称"老师";对国家干部和公职人员、解放军和民警,最好称"同志"。

## 技巧42：宴会上，客气地说

公关人员常常会有宴请与应酬。酒作为一种交际媒介，迎宾送客，聚朋会友，彼此沟通，传递友情，发挥了独到的作用，所以，善于在酒桌上公关，有助于自己的成功。

宴请应当控制在相当的条件下，即指从计划到开始，从开始到结束，都应当在意料之中。宴请时要知道客人的口味爱好，邀请的陪客也应当有相同的谈话趣味，以便营造一种融洽的气氛。客人来了之后，应当负责介绍来宾的姓名、身份、工作，不要随意夸张，不要随意渲染，必须简要，两三句便可以。当来宾坐下之后，不要独自和某一个人展开忘我的长谈，必须注意处理好众人的关系，不要这个冷那个热。对于那些遭到冷落的宾客，应主动招呼为其解围。

在宴会上，双方最好能在开始或结束后致辞，以活跃气氛。主人要通过讲话说明意图，客人要即席答谢以示礼貌。请看一个招待会上的讲话。首先是主人致辞：

贵宾们，朋友们：

今天各位能在百忙中大驾光临，我公司同人非常高兴，热烈欢迎！

托各位的福，我公司梦寐以求的一千万元促销计划实现了！这应当归功于各位的支持，应当感谢各方的关照。我在这里向大家鞠躬了！

在这次推销活动中，公司王××因劳累过度而病倒了，可是他仍坚持接受推销定额，不顾一切地四处奔跑。不少客户被他的工作热情所感动，爽快地同他签订了购货合同。这大概是商人的义气吧！我要再次深深感谢这些客户，也要感谢为公司出了大力的同事们！

物资交流是双向的，购销协作是相互的。这次各位支持了我们，我们定将铭记在心，今后大家如有难处，我们公司自会出力。请相信我们！

为了庆祝实现一千万元的促销目标，我公司今天在此欢宴各位。虽然只是粗茶淡饭，却表明我们的诚挚之情。请大家不必客气，一定要吃好喝好。

今后我们将继续合作，共谋发展。为搞活国有企业创新路，为实现经济腾飞作贡献！谢谢！

这篇讲话，内容切实，感情真挚，表现了企业家的气度。接着是客人答辞。

尊敬的主人及各位朋友：

本人参加今天的盛宴，感到十分荣幸！请允许我代表今天应邀的各位朋友，为xx公司实现促销目标表示热烈的祝贺！向热情好客的主人表示深切的感谢！

刚才听了xx的介绍，深感销售工作之难，促销策略之巧，领导艺术之高明，员工之奋发。这种上下一心的敬业精神，实在是值得我们学习！

我们在这次促销活动中，尽了一点微薄之力，这是双方长期合作的结果，也是被贵公司热情周到的服务所感动的结果。适应市场需要，搞活商品流通，是我们的共同愿望。贵公司是国有企业，是我们的支柱和依靠。增进友谊，加强协作，对我们双方都有好处。我们愿为此尽心尽力。

最后，感谢东道主的盛情款待，预祝贵公司大展宏图！

这篇答辞，结构严谨、词语精练，展现出了儒商的特色。

送客时要表示歉意和祝福，使客人感到圆满。例如："王总经理，恭喜您这次洽谈硕果累累，祝贵公司来年大展宏图！""吴总，这次来到我们这边远小城，条件不好，招待不周，委屈您了，请多包涵！""贵宾们，不送了，祝大家都走好运，祝大家一路平安，祝你们合家欢聚，祝你们事业成功！欢迎各位再来！"

有了这样的语言，就能使各方宾客高兴而来，满意而归。为组织留下热情好客的美名，有利于扩大交流与合作。

## 技巧43：标榜的话，恰如其分地说

在公关中宣传本产品的品牌，推介标榜，才能吸引顾客的眼球。其宣传工作必须能够恰到好处地介绍商品的性能、用途、价格等，吸引顾客注意，引起兴趣，刺激欲望，促使他们采取购买行动。

首先要引起顾客的注意，如果顾客根本没注意你的宣传介绍，那么推销就难以进行下去。你的介绍说明必须生动有趣，满足顾客需要，进而引起他的注意。最好你的讲解，能够让顾客参与进来，并能给顾客带来某种利益，从而刺激他的欲望，进而采取购买的行动。

有一位推销员，他在一家视听器材与设备公司服务，他在进行推销说明时，一开始就说："您好，女士，我很乐意向您介绍这部放映机的最大特点，那就是自然的灰色。本公司开发人员认为，灰色确实可使放映机更醒目。同时我还要强调它比许多其他放映机更好的特别优点之一，就是它可以低于标准的速度来操作。"

当他在强调灰色与操作速度富有变化性的优点，而且认为有利于推销时，错在哪儿呢？他没有做试探的工作。试探是了解顾客的需求、欲望以及态度等有关情况。

这位女士会只因为眼前的推销员给她的感觉，就认为这些是显著的优点吗？她需要一部速度比标准速度慢的放映机吗？除非推销员做了试探，否则很难知道这些事。

业绩不良的推销员，常常未了解顾客的需求，就强调产品的特性与优点。所以，当你在强调某些重点之前，要明白这些重点对顾客来说，可能并不切题或不重要。你必须细心试探，以确保了解顾客的需求与态度。

推销员应这样说："尊敬的女士，通常您所期望的放映机，它的品质要点是些什么呢？"或者说："您目前在训练课堂上所使用的放映机，主要的缺点是什么？"

如此试探，介绍起来就不会出现信息不对和被对方误解的情况了。

了解顾客的需求之后，推销员的主要目标之一，就是把产品的特征、优点转换成与顾客的需求有关的利益上。

例如，对一位汽车推销员来说，在推销说明阶段中，已经得知顾客的预算不多，而你有一部可以满足这种经济需求的汽车，其特征是四汽缸引擎，优点是同量的汽油，可比其他汽车跑得更远的路。如何把这些因素融入顾客的利益里去呢？基本上而言，这两项因素因为降低了行驶成本，而显示了其利益，这将是影响顾客购买决策的最主要因素。

顾客的反对意见在推销谈判中是很正常的。对你的推销信息没有任何反对意见的顾客，可能连听都不会听你的推销说明与介绍。所以推销员必须诚恳地欢迎顾客提出反对意见，因为反对意见使你更了解顾客的需求与态度。

当顾客对你的介绍怀疑时，就需要你来证明你说的是恰当的。例如，地毯推销员，正在向一位零售商做推销说明，这位零售商对推销员说："不错，一切都很好，但是我怎能知道这种材料不会褪色呢？"

此时，零售商的真正期望是要推销员证实对这种产品的说法。推销员可以这样说："老板，您的观点很正确，会失去原有光泽的地毯，当然没有人愿意购买。您也知道，地毯是由防止褪色的合成材料制成的，《消费者报》报道最近所做的研究，把不褪色的合成材料与天然材料做了比较，结果发现防止褪色的合成材料胜过天然纤维的防褪色能力高达 5 倍之多。本公司所出品的地毯，都是采用合成材料制成的。因此，您可以相信，购买本公司任何产品的顾客都会很满意。"引用报刊报道，以权威论述及实际操作来消除顾客的疑虑。

向用户介绍产品，关键点是使用该产品能给他带来什么好处，哪些好处是他现在正需要的。著名 FAB 法（功能、特点、利益）广为采用，也就是先向用户介绍某类产品的功能，再介绍本产品的特点、优势，接着将本产品特点与消费者关注的利益点联系起来，最后解答一些技术问题与售后服务问题。

在做推销说明时,任何时候都可能是促成交易的时机,并不是等到说明结束之后,才是唯一的促成时机,推销员必须了解这一重要的信息。

## 技巧 44:消除顾虑,用事例来说

当顾客反对和拒绝时,扭转这一局面,可以举例说明问题,这样可以使观点更易为顾客接受。人们在研究中发现,用 10 倍的事实来证实一个道理要比用 10 倍的道理去论述一件事情更能吸引人。显而易见,生动的带有一定趣味的例证更易说服顾客。试比较以下两种说法,看哪种效果好。

甲:"使用这种机器,可以大大地提高生产效率,减轻劳动强度。它受到用户们的好评,订货量与日俱增。"

乙:"xx钢铁厂使用了这种机器,生产效率比过去提高了 40%,工人们反映这种机器操作方便,效率高,非常受欢迎。现在,该厂又追加订货 10 台。"

甲例中,推销员说明是由一连串简单的肯定句子所组成,缺乏事实根据,使人听了不踏实,无法让人信服。乙例中,推销员引用了一个实例和数据,有根有据,让人不可不信。

推销全国著名品牌电冰箱时,甚至可以用上简单如火柴这样的小道具。推销员擦燃了一根火柴说:"您听,我们的冰箱工作时无声无息,就像火柴燃烧一样安静。"

一位推销员曾向一个羊毛衫批发商演示他是如何推销一种新式牙刷的。把新旧牙刷展示给顾客的同时,给他一个放大镜,然后说:"用放大镜看看,您就会发现两种牙刷的不同。"羊毛衫批发商学会了这一招。没多久,那些靠低档货和他竞争的同行被他远远抛在后面,从那以后他永远带着放大镜,再也不用不厌其烦地向顾客解释为什么价格高了。顾客居然那么容易就接受了这种鉴别方法,他的销售额直线上升。

商业活动最重要的是人与人之间的关系,如果没有交流和沟通,人家不认为你是个"诚实的、可信赖的人"之前,许多生意是无法做成的。现实确实是这样,很多情况下,举出生动的例子,顾客最容易信服。

对销售人员来说,接到销售信息的时候,一定要想办法了解清楚用户的购买动机,然后举例说服。

推销员引用例证,要注意例证的分量,越是切题的例子,就越具有说服力。在引用例证时,推销员应注意:①讲真话,不可编造例子,要从事实中去搜集。②要具体。不用笼统的概括,多用具体的实例,力求明确。③求生动。讲述情节,引人入胜。④切主题。所引例证是为证明自己的说法服务的,切忌驴唇不对马嘴。

## 技巧 45:游说之词,有的放矢

公关面对的是公众,但公众却并非是"千人一面"。你和这个人谈话,可能会觉得"知心的话,万言不赘";但和那个人谈同样的话时可能"话不投机半句多"。因为大众的性格、心理、年龄、身份、习惯、知识面等都有所不同。假如你对年逾古稀的老农推销化妆品和时装,那肯定没有效果;对学生谈论经商之道,对孩童谈论新闻时事,或因其不感兴趣,或因其阅历不够,这样的谈话怎么可能继续下去?

精当的游说之词,应当因人因时而有的放矢。与聪明的人谈话,要依靠广博的知识,否则不足以取信于人;与博学的人谈话,要善于雄辩,否则不足以主导方向;与善辩的人谈话要简明扼要,否则不足以揭示主旨。面对地位显赫者,绝不可卑躬屈膝,未开口你就应取得气势上的主动地位;与普通顾客谈生意,你反

而要表现得谦敬有礼，被重视的感觉会提高他们的购买力。有一则小故事就很能说明这个问题：

来自各国的实业家们正在一艘游艇上，一边观光，一边开会。突然船出事了！船身开始慢慢下沉。船长命令大副立刻通知实业家们穿上救生衣跳海。几分钟后，大副回来报告说没有一个人愿意往下跳。于是船长亲自出马。一会儿工夫，只见实业家们一个接一个地跳下海去。

大副请教船长："您是如何说服他们的呢？"船长说："我告诉英国人，跳海也是一项运动；对法国人，我就说跳海是一种别出心裁的游戏；我警告德国人说，跳海可不是闹着玩的！在俄国人面前，我认真地表示：跳海是一种壮举。"

"您又是怎样说服那个美国人的呢？"

"太容易了！"船长得意地笑道，"我只说已经为他办了人寿保险。"

这虽然只是个笑话，但也说明一个道理，那就是要"看人说话"，并且应精心地选择说话的内容和方式。

有位妇女想买一瓶美容霜，但嫌贵，推销员看出了她的犹豫，就说："这一瓶42元，的确不便宜。不过，它能用大半年呢。照这样算的话，您每月只需花7元钱，每天只花两毛多钱，还比不上一只冰激凌呢！这可是太便宜了。"这位妇女点了点头，一边掏钱一边夸他："你很会说话。"

这位推销员的成功之处在于：他观察后得出结论，这个顾客是个讲究节俭的人。所以，他就采用了时间分解的办法来计算，使得顾客的花费显得"少"多了，从而乐意买下它。这是推销员们针对这类家庭妇女推销时常用的手法。

另外，即使是针对同一顾客，也要注意在不同情况下，表达的方式要相应地变化。比如，前几年，以"经济实惠"而著称的"象牙香皂"风靡了整个市场，可后来却好景不长。厂家征询顾客意见时才发现，大多数消费者对香皂的期待，已非"经济实惠"，而是希望香皂能让自己"干干净净"或者"富有魅力"，厂家立刻照此改了广告词。结果可想而知，"象牙香皂"的销量又节节上升了。这也是"看人说话"的妙用！

# 第6章
# 分寸恰当，灵活机变：竞聘的话要会说

不能说出自己的特长、能力，通不过面试这一关，也就得不到需要的职位，怎么能证明自己的才干？不善于与领导对话，将不被任用，限制了发展空间，又怎么证明自己是个能人？善于倾听和回答问题，善于提问和引导话题，是能够帮你展现水平和能力的。

## 技巧46：展示实力，实在地说

竞聘，优者赢。说话时必须恰当地展示自己能以"压倒群芳"的实力，用自己优于别人的条件服人，用自己竞得岗位后高于别人"多筹"的思路与措施服人。这有三个原则：

一是实在，介绍自己的实力必须做到实事求是，而且要做到"实"得"可信"。

二是艺术，比如运用心理学上的攻心理论，先抑后扬，先贬后褒，做到"实"得有"度"，"实"得"文明"。

三是心机，在竞聘演讲中，评委总是有意无意地将第一位演讲者作为参照对象。因此，前面演讲者"露才"时必须要有超人的气势，让后来者被逼得撑不起腰。后来演讲者要注意观察评委对前人的反应，就其兴趣所在，结合自己展开。还有，别忘了当止则止。下面是一位竞聘办公室秘书者的演讲片段：

我竞聘秘书，有一个最不利的条件，即我的学历。你们说要招具有本科以上文凭的，而我仅此一张自考大专文凭。好在任何事情都不是绝对的，事实不总是证明文凭等于水平，学历等于能力。请允许我幸运地回顾一下往事：(出示杂志)这篇"打开写作之门"的论文是我大专三年级时发表的，(出示证书)这些奖是2005、2006、2007连续三年的优秀撰稿人证书，(出示目录)这是我八年来发表在杂志上的文章目录，(出示文集)这是我近年来公开发表的100多篇论文汇集，(出示文章)这是我撰写的《领导科学与艺术》，这是我撰写的《文秘调查报告》。因此，我来竞聘了。因为我明白，我竞聘秘书还有几个算得上条件的条件……

竞聘者开始似乎在讲自己的劣势，但这恰恰是诚实可靠的表现。而在给自己"抹黑"以示诚实之后趁机"亮"出自己几条压轴的优势，让评委及听众对其实力不能不心服。

竞争固然无情，但不能以诽谤和贬低其他的竞聘人的方式来树立自己的形象。做人，人格是第一位的。水平三流，知识二流，人品一流。

## 技巧47：介绍特长，大胆地说

一位人力资源部主管，参加过多次现场招聘会，他感触最深的是，不少求职者不善于自我推销，说话结结巴巴，没有逻辑性，半天讲不出自己的特长和能力，而只是一味地说，"请相信我，我一定会干好的"，这怎么可能让人相信呢？

中国人不善于自我推销，与偏向于内敛保守的传统文化有关，过分相信"是金子，到哪里都会发光"这句格言，于是以为有学历、有技术就会有人赏识、有人推荐、有人提拔，结果不少人却因不善于表达与沟通而失去了一次次求职的机会。口才大师卡耐基叙述过这样一件事：

费城有一位青年，为谋求职业，整天在街上游荡，为的是想有哪一位阔人能发现他。然而，不管他作出怎样引人注目的举动，都无法引起人们的注意。有一天，他记起欧·亨利说的一句话："在'存在'这个无味的面团中加一些'谈话'的葡萄干吧。"于是他突然闯进该城著名巨富鲍尔·吉勃斯先生的办公室，请求主人牺牲一分钟时间接见他，并允许他讲一两句话。吉勃斯看到这位青年虽穿着贫寒但精神焕发，便破例和他谈起来。起初，吉勃斯只想和青年谈一两句，想不到两人越谈越投机，一直谈了一个小时，结果，吉勃斯打电话给费城狄诺公司经理泰勒先生，给这位青年推荐了一个优越的职位。这样，一个落魄街头的青年，在以前求职无一成功的情况下，竟在半天之内获得了如此美满的结果，不能不归功于他说话有一种摄人心魄的吸引力。

招聘与应征，两者间的对话，往往在提问中开始，应征者被提问的第一个问题常常是："谈谈你自己吧！"许多应征者会认为"我不是写在简历中了吗？为什么还要问？"因而面露不耐烦之色，有的甚至会以"这些我在简历中都已经写得很清楚了"作为答复。

请切记，绝对要尊重主考官提出的第一个问题，并诚恳地回答。而这个问题，正是进行"自我推销"的大好时机，如果这道题回答得很得体，令对方印象深刻，可能会在接下来的时间里很顺利地推销自己，被招聘方认可。

这里说的自我推销可不是小贩缠人式的推销，而是引人入胜的推销。如果你在面试前认真做过准备，那么你必然已彻底地认识自己：我最大的长处、特色在哪里？哪些是我过去做得最好的事情？我具备什么样的专业技术、知识？刚出校门的人，面对这个问题时可能觉得无从谈起。其实，对于尚无实际工作经验的应聘者，主考官无从询问"工作"本身的专业性问题，但是他可以借由你在课业上的表现、所选修的课程以及所参加的社团活动等方面，来判断你是否具备做好这份工作的能力和潜力。

大学生小周面见某家公司的老总，想向老总推销自己，但是，这位老总经验

丰富,且又固执己见,根本没有把这个刚刚毕业初出茅庐的大学生放在眼里,没说上几句话,老总就一口回绝小周说:"你可以走了。"

对于小周来说,会谈出现了不利的局面。此时他眉头一皱,计上心来。他像毫不在意似的轻声说:"老总的意思是,贵公司人才济济,足以使自己的公司能在市场上立于不败之地。纵然外边的人有天大的能耐,也不需要利用。何况像我这样初出茅庐的小青年还不知道能干些什么,如果使用我这样的人,也许会给公司带来麻烦,与其这样,倒不如拒我于门外,是吗?"小周说到这儿,有意停顿下来,只是面带笑容地看着老总。

老总一愣,开口说话了:"你能谈谈自己的特长和想法吗?"

小周显得不紧不慢,对老总说:"对不起!刚才我太唐突,请原谅!不过,像我这样的人还可以谈谈吗?"

老总紧接着说:"当然,不用客气。"

本来,小周素质不错,准备也颇为充分,借着老总的话,从容不迫地说:"在学校里所学的能与工作结合起来是种幸福,但人具有可塑性,只要头脑灵活,什么新鲜事都可以做。公司想减少培训员工成本,希望员工一上岗就能创造效益,所以我要发挥自己的特长就不是那些书本知识了,而是——我发表过一些文章,可以搞企宣;我善于交际,可以做业务。"

老总一边听,一边赞赏地点头,最终决定留下这位大学生。

所以在推销自己的时候,需要很巧妙地在自己的特长与所招聘的工作之间找到着力点及相关性,并将其突出出来。

## 技巧 48：陈述，扼要地说

应聘的人常常很多，如果想在主考官面前占用更长的时间来展示自己，简直是幻想。对方每天要面谈的对象有几十甚至几百人，所以回答要扼要有条理，才能显示出水平。

先讲结论再说原因。回答问题前，心中要先盘算主考官真正想了解的是什么，然后以此为核心，做有组织地回答。然而，有些主考官会用"你是不是……""你能不能……"等"封闭式"问题询问，即使如此，你的回答也应该体贴地多谈一些，千万别只用"是"、"好"、"对"、"没问题"等简略答法，一方面会让人觉得回答呆板，也容易让主考官对你留下不够成熟，"缺乏组织能力"的坏印象。下面是一位求职者面试时的自我介绍：

我的经历非常简单。1995 年我高中毕业没有考上大学，进入某厂当上了一名车工。从此，我操刀切削十多年。其间三次参加全市车工岗位"技术大比武"，两次荣获第三名，一次第二名。去年企业破产，我下岗失业。下岗后参加过三个月的电脑培训，三个月的英语培训，取得两个上岗证书，为我掌握现代化的数控车床打下了基础。听说贵公司招聘技工，我觉得我是比较合适的人选。主考官微笑着频频点头。

从上例中可以看出，介绍自己简历时可以从参加工作时讲起，不要拉得太远。经历中重点介绍自己从事什么工种，有何特长，凡与此无关的均可省略。能够显示自己优势的，可以讲详细些，而且要与招聘内容联系起来。例如，三次参加"技术比武"获奖，两次参加技术培训，都显示了应聘者的技术水准，此说正投招聘者所好，能引起主考官的兴趣。当然，介绍自己经历中的成绩时，要注意口气，既巧妙地表露出来，又不显示出自我吹嘘的痕迹，给人以自信、谦逊、不卑不亢的印象，回答时把握好分寸。

回答问题时，最好从一开始，就把想表达的要点和结论先点出，如："这个事情

我分两方面来谈……""我的求学历程分三阶段,其中对我影响最大的是……"之后再陈述细节和理由。回答保持在 3 分钟左右,一旦看到主考官眼神游移有些分神时,便应适可而止。

有的人习惯于滔滔不绝地高谈阔论,而又词不达意、语无伦次,让人听而生厌;也有的人喜欢夸大其词,侃侃而谈,说话不留余地,没有分寸。这些容易形成画蛇添足的效果。因此,在开口之前请多思。

"若在学习期间有相关经验,我们会更深入地多问一些。"这是一位长期从事主考工作人员的肺腑之言。如果应聘者在相关金融机构打工实习过,在面试时主考官心中都会有为你加分的想法。因此,建议新人千万不要忽略自己过去各种长短期实习、打工经验,甚至在家族企业帮忙扩展业务的经历,只要是与目前应征工作相关的都值得一提。毕竟,透过实际的例子,说明自己过去的表现,才有机会让别人认识到你的优点。下面是一位大学毕业生竞聘村委会主任的陈述:

我从没有担任过村干部,缺少经验,这是劣势,但正因为从未在"官场"混过,一身干净,没有官相官态、官腔官气,更不可能是官油子;少的是畏首畏尾的私虑,多的是敢作敢为的闯劲。正因为我一向生活在最底层,从未有过高高在上的"体验",所以对摆"官架子"看不惯、弄不来,特别有民主作风。因此,我的口号是"做一个彻底的平民村委会主任"……

这位竞聘者的演讲辞,可谓是"官念"新颖不俗,具有鲜明的个性和风格,既简明扼要,又令人耳目一新。此类与众不同的说辞,常常是征服评委的妙策。思维的独辟,观点的独到,表达的独特,是竞聘者努力的方向。

# 技巧49：应答，灵活自信地说

在面对各家单位的招聘人员时，有的人反应敏捷、措辞准确、侃侃而谈，娴熟地进行自我推销；而有的人则对答迟钝、怯于开口，只是用"规矩"的"哑巴"式的推销等待着用人单位的注意和挑选。在说话水平正被越来越多的用人单位所看重的今天，两者的优劣便显得一清二楚。

**（1）答话要表现出沉着**

年轻人都有一种羞怯感，在特定的场合，由于某种原因，羞于启齿是很正常的。然而进入招聘的口试阶段，则应当努力克服羞怯心理。事实上，在才能和智慧不相上下的人群中，你具有充分的信心、拥有更高的热情，机遇和成功则在更大程度上属于你。

有一位22岁的英国年轻人，尽管他有一张名牌大学英国伯明翰大学新闻专业的文凭，但在竞争激烈的人才市场上却四处碰壁。为了求职，这位年轻人几乎跑遍了全英国。一天，他走进世界著名大报——《泰晤士报》的编辑部。

他鼓足勇气，十分恭敬地问招聘主管："请问，你们需要编辑吗？"

对方看了看这位外表平常的年轻人，说："不需要。"

他接着又问："那需要记者吗？"

对方回答："也不需要。"

年轻人没有气馁："那么，你们需要排版工或校对吗？"

对方已经不耐烦了，说："都不需要。"

年轻人微微一笑，从包里掏出一块制作精美的告示牌交给对方，说："那你们肯定需要这块告示牌。"

对方接过来一看，只见上面写着："额满，暂不招聘。"

他的举动出乎招聘者的意料，招聘主管被这个年轻人真诚又聪慧的求职行为所打动，破例对他进行了全面考核。结果，他幸运地被报社录用了，并被安排

到与他的才华相适应的外勤部门。事实证明，报社没有看错人。

20年后，他在这家英国王牌大报的职位是总编。这个人就是森蒙——一位资深且具有良好人格魅力的报业人士。

当然，森蒙的成功不可照搬，但是他的沉着热情的精神可以学习。在求职中，我们不要急躁，更不要气馁。

**(2)重视情境设置型题目**

情境设置题目是活题，这类题目特别重要，回答的时间相对也长一些。应试者如果了解一下以往招聘口试中这类情境设置型题目，这会对应试有好处，或者应试前做一些猜想，围绕某些特定的情境做点模拟准备。

招聘节目主持人的口试，情境设置型的提问较多。如，假如你是一场赈灾义演的节目主持人，请你首先设计一段开场白，描述现场氛围及晚会宗旨，然后再将其中两位参加晚会的代表介绍给现场观众，一位是参加抗洪抢险的解放军战士，一位是曾给灾区捐款的下岗再就业职工。遇到这类问题，就需要紧急构思，然后有条不紊地说出来。

**(3)设法有非同一般的表现**

请看下面的一个趣闻：

旅馆经理口试甲、乙、丙三位男性应征者。问："假如你无意中推开房门，看见女客一丝不挂在沐浴，而她看见你了，这时你怎么办？"

甲答："说声'对不起'，就关门退出。"

乙答："说声'对不起，小姐'，就关门退出。"

丙答："说声'对不起，先生'，就关门退出。"

结果，丙被录用了。

许多地方的招聘工作报名者甚多，而评委所提的问题是有限的，也可以说是比较集中的，有针对性的。有些职业、职位的口试，是依照次序单独进行，同类型的题目问过不同的应答者后，评委就可以看出其中的高低。一般说来，除了应答者的外在形象、普通话水平比较突出者能给评委留下难忘的印象之外,那种能够调动创造性思维机制,灵活应答,产生意外效果的,也可能给评委留下非同一般的印象。

## 技巧50:爽朗,不说乞怜的话

要使别人瞧得起自己,先要自己瞧得起自己。无论求职如何困难,决不可露出乞怜的样子。你可以谦逊,但不可谄媚。当对方要听你发表一点意见的时候,就应该加以考虑,不可只是唯唯诺诺,使人觉得你无一动人之处。当你说出你的能力,对方表示满意地点头时,千万不能沾沾自喜,发表意见时不可肆意批评别人,更不可说你的计划一定成功。

问答中只要让考官知道你的目的、你的能力、你的文化程度和你最低限度的报酬即可。以后的事,就让对方从容处置,不可纠缠下去,使对方反感。那些讨人喜欢的人,必定有使人喜欢的地方。

有一个对商业广告极有研究的人,他在无机会中创造机会。他以求职的目的去拜访一个大公司经理,会面以后他始终没有把谋职的意见说出,他和经理谈天,在巧妙的谈话中尽量地把广告对于商业的重要和其运用的方法说出来,他讲了许许多多有力的例子。他丰富的知识、经验的积累在谈话中引起了经理的兴趣和赏识。虽然他没有说出谋职,经理反而主动提出请他替公司设计广告。

他的目的达到了,这就是仅凭着一席话给自己创造机会的人。他有才干,有心机,晓得怎样用巧妙的谈话去找到他发展才干的职位。

有一位青年在求职时是这样应聘一家打火机厂的职位:他对于这方面的知识是外行,但为了去应聘,谋得一个职务,他预先调查好了国内打火机厂的产品数量

和销售情况,各国打火机在国内市场上的地位、各种打火机厂产品质量、包装的比较、各厂家竞争的营业情况等。当他前往应聘时,他对于此行业的研究广博使主持者大感兴趣,在众多应聘者当中他犹如一朵奇葩,机会自然给他夺去了。所以,预备一些使雇主感兴趣的问题答案,同时表现你对此道的才干,往往能帮助你取得成功。而低三下四地说乞怜话,只会让雇主觉得你既没能力,又没骨气。

对应聘工作的晤谈,所需要的是表示爽朗和冷静的一面。这种晤谈,最重要的是表示自己的资格和能力,不过,打肿脸充胖子的行为是不宜的,只能瞒骗一时。如果应聘的晤谈令你胆战心惊,那么也许正是你明白自己肚子里究竟有几滴墨水的缘故。工作晤谈不宜摆出一副安逸态度,谈话内容应保持在一定的范围界限内,不要谈办公室的陈设,不要谈对方的一身装束,不要乱打高腔。因为晤谈时间有一定的限制,你必须把你的资格和能力浓缩在一个很短时间内交代清楚。所以,准时就是你所受训练、教育及能力的最佳证明。

## 技巧 51:谦虚,但不说过谦的话

谦虚是中国人的美德,但过于谦虚就会影响竞聘,并给人保守、虚假的印象。时代在发展,某些求职用词也在淘汰。对于没有经验的人来说,除了学历之外一无所有,再加上那些过分的谦虚用语,是很难在"重能力"的市场经济环境下找到适合自己的位置的。中国传统社会要求的谦虚、保守等品质,已经无法符合各种不同需求的公司,尤其是外商公司。

一位女大学生去一家中外合资公司应聘求职。她通过了一道道关卡,最后只剩下她和另一位男性求职者。经理是外国人,他在与这两位求职者的闲聊中,极为随便地问了三句话:"会打羽毛球吗?"

男的说："会。"

女的其实在大学校园里是个不错的羽毛球选手，她却答道："打得不好。"

经理又问："给你俩一部小轿车，限在一星期的时间内，有没有把握学会驾驶这辆小汽车？"

男的说："有。"

女的其实曾经学过开汽车，她却说："不敢保证。"

经理再问："厨房里有蔬菜，你俩能不能给我做几样拿手好菜，我这人不挑剔。"

男的说："没问题。"

女的其实烹调技术不亚于一个三级厨师，可她却不好意思地说："做得不好。"

你认为这两位应聘者的答话，哪一位更能受到面试官的欢迎？

这位男应聘者的答话更能受到主考官的欢迎，想知道原因吗？

这位女大学生墨守"谦虚是最大美德"的古训，不敢表白自己的工作能力。如果从更深一层来讲，她的身上郁积着自卑心理，不敢面对机遇、迎接挑战。

下面是一个有关不谦虚也不自夸、从容面试的实例，可以从中借鉴一些东西。

某家大企业在招聘产品营销部经理。小汪觉得自己完全符合条件，便报名应试。一星期后，公司通知去面试。

考官示意他坐在对面的沙发上，"你的材料我们仔细看过了，"并且面无表情地说，"你怎么想到要到我们公司来的，原来的工作不好吗？"

"不，我原来的工作也不错，但我想寻求更大的发展，所以前来应聘。"小汪偷偷地做了个深呼吸，不紧不慢地答道。

"哦，这么说，假如现在有一家实力更雄厚的公司聘请你，你还会辞职？"显然，考官在考察他的应变能力和表达能力。

小汪微笑着回答道："如果更有实力的公司愿意聘我，说明我是个有能力的

人，我会很高兴的。"他停顿了一下，接着说，"但我不会辞职。因为公司的实力对我来说，就像是身上的衣服，合适的才是最好的，太小和太大都是不好的。"

考官点了点头，觉得眼前这个青年很实在，不故作谦虚，于是又问："如果让你来招聘产品推销员，你希望他们具备哪些条件？"

"我希望他们起码要具备两个条件：一是能干不自作精明，二是谦虚不虚伪。"

"为什么？"

"那些看上去精明的人，容易使人产生戒备心理，看上去诚实的人，更容易博得人们的信任；但不能过于谦虚，过于谦虚会让顾客觉得虚假，顾客就不会把心里真实的想法告诉他。能干就是做事讲究方法，有好的方法，还要愿意去实践，这种人才最适合做推销员。"

"嗯，不错。可我们公司要招聘的是本科毕业生，而你拿的是硕士文凭，这点你可不符合我们公司的招聘条件哟。"

"专科、本科与硕士的文凭我都有，你可以任挑其中的一种，我不会介意的。"

考官的脸上露出了一丝笑容，他站起来，与小汪握了握手："年轻人，好好干，你会大有作为的。"

就这样，小汪成了一名营销部经理。

所以，面试不能过于谦虚，过于谦虚就显得保守，招聘官发现不了你的优点和特长，甚至还会觉得你不诚实，所以面试时要以正确的心态去把握机会。

# 技巧52：谈薪金，转移重点地说

应届大学生在面试中贸然谈薪酬是个大忌。况且新人的起薪都一样，你谈了，人家也不会给你加薪，反而会招致反感。即使对方问你对薪水的期望，你也应谨慎应对，或者干脆用"我相信公司会承认我的工作价值"之类的话搪塞过去。跳槽的人谈薪金，也得有策略，期望的薪金是需要的，但可以将薪金的重点转移到职位上，让对方觉得职位需要你这样的人才，那你就可以轻松地争取到更好的待遇。

小鲁到一家电器公司应聘，这家公司生产笔记本电脑，并把产品租赁给旅馆、机场等，公司总裁非常满意自己的产品，他花费了将近一个小时的时间向小鲁解释这种电脑的多种用途。随后，总裁想让小鲁任公司的营销部主管，年薪10万元。小鲁说："我很喜欢这份工作，但是能不能每年报销1万元的公务费用呢？"总裁没有答应。

小鲁的要求尽管很合理，但由于他没有注意提问题的时机和方式，所以使对方对其产生了反感。求职谈判不同于其他谈判，当谈到薪金和福利等问题时，双方都会持不同的观点。在你的求职谈判中，如果对方由于预算的限制而无法付出你想得到的待遇时，你可以选择到另一家公司应聘；如果你目前有工作，并且待遇还可以，你当然可以放弃这个跳槽的机会，因为它比不上你现在的工作；或者你试着和对方谈一谈，在谈判时先不提待遇的问题，而是先向对方证明你是最合适的人选，甚至比他们设想的还要好。当双方谈到职位的时候，自然就会谈论到薪金的问题了。

不管什么情况，如果你谈论的重点是工作而非待遇时，你的说服力将大大增加。如果你在面试时以提高工作效率这个话题为中心的话，对方反而会表现出不同的态度。

小鲁完全可以这样说："我很乐意接受这份工作，公司给我的待遇也很合

适,我想我们的合作会非常愉快的。可是……"

对方:"你有什么顾虑吗?"

小鲁说:"我目前的工作非常顺利,主要是因为我利用晚上和周末的时间来应酬客户。我要是继续这样做的话,我担心公务开销不够用,所以想到了跳槽……"

对方:"你不必担心这个问题,我们会满足你的要求的。"

这样的结果岂不是皆大欢喜?你要记住,当谈判陷入僵局时,你就把重点放在工作上。你要表明你愿意为对方效力,同时提出你的工作设想,这样对方就会从职位的角度来考虑给你增加待遇。你要牢记这一点:谈工作和职位更容易被对方接受。

## 技巧 53:女性,如何应答敏感问题

男女有别,一般的用人单位在面试女性的时候,常会提出一些针对女性的问题,有时这些问题是非常敏感的,比如"你是否近期内准备生育"等。如何回答这些问题,关系到求职是否成功。下面,我们就用人单位一般会向求职女性提出的敏感问题,来做简单分析,并给出可行性的参考答案:

问题一:家庭和事业,你觉得哪个更重要?

不管是否违心,绝大多数女性为了获得饭碗,都会选择事业作为答案。其实这并不是最佳答案,毕竟家庭对女人的重要程度是不言而喻的,所以,如何回答得令招聘人信服,是需要一定技巧的。与其直接说:"我会把事业看得比家庭重。"倒不如真诚地说:"我会在适当的时候结婚,但我认为女人最重要的是能够保持自己的活力,工作对现代女性来说尤为重要。"

问题二:你该如何处理好上下级关系?

一般在招聘女秘书时，往往会问这样的问题。这个问题是比较敏感和棘手的，简单说吧，显然一两句也说不清；具体说吧，面试的时候也不可能有足够的时间让你来陈述。

林小姐应聘时这样回答："能问到这个问题，这说明贵单位的领导者都是光明磊落之人。不瞒诸位说，我曾在一家公司干过一段时间，就是因为老板起了非分之念，我才愤然辞职的，而在招聘时他们恰恰没问到这个问题。两相比较，假若我能应聘上，我没有理由不全力以赴做好这份工作。"

林小姐的回答妙就妙在没有直接去回答如何和领导处理好关系，而是通过一个事例，或许是不存在的一段经历来表明自己坚决的态度，又没让问话者感到难堪。

问题三：如果你的客户要你陪他跳舞，你会怎么办？

这是主考官测试应聘者在压力下的反应能力。有的女性求职者听到这个问题，会觉得尴尬，甚至觉得主考官无聊。你可以这样回答："正常情况下，跳跳舞没有什么不可以。我相信在咱们这样的正规企业，不会碰上那种不三不四的人，而且，我也很乐意接受正直、善良的客户的邀请。"

问题四：你认为家庭和事业之间的矛盾难以克服吗？

谁都知道，没有一个幸福的家庭做后盾，女人是无法安心工作的。而工作和家庭之间的确存在着矛盾，甚至有的时候是难以化解的。直接回答"是"与"不是"显然都不太合适，那么如何回答这个问题呢？

你不妨这样说："我认为无论在工作上，还是在家庭中，女性的最大目标是要使自己活得有价值。虽然我想通过工作来证明我的能力，来体现活着的意义，但谁能说那些相夫教子培养出大学生、博士生的农家妇女活着就没有价值？何况'一个成功男人的背后往往站立着一位伟大的女性'的说法早已被世人认同。"

这席话的言外之意是说，要我外出工作，我会竭尽全力；待在家中，我会经营好自己的"小天地"。回答似乎有些答非所问，却能体现出女性刚柔相济的特

色,更容易赢得主考官的认同。

问题五:婚后你是否计划在近期内生育?

如果马上表示否定,一定会引起主考官的质疑。结婚、生子,对女人来说是天经地义的事情,关键是要让主考官相信,你在此之前会给单位带来更多的益处。

你不妨这样回答:"我很重视自己的事业,因此我的决定将以不影响我的工作和公司的利益为前提,会理智地处理好这个问题。"

## 技巧54:不恰当的话,绝对不能说

语言是求职者在面试时与招聘人员交流和沟通思想感情的工具,更是求职者敞开心扉,展示自己的知识、智慧、能力和气质的一条主要渠道。

在求职中,心细如针、善解人意,这些都是女性与生俱来的优势,但是最重要的还是谈吐要自信,有主见。那些表现犹豫不决,凡事征求别人意见的女人会让人怀疑她的工作能力,觉得她还不够成熟。

自信得体的语言无疑会增强你的实力,帮助你获得成功。而不恰当、不得体的语言则会损害你的形象,削弱你的实力,甚至导致求职面试的失败。

李洁就读于北京一所普通大学,毕业后和所有的毕业生一样,为留在北京而投入了找工作的大军,投简历,应聘。一个月过去了,工作还是没有着落,看着那么多名牌大学的本科生乃至研究生为了一个小小的职位"挤破了脑袋",她怀揣着普通大学的毕业证,信心开始变为忐忑,就在这时,一家公司通知她去复试。

那是一家她向往已久的大公司,工作落实了还能解决户口问题。初试她的感觉不错,接到复试的通知,她激动了很久,复试之前很精心打扮了一番。参加复试的共有五个人,只有她是女性。

面试开始了，服务员端来了五杯水，其他几个男生直接拿起自己面前的水杯就开始喝。李洁想，几个考官都还没有水喝呢，自己怎么可以抢先呢？于是很有礼貌地把杯子递给离她最近的一个考官。

"还是女孩子心细啊。"坐在中间的一位考官说，另几个正在喝水的男生立刻窘住了，面面相觑，李洁对考官们露出谦逊的微笑。

接着几位考官介绍了公司运营方面的具体情况，也谈了他们的专业和对公司的想法。由于刚才的"喝水事件"，那几个男生都比较拘谨，而李洁和考官们谈笑自如，她对今天的面试已经胸有成竹。

面试结束后，考官们走出会议室讨论了一下，把李洁叫了出去，说："根据你的性格特点，我们想把你安排在外事部门，不过户口方面可能还需要再争取。"

听到这句话，李洁愣住了："你们不是答应可以解决吗？"她心想要是户口解决不了，自己也许根本就不会来应聘……思考了一会儿，她轻轻咬着下唇说："要不，我跟爸爸妈妈商量一下？"

听了这话，主考官突然愣了一下，李洁也马上意识到，自己说错了话。

"好吧。"他微笑着说，"不过要记得，以后你参加面试的时候，不要说'和爸爸妈妈商量'的话，因为这样会显得你没有主见，明白吗？"

后来，李洁没能得到去上班的通知，她明白是自己那句不自信的话让她错失了机会。

也许刚出校门的你还不习惯独立，不习惯自己一个人去面对一项工作和任务，但是在面试的时候，你一定要告诉自己，我已经长大了，该独立了。面对主考官，谈吐一定要自信，有自己的主见，没有哪个公司需要没有主见的应聘者。下面是在求职过程中的忌语，一定要牢记：

**(1)"你们要不要女性？"**

这样询问的女性，首先给自己打了"折扣"，是一种缺乏自信心的表现。面对已露怯意的女性，用人单位正好顺水推舟，予以回绝。你若是来一番非同凡响的

陈词或巧妙的介绍,反倒会让对方认真"考虑考虑"。

**(2)拿腔拿调的"嗲语"**

发嗲是女人的特权和天性,在适当的场合、恰当的对象面前,女人嗲一点,让人爱,但是在面试的时候,这一点是绝对不能用的,否则只会给人留下"过于做作"的印象,让人浑身起鸡皮疙瘩。

**(3)一上来就问待遇**

有的女性上来就问:"你们的待遇怎么样?"这样的问话很可能招致如下回答:"工作还没干就先提条件了,何况我们还没说要不要你呢!"谈论报酬,无可厚非,只是要看时机,一般是在双方已有初步意向时才委婉地提出。

**(4)不恰当的反问语**

如果主考官问你:"你期望的薪金是多少?"而你反问:"你们打算出多少?"这样反问有点像在市场上买东西讨价还价,显得很不礼貌,容易引起主考官的不快,进而影响你的应聘结果。

**(5)令人生厌的问题**

面试快结束的时候,主考官一般会问:"请问你还有什么问题吗?"有的女性就会不知轻重地问:"请问你们的投资规模有多大?""请问你们公司有多少员工?""你们对住房的贷款政策如何?"类似这样的话题都是不该问的,好像你不是应聘者,而是投资人,会使主考官产生反感。

# 技巧 55：反向发问，要恰如其意

招聘者向应聘人员提供提问机会，既能更好地实现应聘与招聘间的双向沟通，营造相互尊重的良好氛围，也是测试应聘人员综合素质的一种方式；但是，许多应聘人员在面对"你还有什么问题需要问我？"或"还有什么需要我进一步说明？"这类问话时，却显得措手不及，使下一轮面试机会"付诸东流"。

向面试官发问，不是指把面试官问得目瞪口呆，而是要问得"恰如其意"，抓住提问机会，为自己的前期表现"画龙点睛"，甚至扭转之前的不利局面，牢牢锁住面试官的眼球，让面试官掌控的天平向你"倾倒"。以下就是提问的三种方法：

**（1）围绕企业状况发问**

这包括企业的经营现状、发展规划、企业文化核心及企业理念等。应聘人员切忌采用"我不大了解你们企业，请你介绍一下"之类的直白提问，这容易让面试官产生一种错觉，即你对企业一无所知，只是在盲目应聘。一种比较可取的方式是应聘人员自己先介绍一下你所了解到的企业情况，然后再请面试人员就某一方面给你做出更详尽的介绍，例如可用"从我的了解中，贵公司是……不知我的认识是否正确，你是否能就某一方面为我做出更详细的说明"这样的提问模式。

对企业状况的关心表现出你对这一企业具有浓厚的兴趣，并希望能够更加深入地了解它，也开始为融入它做着积极的准备。

从面试官的回答中你可以更全面、深入地了解你将加入的企业，再一次确认这一企业的文化、氛围、未来发展方向是否与你的设想以及信念相符，为自己的应聘选择作出全面决断。这既是对招聘单位的尊重，也是对你自己的负责。

**（2）围绕所应聘的职位发问**

可以涉及这一职位的工作范围、主要职责以及它对应聘者能力、经验等方面的进一步要求等。应聘人员一方面要遵照上述技巧，表现出自己对所应聘职位有所认知，另一方面最好能借此机会深入了解并表现出自己与岗位的匹配

性。综合两方面因素,比较可取的问话模式为,"根据我的理解,这个职位的主要职责包括……不知道贵公司的情况是否如此。同时你认为我还需要在哪些方面多做努力,能更好地满足职位要求?"

由此,你可以明确这一职位的主要工作内容、地点、强度、在企业中的重要性,并进一步判断出它是否符合你的愿望,是否有利于你未来职业生涯的发展。

如果你能从面试官的回答中挖掘出此职位所需的基本素质及你还存在的差距,你就有机会对之前的陈述重新"查漏补缺",纠正你之前陈述中的"本末倒置",全面显现你的真实水平。即使面试官没有正面给你答案,你也可以再将你的优势重新做一个简短陈述,强化面试官的记忆。

**(3)围绕个人的长期发展发问**

这方面具体又可分为,企业能为新人提供哪些培训,有哪些具体的培养措施以及个人在企业中有哪些职业发展方向等,但凡重视人力资源管理的公司都会在员工培养方面有自己系统的做法,也会非常乐意向应聘人员介绍。应聘人员在发问过程中需避免在某一细节上苦苦纠缠,笔者认为也不适宜在最初几轮面试时就提及薪金福利待遇问题,以免给招聘人员留下一个"你只看重金钱而非事业或斤斤计较"的印象。

优秀企业都渴望拥有积极上进、有所追求的人才,在这一方面适度表现自己,恰恰显出你对职业规划的慎重与重视,愿意不断追求卓越。

从自身发展考虑,只有那些有空间、有机会、重人才的企业才是应聘人员真正值得去的单位,所以在这一方面多做了解,可以更清晰地判断出企业的"以人为本"是务虚还是务实,避免在职业生涯发展道路上走弯路。

# 第 7 章
# 含蓄委婉，心服口服：批评的话要会说

人无完人。在这个世界上，没有人不犯错误。在错误面前，你可能忍不住要大发雷霆。"狂风暴雨"过后，你可能会沮丧地发现，你的"善意"并没有被对方接受，甚至，结果可能让你追悔莫及。批评对谁来说，都不是一件让人愉快的事，但是，如果你能够掌握批评的技巧和方法的话，相信你和他人的交流将更容易些。

## 技巧 56：谨言慎语，批评是把双刃剑

批评是一把双刃剑，用得恰当，批评是一剂良药，可以让对方心服口服，成为对方改正错误的契机；用得不好就会像利剑一样刺伤对方的心灵，伤害对方的自尊心和自信心，甚至还可能引起双方关系的破裂。所以，批评别人一定要讲究技巧，不能鲁莽行事。

秦朝末年，刘邦在樊哙、张良等人的帮助下，率兵突破函谷关，攻进咸阳，灭了秦朝。

当刘邦率兵进入秦朝皇宫的时候，皇宫里不计其数的美女和珍宝，一下子吸引了刘邦的注意力。刘邦哪里见过这么多的美女和好玩意儿？于是决心留在皇宫里，享受一下做皇帝的快乐，但是，当时的情况又不允许刘邦这么做，因为

楚霸王项羽实力超强，也在觊觎着皇帝这一宝座呢。刘邦只有退出咸阳，积蓄力量，等自己实力超群的时候再和项羽一争天下，但是，刘邦却被这些美女和珍宝蒙住了眼睛。跟随刘邦打进咸阳的兵将们都很着急。

樊哙是个急性子，看见刘邦这样不思进取，非常生气，就气冲冲地批评刘邦说："沛公，你到底是想得天下，还是想当富翁？一见到这些美女、珠宝你就没有心思打仗了？你可知道，这里可是秦朝的亡室啊，我们还是赶快回到灞上去吧，这里待不得啊。"

听了樊哙的意见，刘邦很生气，虽然没有进行反驳，但是脸上明显有不悦之色，更没有要采纳的意思。

张良听说了此事，觉得樊哙批评得很对，就来到刘邦的住处，对刘邦说："秦王暴虐，不得人心，我们才取得了胜利；您现在一进咸阳，就像秦王一样享乐，难道您想蹈秦王之覆辙？况且现在还有一个更加强大的对手在等着我们呢！要是再这样下去，我们所取得的任何胜利都将成为项羽称王的铺垫。我想那肯定不是您想要的结果吧！俗话说得好：'良药苦口利于病，忠言逆耳利于行。'我们还是照着樊将军的话做吧。"

听了张良的话，刘邦一下子意识到了自己的错误，立刻决定退出咸阳，还兵灞上，等待时机。

同样是批评刘邦，樊哙失败了，并引起了刘邦的不悦；但是张良取得了成功。究其原因，樊哙行事太过鲁莽，在批评刘邦的时候，质问中含着谴责，让刘邦觉得很没面子，难怪刘邦不但没有接受，还在心里对樊哙产生了反感；而张良在批评刘邦的时候没有按照常人的思路对刘邦指指点点，而是直陈利弊，抓住刘邦在乎得失、关心胜负的心理，用委婉的口气进行劝说，句句话说到了刘邦的心坎上，所以刘邦接受了批评。

从这个小故事中，我们可以得出这样一个结论：我们在批评别人的时候，尽量不要批评得非常直接，说话要尽量委婉，要说到对方的心里去；批评的目的在于让别人意识到自己的错误，而不是把别人一棍子打死，所以要站在对方的立场上，"动之以情，晓之以理"，让对方意识到自己的错误。

为了如期收到批评的效果，心理专家列出了批评别人时应该掌握的 10 项技巧：

1. 态度宽容：懂得我们大家都会经常犯错误的道理，采取一种更加宽容和善解人意的态度。

2. 避免嘲讽：避免进行讽刺和嘲笑他人的批评。

3. 内容具体：使批评的原因或内容具体化，避免"你是一个懒汉"、"你欺负其他人"、"你不负责任"之类的言辞。

4. 避免主观：根据客观事实，明确地提出批评。用客观事实说明什么是导致你批评他的原因，避免做主观评价。

5. 注重效果：只有在被批评者的表现或态度有可能得到改正的情况下才提出批评。相反，进行批评就没有意义。

6. 选择时机：选择批评的合适时间和地点。等具备了各种合适的条件后，再进行批评，以便被批评者接受。

7. 设身处地：承认在类似的情况下，你也犯过类似的错误，但是你善于吸取教训。

8. 准备充分：鉴于你了解将要接受批评的人，你应提前做好准备，设想你可能得到的各种各样的回答。

9. 语气平和：在最困难的时刻，保持一种平和的态度，必要时用坚定的语气表述看法，再加上不容置疑的表情。

10. 褒贬兼顾：如果对方不等你说完就提出异议，你要试图安慰他，并向他解释你批评他的目的。

## 技巧 57：说到心窝里，才能让别人心服口服

　　足球巨星贝利小时候曾经经历过这样一件事情：

　　有一次，贝利和小伙伴练球。在中场休息的时候，有几个小伙伴在抽烟，贝利出于好奇就要了根香烟学着抽起了烟。这一幕正好被经过此地的父亲看到了。贝利的父亲一向反对抽烟，不允许家里人抽烟，但是，此时看到自己的儿子抽烟，他并没有生气，只是默默地看了贝利一会儿，就离开了。贝利对此非常难过，觉得辜负了父亲的期望，对不起父亲。

　　贝利恨不得让父亲大骂自己一顿，但是父亲一连好几天都没有动静。这反倒让贝利更加愧疚。

　　这天，父亲终于开口对贝利说话了，话题是从贝利最喜欢的足球开始的："儿子，你不是最喜欢足球吗？"

　　"是的，父亲。"贝利满脸疑惑。

　　"你不是想成为世界上最优秀的足球运动员吗？"父亲接着问道。

　　"是的，父亲，我一定不会让您失望的。"贝利借机向父亲表决心。

　　"孩子啊，作为父亲，你能有这样的理想，我实在是很高兴。当然，我也很高兴你有这样的天赋。"父亲语重心长地说，"但是，儿子，你有没有想过，要想成为一名出色的足球运动员，不仅仅需要你具有高超的球技，如果没有健康的体魄，即使球技再好，也不会成为出色的运动员的？"

　　贝利认真地倾听着父亲的教诲。

　　"但是，孩子！"父亲接着说，"当我看到你抽烟的时候，我就非常担心，如果现在你学着抽烟，我可以预见你将无法为成为一名出色球员打下良好的身体素质基础。要不要成为一名出色的球员，这事还得你来决定。"

　　听完父亲的话，贝利懊悔地低下了头。

　　但是父亲好像还有话要说："如果你决定要抽烟，而不是做一名球员，这就是你抽烟的费用。"父亲边说边递过来一些钞票。

"父亲，我错了。"小贝利彻底认识到了自己的错误，"父亲，我还是要踢球，而且要做一个出色的球员，我以后再也不会抽烟了。"

从那以后，贝利练球更刻苦了。一直到成为闻名世界的球星，他再也没有抽过烟。

当看到自己的孩子抽烟的时候，很多父亲的做法肯定是当面指责孩子不对，有的父亲甚至会对孩子大打出手，但是球王贝利的父亲采取了另外一种措施。他虽然也是当面"批评"贝利的，但是他的每句话都说到了点子上。俗话说"巧言攻心"，就是这个道理。如果我们在批评人的时候，能巧妙地触动对方的心结，就能让对方意识到自己的错误。在这方面，拿破仑也是高手。

拿破仑在带兵打仗的过程中，经常能发现犯错误的士兵。开始的时候，拿破仑不会顾及士兵的面子和情绪，会当众指出士兵的错误，狠狠地批评他们；但是，慢慢地拿破仑发现，这样做并没有什么效果。于是，拿破仑试着用另外的方式来教育那些犯错误的士兵。

那是征服意大利的一次战役。这天晚上，拿破仑在巡夜的时候，发现一名站岗的士兵靠着大树睡着了。拿破仑当时虽然非常生气，但是还是强忍住了自己心中的怒火。他捡起士兵的枪替他站起了岗。过了半个多小时，那个士兵终于醒了。从睡梦中醒来的士兵发现自己身边站着拿破仑，非常害怕。

但是拿破仑没有生气，他心平气和地对士兵说："我知道，今天打了一天的仗，大家都累了，如果我是你，我也会睡着的。但是这是你的枪，你在打瞌睡的时候不能丢下手中的枪啊，一旦发生突发情况怎么办呢？小兄弟，我们是来打仗的，如果不小心把自己的命丢在了这里，我们还怎么回去见我们的父母兄弟！你说呢？"

听了这样一席话，那个刚才还迷迷糊糊的小士兵满脸通红，羞愧难当。

"我知道,今天打了一天的仗,大家都累了,如果我是你,我也会睡着的。"拿破仑用这句话把自己和小士兵的距离拉近了。拿破仑虽然没有用严厉的语言批评小士兵,但同样使小士兵受到了教育,收到了预期的效果。

巧言攻心,把话说到对方的心窝里才会让对方心服口服,才会让对方意识到自己的错误。

## 技巧 58:保全别人的面子是很明智的方式

中国人很爱面子,无论做什么事都会考虑到自己的面子。"面子"到底是什么东西呢?面子说白了就是尊严。谁都希望自己在别人面前有尊严,被人重视,被人尊重。因此,我们在与人交往、为自己争得面子的同时,也别忘了给别人留些尊严,这一点非常重要。事实上,不仅与人交往的时候要保全别人的面子,即使是在别人犯了错误,批评别人的时候也要尽量保全别人的面子。

20 世纪 30 年代初,正是美国经济大萧条时期,整个纽约到处都是被饥饿威胁着的下岗工人。

一个 17 岁的小姑娘费尽周折才在一家高级珠宝店里找到了一份销售员的工作。小姑娘知道这份工作来之不易,因此工作非常努力。

这是圣诞节的前一天,往年的这个时候,珠宝店里的人川流不息,但是,今天这里的顾客却寥寥无几。

晚上,在珠宝店快要关门的时候,门口来了一位 30 多岁穿着一般的男子。男子满脸哀愁,用一种渴慕的目光盯着柜台里琳琅满目的珠宝。

这个刚刚上岗的小姑娘正在整理着一批珠宝。就在这个时候,旁边的电话铃响了。由于着急去接电话,姑娘不小心把手里正在整理着的一个珠宝盒子打翻了。6枚精美绝伦的钻石戒指落到地上。姑娘看到这一突发情况，也没有心思去接电话了，赶快走出柜台在地上寻找那掉下来的6枚戒指。

1、2、3、4、5……姑娘找来找去只找到了5枚，剩下的那一枚，无论如何也找不到了。小姑娘急得满头大汗，该怎么办呢？就在小姑娘十分着急的时候，她突然看到那个衣着破旧的男子正向门口走去。

小姑娘忽然之间明白了，肯定是他顺手牵羊拿走了。

就在那个男子的双手触及门柄的时候，小姑娘追了上来，心平气和地说道："先生，对不起，打扰一下。"

听到小姑娘的招呼声，那个男子转过身来，看着小姑娘，有点局促不安。

沉默，令人难堪的沉默……

"什么事？是叫我吗？"男子忽然问道，脸上有一些不安的情绪。

小姑娘稍微思考了一下，几乎是用央求的口气说道："先生，这是我头一回工作。现在找个工作很难，想必您也深有体会，是不是？"

男子的脸上掠过了一丝笑意，随后满脸通红，非常抱歉地说道："是的，确实如此，但是我能肯定，你在这里会干得不错。我可以为你祝福吗？"

男子说完这席话之后，把手伸向了姑娘。

"谢谢您的祝福。您是个好人，我也祝福您。"姑娘说着，也伸出了手。

两只手紧紧地握在了一起。

之后，男子转身离开了珠宝店。姑娘看着男子离开之后，把手中握着的第6枚戒指放回原处。

按照正常的思维，我们在遇到盗贼的时候，即使不报警，也会严厉地指责对方。但是，故事中的小姑娘采取了另外一种策略，她彬彬有礼，巧用暗示，既要回了戒指，又给对方留足了面子，更重要的是通过简单的言语，感化了那个男子，使那个男子意识到了自己的错误。男子在被小姑娘劝说之后，非常体面地改正了自己的错误。这是一个完美的结果。

其实，这位男子并不是普通意义上的盗贼，他很可能是为生计所迫，不得已而为之。如果小姑娘在遇到上述情况之后，第一反应是大喊捉贼或者报警，很可能就会断送掉这个男子的一生。小姑娘选择了一种非常明智的方式，很好地解决了一个非常棘手的难题。

在日常生活中，我们也应该像小姑娘学习，在面对犯错的人的时候，首先要想到通过感化的方式使别人意识到自己的错误，而不是采取极端行为。当然，如果遇到的是罪大恶极的犯罪分子，还是尽快把他交给警察解决比较好。

## 技巧 59：跳出常规，运用反向思维

"横看成岭侧成峰，远近高低各不同"，如果我们在批评别人的时候，能够克服惯性思维，跳出常规，运用反向思维，从反方向寻找解决问题的途径，往往会取得意想不到的效果。

运用反向思维的方式之一，是把批评变成表扬。

有一次，一位作家到离自己住地不远的一个羊肉馆里去吃饭。餐馆老板见到鼎鼎大名的作家，非常高兴，热情款待。用餐期间，老板拿着一张旧报纸走过来问他："您还记得我吗？"

作家左看右看，没觉得眼前这个人眼熟，就说："不记得了。我们认识吗？"

老板笑了笑，指着旧报纸说："你还为我写过文章呢。"

作家接过报纸一看，那是一张20年前的旧报纸。报纸上的确有一篇文章是自己写的。那时候，他还是该报社的一名记者。那篇文章是介绍一个小偷是如何被抓的。这个小偷手法高超，作案上千次，次次得手，最后栽在一个反扒高手的手上。作家在文章的最后说："像心思如此细密、手法如此灵巧的小偷做任何一

件事情都会有成就吧!"

作家看完报纸后，笑了笑说："这文章的确是出自我手，不过……"他还是有点摸不着头脑。

老板这时说出了秘密："我就是那个小偷，是你的这段话引导我走上了正路。"

我们能想象得到，林清玄写这篇文章的目的是要批评这个小偷，但是，他没有写什么小偷丧尽天良、触犯法律之类的话，而是换了一种思维——"赞赏"了小偷一番，一语点醒了小偷的良知，使小偷改邪归正，走上了正路。

用幽默的方式进行批评，是运用反向思维的另一种方式。

老舍先生曾说过："用幽默的方式指出他人的过错，比直截了当地提出更能为人接受。"这句话可以带给我们很多启示。在批评别人的时候不妨采用幽默的方式，既能指出别人的错误，让别人意识到自己的错误，又不至于伤了和气，何乐而不为呢？

某校高二某班有两个同学经常在厕所或操场的角落里偷偷抽烟。班主任得知这一情况以后，决定好好批评一下他们。但是根据以往的经验，这个班主任知道，一般的批评并不见得能取得好的效果，那么怎样批评他们才能够见到成效呢？班主任想了好久，终于想出了一个好办法。

这天，班主任召集全班同学开班会。班会上，班主任故意引出了抽烟的话题。班主任说："以前，我也是个烟民，但是后来我们学校提倡'无烟学校'、'无烟办公室'，我就戒掉了。根据我以前的抽烟习惯，我觉得抽烟也是有好处的。"

班主任的一席话令全场哗然。有一个男同学迫不及待地站起来问老师："老师，那您说说抽烟到底有哪些好处啊？"

班主任不紧不慢地说："我认为抽烟至少有以下三大好处：一是吸烟能引起咳嗽，夜间更重，咳嗽能吓跑盗贼，防盗；二是从小就开始抽烟，可以引起驼背，个子长不高，做衣服省布料，乘公交车免费，省钱；三是永远不老，吸烟的历史越长，寿命越短，当然永远也别想老。"

听完班主任的话，全班同学都笑了。经常偷偷抽烟的那两个同学，也认识到了抽烟的坏处，主动站起来承认了自己的错误，从此再也不偷着抽烟了。

还有一种方法，是用行动进行批评。

一般来讲，我们在批评别人的时候，难免声色俱厉、言辞尖刻，但这种常见的批评方式并不见得能取得好的效果。相反，有时选择适当的机会，用行动代替言语进行批评，会取得更好的效果。

这天，班主任任老师像往常一样到教室里去上课。刚刚走上讲台，就发现教室里不对劲，同学们都在窃窃私语，有的还在指手画脚。任老师有点摸不着头脑，忙问是怎么回事。同学们指着讲桌的侧面，说："老师，那里，那里……"任老师意识到桌子的侧面有什么东西。由于近视，他没有看清楚是什么东西，用手一抹才知道是一口痰。

任老师非常难堪，也非常生气。同学们觉得"暴风雨"马上就要来临了，只得等待着老师的批评和责问。但是，出乎同学们意料的是，任老师并没有生气和动怒，而是很平静地拿了一块抹布，把痰擦掉了，然后平静地说："美好的环境，需要大家的共同努力。"

第二天，很多同学都在自己的日记里把这件事写了下来，犯错误的同学还进行了深刻的自我反省和自我批评。

任老师并没有说什么批评的话，但是他用自己的行动"此处无声胜有声"地批评了犯错的同学，并且取得了良好的效果。

让批评变成激励，也是运用反向思维的一种方式。批评如果能变成激励，会取得更良好的效果。

有一次，甲乙两队要进行篮球比赛。可是就在开场前，甲队的主力球员小A还没有到场。后来，当小A飞奔着走进训练场的时候，他已经整整迟到了30分钟。

在时间观念非常强的美国人眼里，这是一个相当大的过失，按照惯常思维，甲队主教练这时候肯定会对小 A 大骂一通。但是这一次，主教练并没有生气，他平静地对姚小 A："我知道你为什么晚到，但一切都过去了，从现在开始，我要你百分之百地去思考比赛，好吗？"

上场之前，主教练再一次对小 A 说："你知道吗？你今天迟到了，所以你欠大家一场好的比赛，只有打出一场好的比赛，才能弥补你的过错。"

结果，在"必胜"的信念之下，小 A 的确打了一场精彩的比赛，他一共获得22 分 20 个篮板，率领甲队主场以 86:80 战胜了乙队。

小 A 的错误是严重的，但是，主教练并没有大发雷霆，而是把原本的批评变成了对小 A 的激励。这样的激励引出了比批评更好的效果。所以，有时候我们在面对别人的错误时，与其严厉批评，不如好好激励他一番。毕竟，批评不是目的，而只是一种让别人意识到自己错误的手段而已。

## 技巧 60：千万别得理不饶人

很多人在批评别人的时候毫无顾忌，因为他们觉得自己占理，而对方犯了错误，就应该遭到谴责。实际上这种想法是错误的，所有的人都难免犯错误。再说犯错误也不见得就是一件坏事。所以我们在批评别人的时候，要为别人留有一定的余地。心理专家告诉我们，批评别人的时候，应注意以下几点：

一要讲方式——忌讽刺挖苦。

批评的终极目的只是让别人知道自己的错误，用不着抓住这一点错误，没完没了。批评只是手段，不是目的。所以，我们在批评别人的时候切忌讽刺挖苦对方，只要能让别人意识到自己的错误就可以了。

有的人非常喜欢讽刺别人，只要见别人犯了一点小错误就抓住这个把柄，

没完没了地挖苦讽刺。殊不知,讽刺的本意在于夸大丑的一面,使犯错误者知耻而自拔,任意讽刺别人则可能造成意想不到的不良后果。例如,有的老师喜欢讽刺学生,学生稍微犯了点错误,就运用一些讽刺性极强的语言刺激学生。而一些学生因为自尊心太强,受不了这样的讽刺,从此自暴自弃,破罐子破摔。

二要讲语气——忌颐指气使。

有些人认为,只要对方犯了错误,那肯定就是"错"无可赦,对方就低人一等。于是在批评的时候,颐指气使,用的完全是谴责的、命令式的口吻,这样的批评方式肯定不会取得理想的效果,相反,这会激起对方的怒火:我不就是犯了一点小错误吗?有必要这么凶吗?颐指气使式的批评不会让人心服口服,也不值得推崇。

三要讲态度——忌粗暴指责。

林肯在年轻的时候是一个很极端的人,容不得别人犯一点错误,只要遇见稍微犯一点错误的人,他就会习惯性地指责对方,并且言语粗暴。实际上,不只是指责别人,他还写信、作诗讽刺挖苦别人,故意把那些信件丢在一定会被人发现的路上,甚至投书给报社,公开攻击他的对手。这真是令人难以接受。

一年秋天,林肯发表了一篇批评一个叫詹姆斯·史尔兹的人的文章。文章言辞激烈,对对方大加批评,语言极具挑战性。这让詹姆斯·史尔兹感到非常难堪。他决定找林肯算账——跟林肯决斗。

史尔兹体格健壮,双臂很长,手持一柄骑士长剑,气势汹汹;而林肯骨瘦如柴,弱不禁风,他还是头一次拿起武器,双手明显地在颤抖,决斗结果不"比"自明。幸好,林肯的助手依靠自己的聪明伶俐阻止了这场决斗,否则的话,后果不堪设想。

这次事件给林肯以很深的教训。从此以后,身边的人不管犯了什么错误,林肯都不会横加指责,因为他知道:粗暴的指责没有任何意义,不会解决任何问题,相反,还会带来负面的影响。

所以，即使对方犯了错误，你也不要粗暴指责。这才是一种成熟、明智的态度。

四要讲分寸——忌言过其实。

有的人在批评别人的时候，为了让对方更加清楚地意识到自己的错误，故意把对方所犯的错误夸大，但是，这样的做法是不能被人所接受的，更不能被受批评者所接受。那么，应该怎么做呢？我们在批评别人的时候，要实事求是，有一说一，有二说二，言之有据，以理服人。

五要讲实效——忌拓宽延伸。

有些人在批评别人的时候喜欢拓宽和延伸。

"拓宽"就是无缘无故地把别人的某处错误推及其他方面，例如："你这方面做不好，其他方面也不会怎么样……""延伸"的意思是刨根究底，把目前的错误推及过去和未来，例如："类似的事情你好像过去就干过，将来你肯定还会干，所以你现在必须改正。"

不管是拓宽还是延伸，都意味着全盘否定，意味着认为别人无可救药、一无是处，一句话把对方否定——这种批评别人的方式是很不科学的，是主观、极端、不合理的，有百害而无一利，是批评中的大忌。那么什么才是正确的批评呢？正确的批评方式是就事论事，少及或不及其余，即使谈及，也应是积极的建设性的，而不是刨根究底，兴师问罪。

六要讲场合——忌当众批评。

被批评可不是什么光彩的事，没有人希望在自己受到批评的时候召开一个"新闻发布会"。所以，为了被批评者的"面子"，在批评对方时，要尽可能避免第三者在场。不要把门大开着，不要高声叫喊。在这种时候，语气越"温和"越容易让人接受。

郑老师在数学课上正讲得津津有味，突然他发现一位平时表现极差的学生睡着了，还打起了呼噜，引得周围的同学"吃吃"发笑，课堂秩序一下子变得乱糟

糟的。郑老师非常气愤,想狠狠地批评他一顿。就在郑老师准备发火的时候,他忽然想到:这位同学虽然平时表现不好,但是自尊心极强,再说他虽然表现不好,但是很聪明,当着这么多的同学批评他会不会伤及他的自尊心呢?想到这里,郑老师努力使自己平静下来,没有发火,只是在上课的间隙走到这位同学的身后轻轻地推了他一下,嘱咐他认真听讲。

这位同学一下子领会了老师的良苦用心,非常感动。下课以后,郑老师把该同学叫到办公室,对他说:"其实你挺聪明的,只要好好学习,你一定能取得好成绩的,但是……"

还没等老师说完,这位同学就说:"老师,您给了我面子,我能不听话吗?今后你看我的行动吧。"

从那以后,这位同学上课时再也没有睡过觉,成绩也越来越好。

这件事告诉我们,当别人犯错误的时候,尽量不当众批评他,而是和风细雨地指出他的缺点,使对方易于接受,这样往往会事半功倍。

总而言之,即使是批评一个犯了错误的人,也不能由着性子想怎么说就怎么说。有时候,一个不恰当的批评很可能会造成更大的错误,所以,我们在批评别人的时候,千万不要犯忌。

## 技巧61:间接的批评方式非常奏效

有时候,当面或者直接批评别人不够妥当或者不可行,这时候我们就要想方设法,采取间接的措施,旁敲侧击来"批评"对方。这样的批评方式比较奏效,值得尝试。

汉武帝登上皇位的时候年龄还很小,生活起居都是奶妈打理。后来随着汉武帝慢慢长大，奶妈也逐渐老了。按照规矩，皇帝长大以后，皇帝的奶妈是要离开皇宫到外面生活的，但是汉武帝的奶妈在皇宫里生活了几十年，她不想离开皇宫半步。当时，汉武帝也没有撵走奶妈的意思，但是，奶妈随着年龄的增加，说话越来越啰唆，还好管闲事，这让汉武帝非常反感。

有一次，奶妈又在汉武帝面前唠唠叨叨，汉武帝一气之下声言要把奶妈撵出宫去。

奶妈意识到了问题的严重性，她知道能帮助自己的只有当时的名士东方朔。东方朔听了奶妈的话，心里很生气，觉得汉武帝有点忘恩负义，就决定好好地批评一下汉武帝。沉思片刻，东方朔对皇帝的奶妈说："当你向皇上辞行时，只需回头看皇上两次，我就有办法了。"

第二天，奶妈临行叩别汉武帝。她热泪盈眶，三步一顿足，两步一回头，显得非常不舍。这时候，东方朔趁机走上前去，对奶妈说："你快走吧！皇上现在已用不着你喂奶了，还担心什么呀？"汉武帝本来也并不怎么怪奶妈，只是有些烦她罢了，看到奶妈恋恋不舍的样子已经心有不忍，又听得东方朔这么一说，更觉得不应该把奶妈撵出宫。于是，汉武帝收回成命，允许奶妈继续留在宫里。

东方朔果然是聪明，一句话便令一言九鼎的汉武帝改变了主意。那么，东方朔的那句话究竟为什么有这么大的效果呢？其实，我们不难看出，东方朔明里是在劝奶妈不要担心皇帝，暗里却是在批评皇帝忘恩负义。其实，东方朔在决定帮助奶妈的那一刻就想好好地批评一下汉武帝，但是自己作为臣子，要批评自己的皇帝，必须要动动脑子，正面批评肯定不行，弄不好会丢掉身家性命，于是只好采用旁敲侧击的策略——既要给足皇帝面子，又要让皇帝意识到自己的错误。很明显，东方朔的这一策略是正确的。

其实，在我们的日常生活中，当我们批评别人的时候，"旁敲侧击，间接批评"的战术是非常有效的。我们知道，每个人都是有自尊心的，如果我们当面直截了当地批评别人，难免会让对方不服，很多时候还会让对方怀恨在心。其实，

犯了错误的人并不是真的不愿意接受批评，而是接受不了当众的批评。心理学家认为，人们往往很容易接受间接的批评。因为间接批评会使犯了错误的人在改正错误时，觉得似乎是自觉行动，而不是在别人的训斥、督促下的被迫行为。

间接批评往往会取得正面的效果，这不仅对好人如此，即使是对那些走上犯罪道路的人也非常有效。我国清朝年间的郑板桥就经历过这样一件事情：

相传，郑板桥决意辞官以后，就"一肩明月，两袖清风"，带了一盆兰花和一条黄狗回乡隐居。

这天晚上，天寒月黑，风雨交加，郑板桥不知为何怎么也睡不着。就在辗转难眠的时候，他突然发现有个小偷溜进了自家的屋子，躲在房梁上。面对这一突发情况，郑板桥气定神闲。略加思索之后，郑板桥吟起了小诗："细雨清风夜深沉，梁上君子进我门。"

这时，躲在梁上的小偷正要行动，闻听此言，不禁一惊。

但是好像还没有结束，郑板桥接着又吟道："腹内诗书存千卷，床头金银无半文。"

这时小偷才明白，原来主人已经发现了自己，于是赶紧出门，准备逃走。小偷刚跑出门去，又听得郑板桥吟道："出门休惊黄尾犬。"这是郑板桥在提醒小偷门口有狗。于是小偷想：那我就逾墙而去。小偷在墙边正想越墙而逃，只听得郑板桥又吟道："越墙莫损兰花盆。"小偷一看，原来这是在提醒自己翻墙的时候不要打碎墙角的那盆兰花。

小偷好不容易翻出墙去，只听得里面又大声吟道："天寒不及披衣送，趁着月亮赶豪门。"

小偷自觉羞愧难当，飞也似的逃跑了。

试想一下，如果郑板桥不是采用这种方法，而是正面和小偷对抗，很可能会发生意外，也不会对小偷产生教育意义。郑板桥采用了旁敲侧击的方法，不仅保护了自己，还让小偷意识到了自己的错误，真是一举两得。

像这样的例子还有很多，其实我们每个人都可以做到。当我们批评别人的时候，尽量不要采取当面、直截了当的批评方式，有时候，含蓄地表达我们的意思反而会取得更好的效果。所以，如果你想说服他人，请间接指出他人的错失。

# 第8章
# 真心诚意,温暖人心:赞美的话要会说

赞美是极具效率的人脉语言,我们身边的每个人,当然也包括我们自己,都希望得到他人的赞美,希望自己的价值得到肯定。我们都处于一个极小的天地里,并且认为自己是小天地中的重要人物,渴望得到他人由衷的赞美。那么,我们究竟希望得到什么样的赞美呢? 我们又该如何去巧妙地赞美他人呢?

## 技巧62:真诚赞美,让人心情愉悦

赞美是一种艺术,在赞美他人时要注意不要奉承,要给人以真心诚意的赞美;另外,在赞美一个人时一定要赞美对方实际存在的优点,把握好尺度。恰如其分的赞美不但使人感到开心与振奋,还能使人觉得被肯定与重视。然而大多数人均非赞美的高手,他们只知道赞美的重要,却不懂赞美的技巧。

### (1)因人而异

每个人的心理需要都是不一样的,同一种赞美方法,对不同的人所起的作用是不一样的,有的人可能会欢欣鼓舞,而有的人可能无动于衷。赞美所起作用的大小,取决于它是否满足人们的心理需求,是否符合人的个性特征。因此,赞美也要因人而异,方式要灵活多样,不能千篇一律。

对不同的人,赞美和表扬的方式应该有所区别:对年轻人,不妨语气带些夸张，赞扬他的创造才能和开拓精神，并举出几点实例，证明他的确十分优秀且前程似锦；对于经商的人，可称赞他头脑灵活，生财有道；对于身处一定职位的领导，可称赞他为国为民，廉洁公正；对于知识分子，可称赞他知识渊博，宁静淡泊；对德高望重的长者，则要表达敬仰和尊重；对思维机敏的人，赞美要抓住要点，三言两语，稍加暗示即可；对疑心过重的人的赞扬，则要意思明确，表达清楚，以免产生误解……当然这一切都要依据事实，不可虚夸。

### （2）情真意切

在生活中，人人需要赞美，人人喜欢赞美。这绝不是虚荣心的表现，而是渴求上进，寻求理解、支持与鼓励的表现。有时候，一句赞美会产生令人意想不到的效果。例如父母经常赞美孩子，使得家庭气氛和谐；领导经常赞美下属，使得职工的积极性、创造性不断被调动、被激发；朋友之间互相赞美能增进友谊；夫妻之间互相赞美能使夫妻感情更加深厚。赞美并不难，难在真心诚意，贵在确有实效。所以说，我们在赞美他人的时候一定要真诚，要做到情真意切。真诚的赞美不但会使被赞美者产生心理上的愉悦，还可以使我们自己经常发现别人的优点，从而使自己对人生持乐观、欣赏的态度。

### （3）翔实具体

当赞美的对象仅针对一件事情时，赞美会更有力量。例如，我们在社交场合，常听到"你今天好漂亮哦""你看起来气色很好"等赞美的话语，这些赞美太过含糊笼统，听起来不够真实，会使你的赞美效果大打折扣，远远不如"你今天穿得很好看"更能说到对方的心里去。再例如，"玛丽，你每次和人们说话时，都能让他们觉得自己很重要，"肯定要比"玛丽，你很会与人相处"更令人信服。我们来看这样一个故事：

1975 年 3 月 4 日，风靡全球达半个世纪的喜剧泰斗、85 岁高龄的卓别林，在英国白金汉宫被伊丽莎白女王封为爵士。封爵仪式开始，正当卓别林非常兴奋的时候，女王这样赞美卓别林说："我观赏过许多你的电影，你是一位难得的

好演员。"

但是卓别林似乎对这个赞美不来电。事后,有人问卓别林受封的感想。卓别林的回答令人大吃一惊:"女王陛下虽然说她看过我演的许多电影,并称赞我演得好,可是她没说出哪部电影的哪个地方演得最好。"

听到卓别林这样说,英国女王感到非常遗憾。

从这个小故事中,我们可以看出,赞美必须说出具体事实,尽量针对某人做出的某件事,才会产生良好的效果。赞美还应注意以下几点:

**(1)语言新颖**

赞美的语言要有新意。赞美是所有声音中最甜美的一种,新颖的语言是有魅力、有吸引力的。简单的赞扬也可能是振奋人心的,但如果多次单调重复,也会显得平淡无味。

**(2)合乎时宜**

赞美之所以要合乎时宜,是因为赞美是具有时效性的。当他人计划做一件有意义的事时,开头的赞扬能激励他下决心做出成绩,中间的赞扬有益于他人再接再厉,结尾的赞扬则可以肯定成绩,指出进一步的努力方向。选择适当的时机,进行适当的赞美,赞美才更有效果。

**(3)适度赞美**

适度赞美,就是说我们在赞美别人的时候不能太过,要适度、得体、大方,否则的话就很容易使对方产生反感。尤其在赞美领导的时候要特别注意适度。领导者同其他人一样,也有七情六欲,也会为成功而欢欣鼓舞,因失败而痛惜不已。因此,我们给予领导适度的赞扬,能够在不同程度上增强领导的进取心和自信心,但不可借赞扬之机,无原则地对领导大加吹捧。赞扬不当,很可能会使领导已经发热的头脑更加"热",进而由"正确"转化为"错误",而我们也可能会受到领导的斥责,被领导视为"小人"。

总而言之,赞美如一支火把,照亮别人的生活,同时也照亮自己的心田,有助于促进被赞美者美德的发扬和推动彼此间友谊的健康发展。另外，赞美并非只能献给有杰出成就的人，对于我们周围的许多普通人，包括对某些自己不太喜欢和不如自己的人，也同样应真诚且热情地给予赞美。因此，请学会赞美，学会赞美身边的每个人，因为赞美不但会使赞美的对象感到自豪，自己也会变得完美起来。

# 技巧63：会说赞美话的人比较受欢迎

语言是人与人之间沟通的最好工具，赞美的语言更是人际关系和谐不可或缺的润滑剂。在现实社会里，会说赞美话的人，肯定比较受欢迎，办事情也更加顺利。当一个人听到别人的赞美时，心里总是非常高兴，脸上堆满笑容，口里连说："哪里，我没那么好，你真会讲话！"事实上，被赞美者明知对方所讲的可能是恭维话，却还是没法抹去心中的那份喜悦。因为，爱听溢美之词是人的天性，虚荣是人的弱点。当你听到他人的吹捧和赞扬时，心中会产生一种莫大的优越感和满足感，自然也就会高高兴兴地听取对方的建议了。

霍尔·凯因出生在一个非常贫困的家庭，父亲是个铁匠。因为家庭环境十分清苦，霍尔·凯因只读了8年书就辍学了，开始在外面打工为生。但是，霍尔·凯因从小就很喜欢"十四行诗"和"民谣"，非常崇拜英国诗人罗塞蒂的文学与艺术修养。

有一次，鉴于对罗塞蒂的文学与艺术修养的推崇，霍尔·凯因给罗塞蒂写了一封信。霍尔·凯因在信中高度赞美了罗塞蒂在艺术上作出的贡献，并表示自己十分崇拜罗塞蒂。

接到信以后，罗塞蒂非常高兴，立刻对从未谋面的霍尔·凯因产生了好感。

罗塞蒂心想：如此赞美我的人，一定是能读懂我的诗的人，那么他也一定是个很有才华的人。没过多久，罗塞蒂就请霍尔·凯因来伦敦给自己做秘书。

给自己十分崇拜的人当秘书，这是霍尔·凯因万万没有想到的。从此，霍尔·凯因的一生发生了转变。就任罗塞蒂的秘书以后，霍尔·凯因有很多机会和当时的知名文学家往来。在这种情况下，霍尔·凯因得到了很多文学家的指点和鼓励，再加上自己不断地努力，没过几年，霍尔·凯因便开始在文学圈内崭露头角。

后来，在罗塞蒂的帮助和自己的努力下，霍尔·凯因终于获得了成功。如今，霍尔·凯因在曼岛的私人宅邸，已成为来自世界各地观光者必瞻的名胜之一。

可见，赞美的力量是巨大的。赞美作为一种交际行为和手段，它的作用在于：激励人们不断进步；能对人的一生产生深刻的影响，促进人与人之间的感情。威廉·詹姆斯说过：人性的根源有一股被人肯定、称赞的强烈愿望，这是人和动物的最大不同点。谁不想被身边的人称赞？谁不希望别人肯定自己存在的重要性与价值？但是，十分露骨的奉承话，却没人愿意听，而发自内心的真诚的赞美语言，却能打动任何人的心。这就需要我们不仅要有赞美别人的意识，更要学会赞美。也就是说，赞美不能是单纯的阿谀奉承，要讲究一定的技巧：

第一，赞美要发自内心、真心真意。这是赞美别人时最应该注意的地方，如果言过其实，对方就会怀疑你的真实目的。

第二，试着多赞美那些自卑感很强的人，特别是那些被压抑、自信心不足的人。他们一旦得到他人真诚的赞美，自信心会倍增，精神会焕然一新，会重新鼓起生活的勇气。

第三，赞美别人的时候不要含糊其辞。含糊其辞的赞美容易使被赞美者窘迫、混乱，甚至紧张。

第四，赞美要有分寸。我们都知道，适度的赞美能使人树立信心。反之，会使人反感、难堪。这就告诉我们，赞美别人的时候，内容要适度，要有分寸，要恰如其分；赞美的方式、地点要适宜；赞美的频率要适当。

第五，赞美要有所选择。这就是说，不要赞美别人身上众所周知的长处，应赞美他们身上既可贵又不为人知的特点，这样才更容易取"悦"于人。

爱听溢美之词是人的天性，虚荣心是人性的弱点。人人都需要赞美，需要别人的肯定，抓住了这个心理，就抓住了交际成功的关键。多用赞美语，有助于建立良好的人际关系网。

## 技巧 64：即便是最亲近的人也需要赞美

有这样一个小故事，它可以告诉我们，"赞美"在夫妻之间的重要性：

清晨，一对新婚夫妻双双起来准备外出。新娘婚后第一次出门，想着要好好在外人面前表现表现，所以刻意打扮了一番，穿了一套崭新的衣服，并且很自信地问新郎："我今天穿这套衣服出去，怎么样？好看吗？不会给你丢脸吧？"

新郎好像还没有睡醒，惺忪着双眼说了一句："难看死了！换一套吧！"

新娘蓦然一惊，一言不发，转身回屋又换了一套出来，又问新郎怎么样？

新郎看了一眼，又说："这样子还是不怎么样，如何出去见人呢？"

新娘这一次满脸通红，默默回到卧室，半天没有出来。

新郎焦急地等了半天，不见新娘的踪影，走进屋里一看，发现新娘已经悬梁自尽了。

刚刚进门的新娘，就吊死在新房里，成了远近皆知的奇闻。大家都搞不清楚是怎么回事，只有新郎清楚这其中的原因。新郎对自己的失言感到十分后悔，但是一切都已经晚了。

这个故事告诉我们：即使是最亲密的夫妻，双方在讲话的时候也要注意，要给对方留一点面子，适当的时候要赞美一下对方。好的赞美是夫妻之间良好感

情的润滑剂。如果只是一味地打击对方的自信心，肯定不会有好日子过。试想一下，如果例子中的新郎能适当地给自己的新婚妻子一点赞美，那么结果肯定不是那样。

有很多人问，夫妻之间已经很亲密了，还需要赞美吗？回答是肯定的。夫妻之间如果互相爱慕的话，就一定有自己最爱慕对方的地方，对对方的优点要用语言给予肯定和赞美，告诉他（她）你是多么的喜欢他（她），而他（她）又是多么的优秀。

有一次，皮尔博爵士和他的妻子参加一个大型的舞会。皮尔博爵士一出现，很多花枝招展的年轻女性就把皮尔博爵士围了个水泄不通，这让皮尔博太太非常难堪。然而就在皮尔博太太十分尴尬的时候，皮尔博爵士开口了："亲爱的小姐们，我有我的太太陪我已经足够了。我亲爱的太太，让我们找个清静的地方好好地喝上一杯吧！你今天晚上看起来是如此的漂亮。我想和你单独拥有这个美丽的夜晚。"

在这样大型的场合，皮尔博的一席话，立刻成为美谈。他的一番赞美深深地感动了妻子。从那以后，人们似乎也弄清楚了皮尔博和太太婚姻幸福的真正原因——他们懂得赞美。

而在我们的生活中，随着社会节奏的进一步加快，夫妻之间的赞美越来越少了：有的妻子下班以后任劳任怨地做了一顿丰盛的晚餐，等丈夫回家。丈夫回来以后，却认为这是理所当然的事情，从来没有说过"今天的菜真好吃"。有的丈夫甚至还会埋怨说：这个菜太咸，那个菜太过火了。其实，做丈夫的哪里知道，一句赞美的话，可以让妻子心甘情愿地为他做一辈子的饭，但是，很多丈夫眼睁睁地放弃了这些机会，同时也失去了赢得妻子芳心的良机。

当然，赞美并不仅限于男士对女士，有时候妻子也要适当赞扬自己的丈夫。有时候，男人在外面打拼一天会很累，或者遇上了难题心情不好，如果回到家里还听不到一句舒心的话，那么他会很失望，甚至失去自信。所以妻子在丈夫回家以后要适当地说些赞赏丈夫的话，让他放松身心，增强信心。

总而言之，夫妻之间需要赞美。赞美可以润滑夫妻关系，增进夫妻感情，巩固婚姻基础，是不可多得的维护幸福婚姻的良策，所以，大家千万不要随随便便放弃赞扬自己另一半的机会。

## 技巧 65：要说服别人，先赞美别人

说服就是通过语言使别人接受自己的意见或者观点，这是一件相当难办的事情。如果我们不注意说服技巧的话，很难成功说服别人，但是我们如果在不同的场合，面对不同的说服对象，能巧妙地运用一些说服技巧的话，情况则会大大改观，例如在说别人之前先赞美别人。每一个人都喜欢听好听的话，由衷的赞美是最令对方温暖的礼物。人们往往都有这样的心理习惯，先听一些能让自己心情好的赞誉之言，再去听一些不愉快的话，心里会觉得好受一些。所以，我们要注意人们的这一心理特征，在说服对方之前，先用赞誉之言投石问路，敲开对方的心扉。

一位成功学研究专家向我们讲述了他亲身经历的一件事：

以前，我经常到政府机关去办事。办理具体事务的那些工作人员可能是每天面对的事情太多了，所以看上去非常疲劳，服务效率很低，我办一件事要跑好几趟才能够有结果。

有一次，我又到那里去办事。这一次接待我的是一个年轻的小伙子。在办事之前，我先问了他一个问题："先生，你在这里做多久了？"

"4 年了。"小伙子连头都没有抬，有一搭没一搭地回答了我一句，显得非常不耐烦，"怎么？有什么问题吗？"

"是吗?难怪呢。"我故作惊讶道。

"怎么了?"小伙子用非常疑惑的眼神看着我。

"我经常到这里来,但是没有见过你。不过我今天在这里有一个巨大的发现,那就是:我发现在这个机关里,你是从头到尾最卖力气的一个人。"

其实,这并不算是我最大的发现。我最大的发现是当我说完这句话以后,那个小伙子的眼神马上变得非常亲切,整个人马上精神起来,立刻接手办我的事情。

我趁机又美言了一句:"你的工作精神真好,我真希望每次来办事都能遇到你。"

小伙子在几分钟之内就给我办完了所有的手续。按我以往的经验,那些手续最少要跑两次才能办完,然而那天只用了 5 分钟。

可见,赞美的力量是巨大的。比起苍白的请求语和无休止的长篇大论来,赞美,毫无疑问,更有说服力!

人人都喜欢赞美的话,人人都希望被重视,任何时候都要经常讲一些赞美别人的话,而且是真诚的赞美。赞美的力量是非常大的,它会鼓舞一个人的士气,会让一个人心甘情愿地做一件事情。所以,当你想说服他人时,别忘了从称赞与真诚的欣赏开始。

# 第9章
# 以心换心，四两拨千斤：求助的话要会说

一个人如果事事都要依赖别人，那做人也太没有骨气了。但是，人生在世，身不由己，谁又能靠自己的力量解决所有的问题呢？智慧者如诸葛亮，为促成孙、刘联盟，亲自跑到东吴求人；才学者如蒲松龄，为写《聊斋志异》，广求乡邻搜集奇闻逸事……

## ▌技巧66：无计可施时，不妨试试"软磨硬泡"

"软磨硬泡，不达目的不罢休"的求人策略，有一点死皮赖脸的味道，但是就其实质来讲，它与那些真正的死皮赖脸、无理取闹是有着本质的区别的。我们在求人办事的时候，如果实在是无计可施，可以尝试一下"软磨硬泡"。

1946年4月，当土光敏夫被推举为日本石心岛芝浦透平公司总经理的时候，日本正处于一个非常时期，百姓生计窘迫，企业的发展更是困难重重。对于当时的日本企业来讲，最大的困难莫过于筹措资金。当时的情况非常糟糕，即使是全日本最优秀、最强大的企业，资金也相当紧张。可想而知，像芝浦透平这种没有什么背景的小公司要想生存下来是多么的困难。

土光敏夫担任总经理不久，就遭遇到了资金紧缺问题——生产资金的来源没有了，公司面临倒闭的危险。作为总经理，土光敏夫为了筹措资金，每天都在走访银行中度过。

这一天，土光敏夫又来到了第一银行总行，准备与营业部部长长谷重川郎商议贷款事项。长谷重川郎面对这个已经无数次踏进自己办公室的令自己万分烦恼的人，再一次陷入了无奈之中，实在没有耐心再听他的说辞了。所以，任凭土光敏夫磨破了嘴皮子，长谷重川郎都表现得非常无奈。

一上午过去了，谈判没有任何结果，但是土光敏夫并没有离去的意思。

午饭的时候到了，长谷重川郎觉得这个无聊的上午终于要结束了，但是，就在长谷重川郎沾沾自喜的时候，土光敏夫忽然慢条斯理地从提包里拿出了带来的便当，说："让我们边吃边谈吧，谈到天亮也行。"

并且，土光敏夫硬是不让长谷重川郎离开办公室。

长谷重川郎看到土光敏夫这种不达目的决不罢休的气势，心里虽然憋了一肚子气，但也有些敬佩，最后贷款给土光敏夫。

后来，土光敏夫从这件事之中总结出经验，用同样的方法成功使政府给机械制造业支付了补助金。

土光敏夫使用的实际上是"攀缠术"。"攀缠术"的形式表现为软磨硬泡，有些死皮赖脸的味道。然而，究其实质，它与耍赖、无理取闹有着根本不同。土光敏夫立足于韧性与耐心，着眼于感化对方，正所谓"精诚所至，金石为开"。

"攀缠术"的主要战术要领有：要有韧性，不要一见到"钉子"就缩回头；明显地表达出不达目的不罢休的决心；表面上是软磨硬泡的无理性，实际上是以真诚感动对方。

总而言之，笑脸相向、幽默开道，或者调动眼泪、苦苦哀求，从某种意义上来说，是"泡蘑菇"最为有效的技巧。取得对方的认可、同情甚至赞赏才是我们所要达到的目的。俗话说"一回生，二回熟"，与陌生人，尤其是异性打"第一回交道"，是值得潜心研习的。人情，永远是关系学的核心所在。当然，软磨硬泡也要讲究技巧，不能无理取闹，而是要拿出耐心，表示诚意，如果没有耐心，只是一味地无理取闹，很可能会使对方翻脸，事与愿违。

## 技巧 67：别出心裁，方能出奇制胜

求人办事是一件令很多人头疼的事情。有这样一个故事，对我们如何求人办事很有启发：

有一次，一位教授对一个广告业务员说："就是在上个星期，我的一把雨伞在伦敦的一所教堂里被人拿走了。如果是一把普通的伞也就罢了，但是这把雨伞是我的一个很好的朋友送我的，很有纪念意义，我很想找回这把雨伞，但是我现在已经花了几把伞的价钱在报纸上登寻物启事，可还是没有找回来。"

"是吗？先生，您的广告词是怎样写的？"广告业务员问。

"广告在这儿呢。您看看吧！"教授一边说，一边从口袋里掏出一张从报上剪下来的纸片递过来。

广告业务员接过来一看，上面写着：上星期日傍晚于教堂遗失黑色绸伞一把，如有仁人君子拾得，烦请送到布罗德街 10 号，当以 5 英镑酬谢。

"呵呵，您这广告词有点问题，我给您草拟一个广告词，包您找到雨伞。"广告业务员说，"先生，您要知道，我是常做广告的。登广告大有学问，内容不能这么简单。"

紧接着，广告业务员就写了一条广告词：上星期日傍晚，有人曾见某君从教堂取走雨伞一把，取伞者如不愿招惹麻烦，还是将伞速速送回布罗德街 10 号为好。此君为谁，尽人皆知。

第二天，这则广告就见报了。

第三天一早，教授打开屋门便大吃一惊：园子里横七竖八地躺着六七把雨伞，自己丢的那把雨伞也在其中。好几把伞还拴着字条，说是没留心拿错了，恳请失主勿将此事声张出去。

当然，我们承认，广告业务员的广告词的确是有一点点狡猾和不实。但是具体到"找伞"这件事本身来讲，广告业务员所写的广告词的确是很实用的。正所

谓"别出心裁,出奇制胜",比起教授的广告词来,广告业务员的广告词体现了一个"奇"字,其出其不意之处正在于他抓住了偷伞人怕被抓到的心理弱点。所以,广告业务员的广告词非常奏效。

## 技巧 68:以心换心,引起共鸣好求人

有人说过,求人不难,重要的是要让所求之人从心灵上与你产生共鸣,让他(她)确实也体会到你的难处,这样,他(她)才会帮助你。这就是"心理共鸣"的求人办法。

伽利略在很小的时候就立下雄心壮志,要终生从事科学研究,并非常希望得到父亲的支持和帮助,但是父亲好像并不是很支持伽利略这样做。

这天,伽利略想说服父亲支持自己。他想了想,对父亲说:"父亲,我想问您一件事情,可以吗?"

"当然!你今天这是怎么了?"父亲觉得很奇怪。

"父亲,是什么促成了您和母亲的婚事呢?"伽利略问道。

"因为我爱你母亲,这很简单。仅仅是因为爱。"父亲回答说。

"哦,你没有对别的女人动过心吧?"伽利略又问。

"天啊!你今天这是怎么了?我当然不会对别的女人动心。我爱你的母亲,我的妻子。从前,家里人要求我娶一位富商的女儿,但是我没有答应。知道你的母亲年轻的时候是多么迷人吗?现在她虽然老了但仍然是风姿犹存,我只爱她一个人。"父亲连忙说。

"哦,你因为爱我的母亲所以娶了她,和她白头偕老,但是现在我有同样的

困境，不知道我是不是也能和我的所爱一起度过此生。"

"你有了心仪的女孩？你可以追求啊！我相信我的儿子是最棒的，一定能追求到最漂亮的姑娘。"父亲误会了伽利略的意思。

"不，父亲，我热爱科学，我喜欢物理，除了科学，我不可能选择别的职业，我喜欢科学啊。别的东西对我毫无意义，我想把我的一生都献给科学，父亲，我希望你能理解并支持我。我热爱科学，就像倾慕一位女子。"伽利略终于说到了主题上。

"什么？你怎么能这样说呢？这是两码事啊。"父亲很吃惊。

"不对，父亲，在我看来，我只热爱科学，科学就是我的生命，科学就是我的寄托啊，没有科学，我也不会存在。我不可能离开科学而很好地生活。现在，即使是我们班最穷的学生都在考虑婚事了，但是，我没有这样的想法，我想在科学上有所成就。我愿意终生与科学为伴。"伽利略进一步恳切地说。

这一席话打动了父亲。

伽利略又接着说："父亲，你很有才干，但是你缺少力量，而我现在很可能兼而有之，但这需要父亲你的帮助啊，你为什么不能帮助和支持我实现我的愿望呢？"

"可以啊，孩子，但是我没有钱供你上学啊。"伽利略的父亲终于被说动了。

"没关系啊，父亲，只要您肯帮助我，我相信没有渡不过去的难关。没有钱上学，为什么不让我去领一份奖学金呢？奖学金是发给穷学生的。你在佛罗伦萨有很多朋友，只要你肯出面，我相信，不久我就会得到奖学金的。有了奖学金，我就能上学，我就能实现自己的愿望啊。"

"哦，这个倒是可以考虑啊，等我再想想。"

"父亲，还需要考虑吗？父亲，我求求您了，求求您帮助我。求求您尽力而为，帮帮我吧。我会努力学习，我向您保证，我会在不久的将来成为世界上最优秀的科学家。"

最后，伽利略终于说动了父亲。父亲为伽利略的愿望帮了很多忙。不久，伽利略果然成为了科学家。

人和人之间有很多地方是相同的，事和事之间有很多地方是相通的，伽利略正是抓住了这一点，一步一步地让父亲赞同自己的想法，引起父亲的共鸣，最终说服了父亲。

"心理共鸣"的求人办法有一个具体的过程，一般分为四个阶段：导入阶段—转接阶段—正题阶段—结束阶段。

导入阶段就是要找一个适当的能引起对方共鸣的话题，这一阶段很关键，没有这一阶段，就不能引起对方的共鸣。伽利略先从父母亲的婚事谈起，父亲对母亲的爱正好比自己对科学的热爱，这容易引起父亲的共鸣。

转接阶段是一个过渡阶段，要从导入阶段所引出的话题逐步过渡到正题阶段。伽利略从父亲对母亲的爱，谈到自己对科学的热爱，就是很好的转接。

正题阶段是归入主题阶段。这次谈话的主题是什么，在这个时候应该提出来。伽利略提出自己只愿意和科学共度一生，并希望得到父亲的支持和帮助，这就是他这次谈话的主题。

结束阶段，就是在提出要求的基础上很好地结束这次谈话。

# 技巧 69：言必由衷，说到人家心里去

生活在这个世界上，很多事情单靠我们自己的力量是无法完成的，所以求人办事在所难免。但求人办事要做到得心应手，是一件非常不容易的事情。俗话说得好："打鼓打在点子上。"打鼓如此，说话也是如此，话要说到点子上，说到人家的心里，这样人家才会心甘情愿地帮我们办事。那么怎样才能把话说到人家心里呢?这就需要我们有高超的谈话技巧，有一套过硬的嘴上功夫。

**(1)坦诚的谈话能感动对方**

求人办事的方法有很多种，其中大部分是由口头提出的。我们在求人办事的时候，一定要注意：求人前用真情实感打动人；求人时应有"互利"意识，并向对方郑重承诺；借助第三者，寻求"过渡"。总之，说话在求人办事的过程中是第一道"关口"。如果我们能用委婉动听的话去求人，我们就会很顺利地突破对方的"心理防线"，对方也就会心甘情愿地为我们办事。

**(2)看人说话，见什么人说什么话**

我们在求人办事的时候，所要做的第一件事就是要了解对方是一个什么样的人，它有什么样的爱好，他性格怎样，脾气如何，在对对方有一个大致了解的基础上，再选择适合的话语，运用一定的技巧，对症下药，这样才能达到目的，千万不可盲目行事。"见什么佛烧什么香，遇什么人说什么话"，说的也就是这个道理。例如，面对死板的人要慢慢开导，循序渐进；面对傲慢无礼的人要耐心等待，寻找时机；面对深藏不露的人，要察言观色，见机行事；面对草率决断的人，要见缝插针，抓住时机；等等。

**(3)一"言"激起千层浪**

我们经常遇见这种情况：在求某些人的时候，任凭我们说尽好话，磨破嘴皮子，对方仍然不为所动。对这种人，要适当地使用说话的技巧。正面求他没有效，我们不妨换种思维，另辟蹊径，巧用激将法。有时候，激将法用得好，会

收到意想不到的效果。有句老话说得好："请将不如激将，一言便可激起千层浪。"在办事的过程中，巧言激将，能够把办事者的自尊心、自信心激发起来，更好地为你办事。

**（4）借古讽今，求人办事轻而易举**

借古讽今是一种求人、劝人很有效的说话方式。我们通过讲"古"，能让对方明白某种道理，明白我们的本身意图，能让对方身临一种情境之中。我们在此基础上，提出要求就很可能会打动对方，这样求人办事则势如破竹，轻而易举。"古"实际上就是指我们在日常生活中常常听到或者从书中读到的典故。这些典故之中往往蕴涵着某种为人处世的大道理。

# 下 篇

# 别败在太能说

## 该沉默时懂沉默是一种智慧

该说话时说话，是一种水平；不该说话时不说话，是一种能力；知道什么时候该说话、什么时候不该说话，是一种智慧。

# 第 10 章
# 提高涵养，了解真意：沉默是为了更好地倾听

伏尔泰说："耳朵是通向心灵的道路。"倾听是对他人的一种肯定、一种尊重，可我们的心中往往有太多自以为是的东西，阻碍我们去倾听别人的话。听，需要艺术；听，还是不听，更需要艺术。

## 技巧70:学会高层次的倾听

沉默并不是"闭耳塞听"，而是以倾听的方式表示对他人的礼貌。美国著名心理学家托马斯·戈登研究发现,按照影响倾听效率的行为特征,倾听可以分为三个层次。一个人从最低层次成为最高层次倾听者的过程,就是其沟通能力、交流效率不断提高的过程。

最低层次:在这个层次上,听者完全没有注意说话人所说的话,假装在听其实却在考虑其他毫无关联的事情,或内心想着辩驳。他更感兴趣的不是听,而是说。这种层次上的倾听,会导致关系的破裂、冲突的出现和拙劣决策的制定。

中间层次:人际沟通实现的关键是对字词意义的理解。在这个层次上,听者主要倾听所说的字词和内容,但很多时候,还是错过了讲话者通过语调、身体姿势、手势、脸部表情和眼神所表达的意思。这将导致误解、错误的举动、时间的浪费和对消极情感的忽略。另外，因为听者是通过点头同意来表示正在倾听，而不用询问澄清问题，所以说话人可能误以为所说的话被完全听懂理解了。

**最高层次**：一个优秀倾听者的特征是，可以在说话者的信息中寻找感兴趣的部分。他们认为这是获取新的有用信息的契机。高效率的倾听者清楚自己的个人喜好和态度，能够更好地避免对说话者作出武断的评价或是受过激言语的影响。好的倾听者不急于作出判断，而是与对方感同身受。他们能够设身处地地看待事物，更多的是询问而非辩解。

托马斯统计，约有 80% 的人只能做到低中层次的倾听，在高层次上的倾听只有 20% 的人能做到。如何实现高层次的倾听呢？以下是学习高层次倾听的一些方法：

①专心：通过非语言行为。如眼睛接触、某个放松的姿势、某种友好的脸部表情和宜人的语调，这将建立一种积极的氛围。如果你表现得留意、专心和放松，对方会感到受重视和更安全。

②对对方的需要表示出兴趣：你带着理解和相互尊重进行倾听，才能表现出对对方的需要的兴趣来。

③以关心的态度倾听：像是一块共鸣板，让说话者能够试探你的意见和情感，同时觉得你是以一种非裁决的、非评判的姿态出现的。不要马上就问许多问题，不停地提问将给人以听者在受"炙烤"的感觉。

④表现得像一面镜子：反馈你认为对方当时正在考虑的内容。总结说话者的内容以确认你完全理解了他所说的话。

⑤避免先入为主：产生先入为主的思想主要是因为个人态度投入过多，以个人态度投入一个问题过多时往往导致愤怒和受伤的情感，或者使你过早地下结论，这样显得武断。

## 技巧71：别人的意见，用心听

孔子说："多闻阙疑，慎言其余，则寡尤；多见阙殆，慎行其余，则寡悔。言寡尤，行寡悔，禄在其中矣！"孔子告诉子张，想做一个好干部，要知识渊博，宜多听、多看、多经验，有怀疑或不懂的地方则保留，等着请教他人，讲话要谨慎，不要讲过分的话。这样处世就少后悔，行为上就不会有出差错的地方。这样去谋生，随便干哪一行都可以，禄位的道理就在其中了。

倾听是一种态度、一种修养，更是一种责任的体现。作为一个团队的领导，不仅要听上面的指示，还要听身边的建议，更要听群众的意见和呼声。

一件事情，参与讨论的人越多，则可能出现的意见也就越多，因为每个人都有自己各自不同的背景，有各自不同的知识储备，形成了各自不同的看问题的角度和方法，也有各自不同的价值观。可以说，这是非常正常的，而一个善待意见的领导，会用心去听每个人的意见，在沉默中分析、权衡、取舍，然后形成自己的总结性的意见。

曹操之所以能成就大业，在于他的英明决策，而他的决策来源于听取下属或身边人的意见。曹操每次战役前都让手下人讲各自的主张，他先不说话，只是听着，甚至连头也不点一下或摇一下。曹操讨伐诸多敌手、平定中原时，众多幕僚在侧，为其策划，为其谋略。幕僚多是有个性的读书人，他们常常坚持己见，彼此争得面红耳赤。曹操喜欢这种辩论、争吵的场面。曹操得以图天下的旗帜举措，也是他霸业的基础——"奉天子以令不臣"就是荀彧等幕僚在争执中诞生的。

曹操是有思想的人，他听意见是为了补充、修改和完善自己的想法与方案。建安十七年，董昭等人建议曹操晋爵位为国公，曹操问荀彧可不可以这样做。荀彧却提出反对意见，他说："彧以为太祖本兴义兵以匡朝宁国，秉忠贞之诚，守退让之实；君子爱人以德，不宜如此。"荀彧认为曹操应该继续坚守"远虚名"的策略,以退让和至诚为原则,不应该封公建国。曹操笑了笑,没有说什么,就让荀彧离开了。这一次,曹操没有接受他非常信任的荀彧的意见,而是采纳了董昭等人的意见。

曹操能容许周围的人和自己的意见相左,甚至是政见,因为他清楚自己的能力和目的,不会让不同的意见真正触怒自己,这也是他非凡的容人能力和敢于唯才是举的原因之一。

所以,作为领导,学会在沉默中倾听是必要的;要多听取别人的意见和建议,不要急于和随便发表议论。听不进别人意见的人与口无遮拦的人都不会成为职场的胜利者。只有多闻慎言,多见阙殆,凡事心中有数,才能更好地做人做事。

比起和人辩论,奥巴马在哈佛大学做得更多的是倾听,他的同学 Christina Bryan 说:"他经常用很长时间去倾听不同的观点,甚至是反对的意见,再将它们用充满创意的方式表达出来。然后……事情立刻变得不一样了。"在一年级结束的时候,奥巴马被选为《哈佛法学评论》的 80 名编辑之一。不到半年时间,奥巴马成为了 80 名编辑中最有话语权的一位——主编!他击败了 17 名竞争对手。

## 技巧 72:即使对方发火,也要耐心听

任何一个顾客来投诉,无论开始脾气有多大,只要我们耐心地听,鼓励他把心里的不满都发泄出来,那么,他的脾气就会越来越小,像个被扎的皮球那样,慢慢地"放气"了。而且因情绪激动而失礼的顾客冷静下来以后,必然有些后悔,这比我们迎头批评他们要有效得多。只有恢复了理智,才能正确地着手处理面

前的问题。

刘先生在他订购的酸牛奶中发现了一小块玻璃碎片，于是前往牛奶公司投诉。不用说，他的情绪是愤怒的。一路上他已经打好腹稿，并想出了许多尖刻的词语。一到总经理办公室，连自我介绍都省略了，把王经理伸出的友谊之手拨向一旁，"重磅炮弹"铺天盖地地向王经理猛轰：

"你们牛奶公司，简直是要命公司！你们都掉进钱眼里去了，为了自己多赚钱，多分奖金，把我们千百万消费者的生死置之度外……"

好在这位王经理经验丰富，面对这么强大的刺激，毫不动怒，仍旧诚恳地对他说："先生，究竟发生了什么事？请您快点告诉我，好吗？"

刘先生继续激动地说："你放心，我来这里正是为了告诉你这件事的。"说完，从提袋中拿出一瓶酸奶，"砰"的一声，重重地往办公桌上一放，说："你自己看看，你们做了什么样的好事！"

王经理拿起酸奶瓶仔细一看，什么都明白了。他敛起笑容，有些激动地说："这是怎么搞的，人吃下这东西是要命的！特别是老人和孩子若吃到肚子里去，后果不堪设想！"说到这里，王经理一把拉住刘先生的手，急切地问："请你赶快告诉我，家中是否有人误吞了玻璃片，或被它刺伤口腔。咱们现在马上要车送他们去医院治疗。"说着，抄起电话准备叫车。这时候，刘先生心中怒火已十去八九了，他告诉王经理说，并没有人受伤。王经理这才转忧为喜，掏出手帕，擦擦额头上沁出的汗珠说："哎呀，真是谢天谢地！"接着王经理又对刘先生说："我代表全公司的干部、职工向您表示感谢。因为您为我们指出了工作中的一个巨大的事故隐患。我要将此事立刻向全公司通报，采取措施，今后务必杜绝此类事情发生。还有，您的这瓶牛奶，我们要照价赔偿。"

王经理的这番话，一下子把空气给缓和了。刘先生接过那瓶奶钱的时候，气已经全消了，而且还有点内疚："经理是个这么好的人，我开始真不该给他扣那么多的帽子。"接下去，他便开始向王经理建议，该采取什么样的措施才能避免此类事故继续发生。结果越谈越融洽，原来双方都是站在一个立场上。

王经理处理这起顾客投诉，有几点做得很好：

第一，当顾客发火时，他很冷静。

第二，用询问法鼓励顾客把真正的原因讲出来。

第三，当顾客讲清原因后，站在顾客的立场上考虑问题，当即采取措施。

第四，对顾客前来投诉表示诚挚的感谢，并就搞好工作的问题，继续听取顾客的意见。

耐心听取对方的倾诉是很重要的。一个人一分钟能听 600 个字，而在一分钟内只能讲 120 个字，所以当一方滔滔不绝地说话时，另一方有充裕的时间去考虑问题。不要在未听完对方的全部投诉之前就作解释，或急于表态，下结论。

训练有素的推销员戴维曾经说过："处理顾客投诉，推销员要用 80% 的时间来听话，用 20% 的时间说话。"

## 技巧 73：倾听是另一种赞赏

人与人之间的主要交流方式是谈话，但是在同事之间、朋友之间、客户之间的交谈中，人们往往忽略了倾听的作用。

根据人性的特点，我们知道，人们往往对自己的事更感兴趣，对自己的问题更关注，更喜欢自我表现。一旦有人专心倾听我们谈论我们自己时，就会感到自己被重视。听别人说话也是为自己说话做准备，所以那些愿意倾听别人说话的人更受欢迎。

但是，并不是人人都会听，一个真正做到有效倾听的人，不仅要认真听取别人的每一句话，领悟说话者的意思，还必须做到及时配合说话者，如点头、微笑

或简短的附和语,与说话者达到共鸣。同时,还应掌握听人炫耀的技巧,了解说话者的性情,在自己与对方谈话时恰当地穿插些对方所炫耀的内容,这样更能勾起炫耀者对你的兴趣,让他愿意接纳你。

一些父母常常抱怨自己的孩子不听家长说话,很有可能,孩子不听家长说话是从家长并未真正倾听孩子说话开始的。听孩了讲话,或许没有父母会承认自己做不到,可是,父母们又真的做到了吗?来看一个孩子和妈妈的对话:

"妈妈,有人偷了我的新铅笔!"

"所有地方都找过啦?肯定又是你自己乱丢了!"

"没有。我就放在课桌上的,然后回来一看就没有了。"

"你怎么总这样呢!告诉过你多少次了,课间要把自己的东西收拾好放到课桌里面,你就是不听。这是第几次啦?"

"烦人,我不想跟你说话了。"

"不许这样跟妈妈讲话!"

家长习惯对孩子苦口婆心。孩子提出问题后,总是太过匆忙地告诉孩子他们的判断和想法,而不是耐心地去听孩子说了什么。这样做的结果除了影响亲子关系,导致孩子对你关闭心门之外,也不利于培养孩子思考、解决问题的自主能力。

孩子的情绪调节能力是先天生理成熟与后天培养相加的结果,在他们还不完全具备该能力时,就需要一个耐心帮助他们梳理事理、平息怒火,引领他们主动思考的人。如果父母能真正愿意倾听,给更多机会让孩子说说他们的困扰,认同孩子内心的伤痛,那孩子就会感觉没那么郁闷,也就更有心思和精力积极处理自己的问题了。父母以关注的态度,用"哦"、"嗯"、"这样啊"等简单的句式来回应孩子,孩子就能在叙述的过程中,整理自己的思路和感受,从而更有可能自己找到解决办法。

一位小学三年级的孩子一放学回家,就将考了满分的数学试卷拿出来,活滔不绝地对母亲说自己近段时间如何刻苦。孩子的言语间带着一些炫耀和骄傲的成分。这位母亲听后，说："你是一个好孩子，有了你，我感到欣慰。"

这种话很有分寸，既称赞了孩子，又不会使孩子骄傲，但如果这位母亲说："你真是一个天才，在我看到的小孩中，没有一个人赶得上你。"那她的话就不恰当了，只会使孩子更加骄傲，而达不到教育孩子的目的。

其实，我们身边的人并不是人人都是成功的说话者。有些人没把握好谈话技巧，不是短话长说，就是说些与主题无关的话题，甚至连陈年往事也牵扯上了。这样的谈话枝叶太多，渐渐地就会脱离主题。因此，听者此时需予以引导，使谈话重新回到话题上。这是听者的重要责任，也是听话技巧之一。为避免说话者跑题，就必须控制谈话的节奏，适当地响应，做到有问必答，疏通交流管道，使整个谈话更圆满。

说话的目的是表达个人的思想。谁都具有想要表现自己、说出自己主张的强烈欲望，倘若有人能够满足他的自我表现欲望，则听者对说者而言，必将其引为知己而大受欢迎。

## 技巧 74：用倾听表示欣赏

欣赏是对他人肯定的最好方式，而倾听最容易让对方觉得自己被人欣赏。实际上能倾听才能认识对方，理解对方的话语与意思，接受对方的不同及欣赏出其独特性。观察"听"的繁体字"聽"，这个字以耳朵为主，再加上四个"一心"：爱心、耐心、专心、用心。有爱心才能设身处地地包容接受对方的话；有耐心才可以听到完整的话语；专心倾听对方的话语，表示对对方的充分尊重，可以促使对方更愿意表达；能用心才可听懂对方话语及肢体语言的正确意思。看看下面这

则故事：

一位知名主持人有一天访问一名小朋友。

主持人问他说："你长大后想要当什么呀？"

小朋友天真地回答："嗯——我要当飞机的驾驶员！"

主持人接着问："如果有一天，你的飞机飞到太平洋上空所有引擎都熄火了，你会怎么办？"

小朋友想了想说："我会先告诉坐在飞机上的人绑好安全带，然后我挂上我的降落伞跳出去。"

当现场的观众笑得东倒西歪时，主持人继续注视着孩子，想看他是不是自作聪明的家伙，没想到，孩子的两行热泪夺眶而出，这使得主持人发觉这孩子的悲悯之情远非笔墨所能形容。

于是，主持人继续问他："为什么要这么做？"

小孩的答案透露出一个孩子真挚单纯的想法："我要去拿燃料，我还会回来！我还会再回来！"

在紧要关头主持人用心注意到小朋友的肢体及情绪语言，能诚恳地去发问并倾听小朋友的真正心意，才没有造成误解及刺伤孩子的心。

生活中，我们与他人的沟通也经常如此，缺乏耐心倾听，对方还没讲完就急着打断谈话，有时甚至用以往的经验、印象，先入为主来否定或嘲讽对方，更谈不上接受与欣赏。

其实任何的沟通都是复杂的，因为其中会蕴藏许多的信息，沟通之中当有一方不愿倾听时，必然会急于中断或阻止对方的谈话，转而表达自己的意见，出现所谓的"听了却没有懂"的现象，或者把耳朵变成筛选器，自动过滤掉不想听的。这样的沟通是无效的沟通，极易造成误解。

## 技巧 75：不自说自话、唱独角戏

在与人交谈中，许多人总将自己放在主要位置，自始至终一人独唱主角，喋喋不休地推销自己，滔滔不绝地诉说自己的故事。记得有个名人说过："漫无边际的喋喋不休，无疑是在打自己付费的长途电话。"这样不但不能表现自己的交谈口才，反而令人生厌。

小王曾经遇到这样一位"爱表现口才的人"——某公关公司女性总经理。这次小王与她洽谈业务。这个女总经理长得蛮漂亮，业务做得尚可，可是当她话匣子一打开，就滔滔不绝，如黄河决堤，一发不可收拾。小王亦是业务口才高手，但想插几句话，却始终苦无机会。这位女总经理兴致高昂地叙述她的公关事业是如何蓬勃，小王则两手在餐桌上玩弄着吸管，心中觉得十分无趣。

30分钟过后，小王终于鼓起勇气对这个女总经理说："对不起，待会儿我还有事，我先走了！"

这位女公关总经理过多的"单口相声"没能达到交流思想和增进感情的效果，相反，她却自尝了唱独角戏的苦果。她完全没有顾及到听者的反应。

其实，现实生活中人人皆对自己的经历和所做的事情怀有莫大的兴趣，人们最高兴的也莫过于对他人谈论这些事情。但过分地谈论这些，往往会使听者失去兴趣。我们身边有许多这样的人：有的人做了一个十分有趣的梦，觉得亲临其境，其乐无穷，结果逢人便说，不厌其烦。还有的人则喜欢数萝卜下窖似的说自己的经历，如上中学时怎样，上大学时怎样，参加工作时怎样，后来又怎样……如此等等。但是我们若仔细想一想，自己感兴趣的事情，别人也是像我们一样感兴趣吗？

那些支离破碎、稀奇古怪的梦境，往往除了做梦者本人，别人听来是非常枯燥的，如果听者对说话者提到的那些往事、那些人、那些地点，一点都不熟悉，一点也不觉得有趣，无疑他也不会与说话者产生共鸣。

有一则小故事，说某职员因为一时大意而犯下了自己都没有发现的错误。上司知道后，就把他叫到办公室来，只对他说一句话："你先坐下吧！"然后，就一言不发，默默地看着这位年轻人。

该职员实在忍不住了，对上司说："抱歉，你是不是知道我在工作的时间中去过咖啡店？"

"喔，原来你还这么做过。"

"那么，是不是因为我前天迟到的事呢？"

"喔，还有这件事啊！"

就这样，年轻的职员面对沉默不语的上司，陆续地将自己的"罪行"和盘托出。

这样的情形，也经常出现在母亲与子女之间。如果一位母亲一开始就像连珠炮一般，叽里呱啦地骂个不停，那么，作为子女，恐怕一点都不会感到畏惧吧。由此可见，喋喋不休，自说自话，只会自食其果，而多听少说则威力无穷。

## 技巧 76：别人说话，不堵话头

学会去倾听别人说话，尽量不要去堵别人的话头。因为你一堵，会使说话者欲言又止，产生反感。即使对方看上去是在对你发脾气，也不要反击。这时你可做一个深呼吸，然后静静地从一数到十，让对方尽情地发泄情绪。

老张在镇上盖了一座三层的楼房，当房子封顶时，几个朋友在他家吃饭。席间，突然来了一位专门安装铝合金门窗的装修工，与老张一见面就递了张名片。其实这装修工的店铺门面也在本小区，虽和老张平时也见过面，但因没有业务往来，他们不认识。后经交谈，他们彼此觉得非常熟悉。老张说："虽然我们以前不认识，但通过我们刚才的一席话，得知你对铝合金门窗的安装经验丰富。假如我房子的门窗让你来安装，我相信你能安装，也相信你能做得很好，但是在你今天来之前，我们厂里一名下岗钳工已向我提起过，说他下岗了，门窗安装之事让他来做……"

老张的话还未说完，那装修工便插话了："你是说那东跑西走的小李吧？他最近是给几家安装了门窗，但他那'小米夹步抢'式的做法怎能与我比？"

哎！这话不说还好，一说便让老张顿时改变了主意，接着说："不错，他尽管是手工作业，没有你那先进的设备，但他目前已下岗在家，资金不够丰厚，只能这样慢慢完善，出于同事之间的交情，我不能不让他做！"

就这样，那装修工只得怏怏离开了。这时，老张对他的朋友说："那装修工没听懂我的意思，把我的话给打断了。本来，我是暗示他，做铝合金门窗的人很多，不止他一个上门来请求安装。我知道他做门窗多年，安装熟练，且很美观，但他的报价很高，我只是想杀杀他的价格，可他的那番话却攻击了小李的人品，我宁愿找别人，也不要让他来安装我的门窗。"

一个精明而有教养的人与人交谈，即使对方长篇大论地说个不休，也绝不会插嘴堵对方的话头。许多人过分相信自己的理解和判断能力，往往不等别人把话说完就中途插嘴，这种急躁的态度，很容易造成损失，不仅弄错了问话意图，中途打断对方，还有失礼貌。不错，在别人说话时一言不发不好，比如对方说完关键的话后，你若只是看着对方不说话，对方会感到很尴尬，他会以为没有说清楚而继续说下去。

有过推销经验的人大都认为遇到那些喜欢讲话的顾客是件很麻烦的事。因为当推销员拜访他时，他高谈阔论起来就滔滔不绝，使得推销员在他那里停留的时间要比预定的时间多，倘若告辞的时机与方式不恰当的话，又会被顾客认为是服务不够周到，推销产品缺乏诚意。所以，这个时候推销员要有耐心，千万不要堵住他的话头，因为有的顾客是有意地拿"多侃"做挡箭牌，占用更多的直

销时间,使推销员更多的是在听顾客海阔天空不着边际地"胡侃",而陷于被动。

在这种情况下,有经验的推销员首先要及时指出顾客说话内容中矛盾的地方,发现顾客内心真实的欲望,但不可让顾客对推销产生抵触情绪。然后,要尽快给顾客一种感觉,好像推销员一直在全神贯注地听着,使顾客认为自己把推销员弄得糊里糊涂,放松了警惕或抵触心理,这个时候,推销员可以利用顾客内心的矛盾、误解、欲望,用简捷的方式直接表态,促使事情明朗化。

总而言之,在与人交谈中,随便堵人话头是件不礼貌的事情。当然,在涉及自己切身利益或在生死攸关的关键时刻,有时不得不堵住别人的话头。这就需要你的机智与雄辩,让对方心悦诚服。

# 第 11 章
# 心宽如海，大度待人：沉默是为了更好地包容

宽容是一种境界，而无语的宽容是一种更高的境界。有智慧的人不会总是在言语上战胜别人，他懂得给人余地的好处，于是以沉默表示自己的宽容。这种无声的语言，同样能起到帮助他人改正错误的作用，它比责骂、教训有更好的效果，因为它更具力量。

## 技巧 77：受伤害，不能说时不要说

生活中，我们难免会遇到别人对自己的伤害，如果立刻从言语上去战胜对方，往往达不到好的效果，不如暂时沉默。实际上，你的沉默常常表达了一种宽容的情怀。

二战期间，一支部队在森林中与敌军相遇，激战后两名战士与部队失去了联系。这两名战士来自同一个小镇。

两人在森林中艰难跋涉，他们互相鼓励、互相安慰。十多天过去了，仍未与部队联系上。这一天，他们打死了一只鹿，依靠鹿肉又艰难度过了几天。也许是战争使动物四散奔逃或被杀光，这以后他们再也没看到过任何动物。他们仅剩

下的一点鹿肉，背在年轻战士的身上。这一天，他们在森林中又一次与敌人相遇，经过再一次激战，他们巧妙地避开了敌人。就在他们自以为已经安全时，只听一声枪响，走在前面的年轻战士中了一枪——辛亏伤在肩膀上！后面的士兵惶恐地跑了过来，他害怕得语无伦次，抱着战友的身体泪流不止，并赶快把自己的衬衣撕下包扎战友的伤口。

晚上，未受伤的士兵一直念叨着母亲的名字，两眼直勾勾的。他们都以为他们熬不过这一关了，尽管饥饿难忍，可他们谁也没动身边的鹿肉。第二天，部队救出了他们。

事隔30年，那位受伤的战士说："我知道谁开的那一枪，他就是我的战友。当时在他抱住我时，我碰到了他发热的枪管。但我没有说出自己的不满。我知道他想独吞我身上的鹿肉，我也知道他想为了他的母亲而活下来。此后30年，我假装根本不知道此事，也从不提及。战争太残酷了，他母亲还是没有等到他回来，我和他一起祭奠了老人家。那一天，他跪下来，请求我原谅他，我没让他说下去。我们又做了几十年的朋友，我宽容了他。"

如果受伤的士兵当时不沉默，会是什么情形呢？那是非常危险的，而他却不言语，成为了一个宽容战友的人。现实生活中，我们往往很难容忍别人对自己的恶意诽谤和致命的伤害，所以冲突容易升级，弄得不可收拾。遇到这类事时，要视情况而定，险境中保持沉默，是对自己的保护。事后不提及，又赢得了"君子以德报怨"的美名。

# 技巧78：指责的话，不轻易说

现在有一种说法，叫"符号性愤怒"，指一种人不论有事无事都爱愤怒和指责别人，以此显示自己的重要。这种人不仅得不到别人的喜欢，自己也常常弄得很无趣。这种人该读读《论语》，学习怎么做人。

《论语》上写到子贡问孔子，有没有一个字可以终身奉行的呢？孔子略加思索，回答道：我看那就是"恕"字吧！对，就是"恕"字。历史上那些有作为的人，大多都是深知"恕"之重要的人。

《宋史》记载，有一天，宋太宗在花园与两个重臣一起喝酒，边喝边聊，两大臣喝醉了，竟在皇帝面前相互比起功劳来，他们越比越来劲，后来干脆斗起嘴来，完全忘了在皇帝面前应有的君臣礼节。侍卫在一旁看着觉得实在不像话，便奏请宋太宗，要将这两人抓起来送吏部治罪。宋太宗没有同意只是草草撤了酒宴，派人分别把他们送回了家。

第二天上午两人都从沉醉中醒来，想起昨天的事，惶恐万分，连忙进宫请罪。宋太宗看着他们战战兢兢的样子，便轻描淡写地说："昨天我也喝醉了，记不起这件事了。"

人与人相处，难免会有各种矛盾、纠纷，难免会闹各种不愉快。既然已经成事实了，再拿出来说没什么意思，就不必再唠叨不休、追究不止了。评判事物得失应面向未来，而不是抓住人家的辫子不放，否则失去了批评的本意，就会挑起和激化人与人之间的矛盾。一个心胸狭窄、处处提防、不能宽大为怀的人，会以敌视的眼光看待他人，并对周围的人戒备森严，这样的人必然会因孤独而陷于忧郁和痛苦之中。

宋朝范纯仁从不乱指责他人，他曾经说：我一生所学习的，只得到"忠"、"恕"两个字，一辈子也用不完。在朝廷上侍奉君主，接待同事和朋友，与同族的人和睦相处，一刻也没有离开这两个字。他又告诫儿子和学生说：即使是最愚蠢

的人,在指责别人时总是清醒的;即使非常聪明的人,宽恕自己的过错就是糊涂。你们应该经常用指责别人的心态来指责自己,用宽恕自己的心态来宽恕别人,就不用担心达不到圣贤的境地了。

范纯仁因为上书请求皇上赦免吕大防等人而冒犯了大臣章敦,被贬到随州任太守。在随州将近一年,他的眼睛完全失明了。范纯仁上表请求退休,不料又遭到章敦陷害,被贬到永州安家。命令下来后,范纯仁心平气和地上路了。有人说他这样做是为了博得好名声,范纯仁听了,感慨地说:"我已经70岁了,双目又失明,被贬万里的苦楚,难道是我希望的吗?但我这爱护君主的心情实在不能克制。"每次他的儿子们怨恨章敦时,他都生气地阻止他们。

在永州,范纯仁的儿子们想以父亲与司马光意见不合为由请求赦免回去。范纯仁说:"我起用司马光,推荐他做宰相,跟他一起在朝廷上议论朝政可以,像你们今天所说这样翻旧账为自己解脱就不可以。与其抱愧而生,不如无愧而死。"他的儿子们于是打消了这个主意。

在永州,范纯仁教儿子们读书,亲自监督,常常到深夜。在永州的三年中,他心平气和,自得其乐。有人对他蛮横无理,一般人无法忍受,而范纯仁却不为所动,也不事后怀恨。每次和客人交谈,只是谈论圣贤、修身养性之事,其他的事一句也不说。他的气色与外表越来越安康宁静,就像在京城一样。

人类不能离群索居,在共同生活的社会中,每天都会接触各式各样的人、事、物。如果希望大家活得更好,就要有宽容的心胸。

宽容要求人有较强的相容度。相容就是宽厚容忍,心胸宽广,忍耐性强。一个平时老是对他人说三道四的人,会使人疏远,减少合作力量;人为地增加阻力。相反,一个以沉默替代指责,以无声的教育帮助他人的人,是受人欢迎的,会赢得他人的合作与帮助。所以,与其以严厉的态度对待别人,不如以沉默温和的态度对待别人。

## 技巧79：悲悯者，有情的沉默

沉默是有很多种类型的，有一种沉默表达了悲悯与宽容，是"仁之方"，即实行"仁"的方法。有着悲悯情怀的人，无所不可容忍，也无所不可接受。

北宋名相张齐贤由右司谏升为江南转运使，一天，举行家宴，一个仆人偷了几个银器藏在怀中，张齐贤在门帘后看得清楚，却不过问。后来张齐贤晚年做了宰相，他家里的奴仆也有很多都做了官，只有偷银器这位一直没有官职俸禄。

这位奴仆趁空闲时间跪在张齐贤的面前，不停地哭着说："我侍奉相公您的时间最长，凡是比我后来的人都做了官，相公唯独漏了我，这是为什么呢？"

张齐贤同情地说："我本来不想说，你却埋怨我。你还记得在江南时你偷了我几件银器的事吗？我把这事藏在心中已经30年了，没有告诉任何人。我位居宰相，激励贤良，斥退贪官污吏，怎么可以推荐一个小偷做官呢？看在你侍候了我很长时间的分上，现在给你三十万钱，你离开我的家门，到别处去自己选择个安身之所吧。因为我既然揭发了你过去的事，你必定愧对于我，就不能再留下去了。"仆人非常震惊，哭着告别而去。

做人要宽容一点，要允许别人犯错误。

宋代丞相魏国公韩琦镇守大名府的时候，有人献上两只玉杯，说："是种田人进入破坟找到的，里里外外都没有可指责的瑕疵，真是绝世之宝啊。"韩琦用白金酬谢送杯的人，对两只玉杯十分喜爱。每当设宴招待客人，都专门摆一张桌子，用绸锦覆盖，然后把玉杯放在上面。

一天接待管理水运的官员，韩琦准备用这两只玉杯装酒待客，不一会儿，被一名侍卫不小心撞倒，两只玉杯都打碎了，客人都很吃惊，那名侍卫也跪在地上等候惩罚。韩琦神色不变，没有发话，继续与客人聊天。客人问他，为何就这样纵容手下人。韩琦笑着对客人说："东西坏与不坏，都有自己的运数。"过了一会儿转过去对那侍卫说："你这是失误造成的，也不是有意的，哪有什么过错呢？"客

人都叹服韩琦宽大的气量。

如果没有一颗仁爱悲悯的心，怎么可能忍得下心里的怨气呢？心中有怨气定然会对犯错误的人破口大骂，非骂累了不停下。而具有宽容心的人，能在事情陷入僵局时峰回路转，也能使紧张的人际关系变得柳暗花明。沉默是一种智慧，它能使人与人之间的关系更加和谐，使人们彼此有时间去替他人着想。

## 技巧80：大度待人，选择沉默

《大学》中说："所恶于上，毋以使下；所恶于下，毋以事上；所恶于前，毋以先后；所恶于后，毋以从前；所恶于右，毋以交于左；所恶于左，毋以交于右。此之谓絜矩之道。""絜矩之道"也就是"恕道"，它是儒家要求人们以自身为尺度，来调节本人的行为，从而改善人际关系。

春秋时，楚庄王有一次和群臣宴饮，当时是晚上，大殿里点着灯，正当大家酒喝得酣畅之际，突然灯烛灭了。这时，庄王身边的美姬"啊"地叫了一声，庄王问："怎么回事啊？"美姬对庄王说："大王，刚才有人非礼我。那人趁着烛灭，牵拉我的衣襟。我扯断了他头上的系缨，现在还拿着，赶快拿火来看看这个断缨的人。"

庄王听了，沉默了一会儿，然后说："是我赏赐人家喝酒，酒喝多了，难免会做些出格的事，没啥大不了的。"接着命令左右的人说："今天大家和我一起喝酒，如果不扯断系缨，说明他没有尽欢。"群臣100多人都扯断了帽子上的系缨，热情高昂地饮酒，一直饮到尽欢而散。

过了三年，楚国与晋国打仗，有一个将领常常冲在前边，勇猛无敌。战斗胜利后，庄王感到惊奇，忍不住问他："我平时对你并没有特别的恩惠，你打仗时为何这样卖力呢?"他回答说:"我就是那天夜里被扯断了帽子上系缨的人。"

尽管楚庄王当年完全可以以君王的权威和尊严当即发怒,追查扯断帽缨的人,进行处罚,但他当时非常明智,适时地选择了沉默,选择宽恕。结果如他所愿,这就是他宽容大度所赢得的。

宋代杜衍说:"如今当权在位的人，大多数都喜欢抓着手下人的小过错不放,这确实是没有宽恕之心。"杜衍从做知州到担任安抚使,从来没有贬斥一位官员。对那些不称职的官员,就让他们多干实事,不让他们闲下来养成懒惰的习惯;对那些行为不谨慎的官员,用不谨慎会导致祸患的道理教育他们,不一定要以法惩罚他们。

对于别人那无可挽救的过失,你如果是严厉地责问,对方会伤心。你沉默,或许更有力量,使对方在敬畏你的同时,能感到你的宽容。如果你实在要立即纠正对方,最好用请教式的语气,而不要用命令的口吻。以"想请教你一下"的口气可以激发对方的优越感和自尊心。比如:"你不应该用红色!"就不如说:"你觉得是不是不用红色会好看一点?"

## 技巧81：沉默中化解恩怨

如果说某些沉默是掺杂了些许无奈的话,那么心怀宽容的沉默则是其成熟人格的必然条件,是其真心的自然流露。人的成熟表现在性情上就是温厚平和,如一口沉静的深塘,外面投来的石子也难以激起太大的水花和波纹。

战国时期,强大的秦国常常欺负赵国。在代表赵国出使秦国时,蔺相如智勇双全,把和氏璧安全带回赵国,在渑池大会上又保全了赵国的荣誉,被拜为上卿,地位跃居大将军廉颇之上。

廉颇很不服气，说："我为赵国立了多少汗马功劳，才有今天。蔺相如凭着三寸不烂之舌倒爬到我头上来了。哼，见到蔺相如，我一定要给他点颜色看看！"为避免和廉颇见面，蔺相如选择沉默，他称病不上朝。

有一天，蔺相如坐车出门，远远地瞧见廉颇的车马迎面过来，他命令车夫赶快退到小巷子里，让廉颇的车马先过去。蔺相如的门客们觉得蔺相如胆小怕事，都请求离去。蔺相如劝阻他们说："你们看廉将军跟秦王比，哪一个厉害些？"门客们说："当然是秦王厉害些。"蔺相如说："对呀！秦王我都不怕，我怎么会怕廉将军呢？秦国不敢来侵犯赵国，就是因为我们赵国文臣武将团结一心。如果我们两人不和，秦国就有机可乘了。"

廉颇知道此话后，惭愧不已，赤着膀子，背着荆条，来到蔺相如的家里请罪，他说："我是个粗人，见识少，气量窄。哪儿知道您竟如此容忍我，请您处罚我吧。"

这个故事之所以千古流传，原因就在于它非常好地体现了蔺相如做人的度量。廉颇与蔺相如毕竟是一国人，他们之间有共同的国家利益，如果蔺相如不沉默，而是与对方对着干，即使两个人有了个输赢，而损害的将是国家的利益。恩怨就这样在沉默中化解了。不仅对朋友和同事，沉默可以化解误会；对对手和敌人，沉默也常常可以化敌为友。

战国时梁（魏）国与楚国相界，两国在边境上各设界亭，亭卒们也都在各自的地界里种西瓜。梁亭的亭卒勤劳，锄草浇水，瓜秧长势极好；楚亭的亭卒懒惰，不事瓜事，瓜秧又瘦又弱，与对面瓜田的长势简直不能相比。楚亭的人觉得失了面子，有一天乘夜无月色，偷跑过去把梁亭的瓜秧给扯断了不少。

梁亭的人第二天发现后，气愤难平，报告给边县的县令宋就，说我们也过去把他们的瓜秧扯断好了！宋就摇摇头不答理。一天天过去了，那边人还在扯断瓜秧。宋就说："这样做显然是很卑鄙的！可是我们明明不愿他们扯断我们的瓜秧，那么为什么再反过去扯断人家的瓜秧？别人不对，我们再跟着学，那就太狭隘了。你们听我的话，从今天起，每天晚上默默地去给他们的瓜秧浇水，让他们的瓜秧长得好，你们这样做的时候，一定不可以让他们知道。"

梁亭的人听了宋就的话后觉得有道理，于是就照办了。楚亭的人发现自己的瓜秧长势一天好似一天，仔细观察，发现每天早上瓜秧都被人浇过了，而且是梁亭的人在黑夜里悄悄为他们浇的。楚国的边县县令听到亭卒们的报告，感到十分惭愧又十分敬佩，于是把这件事报告了楚王。楚王听说后，也感动于梁国人修睦边邻的诚心，特备重礼送梁王，既以示自责，亦以示酬谢，结果这一对敌国成了友好的邻邦。

从这个故事可以看出，宋就之所以选择沉默，是为了体现自己的大度——本国军士是仁德的，这就从良知上战胜了对方。而干了坏事的对方，觉得人格上输给了人家，同时也会敬佩宋就的大度，感到与这样的人相处，有利于自己。于是握手言和，彼此不再冲突。

## 技巧82：无声的宽恕

"宽恕是一种比较文明的责罚"。如果你能将宽恕变成一种无声的教育，往往会产生特别好的效果。

仙崖禅师居住的禅院里，有一位学僧心猿意马，时常在晚上偷偷地爬过院墙到外面去游玩。一次，仙崖禅师夜里巡查时，发现墙角有一张高脚的凳子，马上意识到有人溜到外面去了。仙崖禅师并没惊动任何人，悄悄地把凳子移开了。他没有离开墙角，站在刚才放凳子地方，默默地等候学僧回来。

时间一分一秒地过去，差不多等到夜深的时候，那个在外面玩了一圈归来的学僧爬上了墙头，他哪里料到墙下的凳子已经被移走，结果，他一脚踩在仙崖禅师的背上，随即跳下来。他觉得凳子有些软，不由得仔细一看，竟然是禅师，慌

得不知如何是好。这时,仙崖禅师却毫不介意地说:"夜深露重,小心身体,不要着凉,赶快回去多穿一件衣服吧。"

仙崖禅师从来没有提起过此事,但从此以后,全禅院100多位学僧,再也没有人出去"夜游"了。

有声的斥责,往往激起人的反抗和诡辩,甚至故意变本加厉做坏事,以示对抗。无声的宽容则会激起做错事者的良心与反思,为批评者的良苦用心所折服,而痛改前非,悬崖勒马。

1933年初春,教育家匡互生先生病了。有一天,护士问匡互生说:"外面有一个青年人,既不是你的朋友,也不是立达的师生,却一定要看看先生。你看让不让他进来?"匡互生不知这个青年人到底是谁,便用微弱的声音说:"那就让他进来吧!"

不一会儿,一个健壮的汉子站在床前,对匡先生说:"匡先生,你不认识我,可我永远也忘不了你。你记得学园有次抓到了一个小偷,校工把他的手捆绑住,几个高大的同学拿着棍棒正要打下去,是你喝住了同学,又是你给那个小偷松了绑。你没有骂他一声,还送钱给他,挥挥手让他离开。我就是那个小偷啊!"

匡互生想起来了,他慈祥地问:"你现在还好吗?"

这个汉子告诉匡互生,那次匡先生放了他之后,他痛改前非,用匡先生给的钱,做了小本生意,现在家境渐渐好起来了。前几天他听说匡先生得了直肠癌。他听人说,治这病,要用最毒的蜈蚣。于是他专门找了十多条蜈蚣,希望能用它治好先生的病。

匡互生很感动,一旁的医生护士也很感动。

与其对犯错误的人进行严厉惩罚,不如用爱来感化他。惩罚来得容易,并且面对受罚者的痛苦,还可以满足一时解恨的心理。然而爱是一种善意的包容,是一种无形的武器,它用暖暖的话语触动未泯的良知,用默默的关爱,给人重新做人的机会。

# 技巧83：宽容能熄灭报复之火

法国有句谚语说："能够了解一切事物,须能宽容一切事物。"所以,如果我们要做一个文明的人,就要了解人间的事物。

一提起魏征,人们都知道他是个著名的谏臣,同时又都佩服李世民容人的雅量。当初,太子李建成听说一个姓魏名征的年轻人有才华,就把他找来,给了他一个管理图书的小官当。魏征是个闲不住的人,脑子里满是经天纬地之念,一天,他对来拿书看的李建成说："刘黑闼不堪一击,您带兵去攻打,一定能成,既可建立军功,又可暗结豪杰。"李建成听取了魏征的建议,立即出兵,结果取得了圆满成功。

李唐政权把握了天下大势之后,秦王李世民发动"玄武门之变",杀死了哥哥和弟弟——太子李建成和齐王李元吉,自己当上了太子。有人劝李世民把魏征也杀了,李世民知道魏征是李建成的心腹,可他明白魏征非等闲人物,于是决定召见他。

李世民打量了一眼魏征,然后责问说："你为什么挑拨我们兄弟间的关系呢?"

魏征没有巧言机辩,而是据理回答,他说："人生在世,各为其主。如果太子早听信我的话,他就不会有今天的下场,我忠于李建成又有什么错呢?管仲不是还射中过齐桓公的带钩吗?"

李世民听他说得既坦率又有理,尤其是他举出了管仲射小白的历史故事,自己不能显得没有气度,就不再说什么,于是赦免了他。经过一段时间的反思,李世民觉得魏征这样的人才可为己所用,于是就封他为主簿。李世民登基当上皇帝不久,就提拔魏征为谏议大夫。从此,魏征忠言直谏,李世民虚心纳谏,才有了大唐之盛。

一颗包容的心,能帮助我们忘记个人的私仇,看清事物的本质。当我们学会让报复的怒火沉默,我们就更加接近事物的真相。

# 第 12 章

# 大智不辩，为而不争：沉默是为了更好地忍让

老子在《道德经》里说"智者不辩"、"为而不争"，看似消极，实则积极。不是不争，更不是无为。如果不是大是大非问题，对那些犹如夏虫语冰之类的话题，我们还是远离为好，不争不辩为好。有口才的人辩倒他人很容易，但有智慧的人还是不辩为好。这道理，妙在其中。

## 技巧 84：无益的争辩，不要参与

在人际交往中，每个人都会遇到不同于自己的人，大至思想观念，为人处世之道，小至对某人某事的看法和评论。这些差异都会外化成人与人之间的争执与论辩。

留心我们周围，争辩几乎无所不在，一场电影，一部小说，一个特殊事件，某个社会问题都能引起大家争辩，甚至某人的发式与装饰都能引起人们的争辩。

从某种意义上看，不同见解的争辩过程是寻求真理的过程。辩论，就是为了探求真理，坚持真理，维护真理而相互说理。然而由于争论的任何一方都想推翻对方的看法，树立自己的观点，因此，辩论和寻常说话不同，它是带有"敌意"的语言行为，因而有"唇枪舌剑"之说。争论留给人们的印象一般是不愉快的，容易使人际关系融洽的良好愿望落空。

当你意识到自己的想法、意见与他人不同时，当你的言行遭他人非议时，你的本能大概就是奋起辩驳。许多毫无意义的事情往往因此发生。为了避免无益的辩论，此时的你需对如下问题进行冷静思考：

①如果你能最终获得争辩的胜利，它有什么意义？若没有什么积极意义，大可不必动用你的"唇枪舌剑"，一笑了之最妙。同样，你向别人提出"挑战"的时候，一定要选择有价值的，通过争论使自己和他人都能受到启发和教育的问题，不必在细节琐事上做文章。

②你辩论的欲望更多的是基于理智还是感情原因？如果是感情原因，诸如虚荣心、表现欲望或面子上下不来，你大可就此打住。同样，我们向他人提出辩论的问题是否有感情的因素？如有，那就同辩论的实质——探求真理，背道而驰了。所以最好别去做这种不积极的提示而把他人引入无谓争辩的歧途。

③对方是充满敌意的吗？他对你有深刻的成见吗？如果是，那么在这种非理性的氛围中最好不要再火上浇油。同样，如果你是处于这样一种心境，绝对不要向对方提出论题辩论，因为此时你提不出理性的论点，在辩论伊始，就注定了你的失败。

在生活中，观点的对立极易产生人际间的隔阂。因此，学会沉默，该让步时一定要让步，停止无休止的争辩。如果你争辩失败了，而且确实输理了，必须要有敢向真理低头的勇气。向真理低头并不等于向论辩者本人低头，真理面前人人平等。你所服从的是对方所道出的真理，只能说你同他一样，对道理有了同等水平的认识，在人格上你们永远是平等的。所以，当你败下阵来的时候，应该以坦诚的态度来表达自己在这场争辩中所受的教益，以此道出你人格的伟大。这足以在心理上弥补因辩论失败所造成的遗憾。

如果你在辩论中已胜，眼见对方哑口无言，败势已定，便应拿出不杀降者的胸怀来，一是主动打住话题，结束对立场面；二是巧妙地为对方搭个台阶，让他

在不失面子的前提下得以"平安下台"，胜负已是心照不宣，何不抓住重归于好的机会呢？

## 技巧85：适时沉默，更加明智

过去，心理学家常常认为我们应该把自己的事情讲出来，告诉别人，但现在人们逐渐发现在与别人的交往中有时更需要忍耐和沉默。

你必须认识到沉默与精心选择的词具有同样的表现力，就好像音乐中心音符与休止符一样重要。沉默会产生更完美的和谐，更强烈的效果。

在商业或私人交际中，无言也许是最好的选择之一。

一个印刷业主得知另一家公司打算购买他的一台旧印刷机，他感到非常高兴。经过仔细核算，他决定以250万美元的价格出售，并想好了理由。

当他坐下来谈判时，内心深处仿佛有个声音在说："沉住气，沉默很重要。"终于买主按捺不住了，开始滔滔不绝地对机器进行褒贬。

卖主依然一言不发。这时买主说："我们可以付您350万美元，一个子儿也不能多给了。"不到一个小时，这笔买卖成交了。

在日常交往中，沉默往往会给你带来益处。在某些场合，沉默不语可以避免失言。许多人在缺乏自信或极力表现得礼貌时，可能会不假思索地说出不恰当的话给自己带来麻烦。有时候说话不经思考，即使言者无心，也会产生严重后果。

圣诞节后大甩卖期间，玛丽安去退货。此时柜台前挤满了顾客。玛丽安要求退钱，售货员正忙得不可开交，告诉她衣服售出概不退换，然后就去为其他顾客服务了。玛丽安一声不响地拿着衣服在柜台前等候。

10分钟后，售货员又走了过来，玛丽安面带微笑，依旧在等待。售货员也只顾在柜台前忙碌，玛丽安还是沉默不语。又是几分钟过去了。这时，售货员什么也没说，拿起衣服走了。大约3分钟后，她回来了，而且，还带着钱！

玛丽安的耐心和温文尔雅的沉静得到了回报。如果她大吵大闹的话，也许什么也得不到。心理学教授格瑞德·古德罗解释说："沉默可以调节说话和听讲的节奏。沉默在谈话中的作用就相当于零在数学中的作用。尽管是'零'，却很关键。没有沉默，一切交流都无法进行。"

## 技巧86：该服从，就不说冒犯的话

人们习惯认为"理不辩不明"，可现实生活中，很多的人都不是为了明理而辩，而是为了许许多多其他的目的而辩，所以这样的争辩完全没有参与的必要。

争辩是对自己的不自信，它同抱怨一样都是狭隘的，如果自己的利益掌握在别人手上，争辩就有"不服从"的意味。如果别人不同意你，争辩也没有用，如果同意，也就无须争辩。

1502年，在意大利的佛罗伦萨，有块巨大的大理石被安放在圣马利亚德菲奥大教堂的作品陈列室里。这块大理石本是一块上好的雕刻石材，但是一名拙劣的雕刻师在本应雕刻人物腿的部分误凿了一个洞，从而基本上将其变成了废材。

佛罗伦萨市长索德里尼找来米开朗基罗，以挽救这块石材。米开朗基罗检查了整块大理石，并且得出结论：只要通过调整雕像原来的姿态，遮掩住被破坏的部位，其实还可以雕刻出一座美丽的人物雕像。

索德里尼争辩道："这只不过是在浪费时间！"但是，索德里尼最终还是同意让这位艺术家试试。

米开朗基罗决定要雕刻出手拿弹弓的年轻大卫的雕像。几个星期之后，当索德里尼走进工作室的时候。米开朗基罗正在给雕像做最后的修饰。索德里尼自以为是个行家，于是开始仔细品鉴这件巨大的作品，他告诉米开朗基罗说："人物的鼻子显得太长了。"

米开朗基罗意识到索德里尼当时是站在这座巨大雕像的正下方，因此观察的视野不准确。他不说一句话，只是招呼索德里尼随同他爬上架台。当到达鼻子的部位后，米开朗基罗拾起木板上的锉刀和一些大理石碎料。索德里尼就站在下面几步远的架台上，米开朗基罗开始用锉刀轻轻地敲着，并让手上的石头屑一点一点地落下。事实上，锉刀根本就没有碰到鼻子，他没有对鼻子做任何改动，只是假装在干。经过几分钟装模作样的修改之后，米开朗基罗站到一旁说："现在您再看看吧。"

索德里尼回答道："我比较喜欢这样，你让它栩栩如生了。"

米开朗基罗知道如果改变鼻子的形状，他很可能就毁了整座雕像。然而索德里尼是赞助商，并以自己的美学判断为自豪。与这样一位人物争辩而冒犯他的话，不仅将一无所得，还可能影响未来的业务。所以米开朗基罗聪明地不与之争辩。解决的办法是改变索德里尼的视野（让他离鼻子更近一点），而不让他发觉这其实就是他错误认知的原因。

这就是通过行动而非争辩赢得胜利的双重力量：你不会冒犯任何人，你的观点也会得到坚持和证实。

# 技巧87：面对强手，沉默示弱

有一种被人称作"会魔法的竹子"的毛竹，它的外形在前5年几乎看不出生长的变化，但是到了第6年的雨季，它就像是被施了魔法一般，以平均每天1.8米的速度向上疯长，15天内即可长到27米高，一跃成为竹林里的"身高冠军"。

有好事者想解开毛竹的生长之谜，于是挖开地面，惊讶地发现：毛竹在前5年并不是不生长，而是以一种看不见的方式向地下长。毛竹利用5年的时间将自己的根牢牢扎在地下，第6年的雨季到来了，它便创造了生长的奇迹。

其实，沉默也就是在等待，它不是消极地度日，而是在积蓄，是一种对未来充满信心的坚忍。

勾践亡国后，把国内事务分别托付手下人负责管理，便带着范蠡等人去吴国给夫差当奴仆。勾践在吴国忍辱含垢，历尽艰辛，终于骗得夫差的信任，于三年后被释放回国。在这三年中，只要能活下来，能蒙蔽住阖闾，他什么事都愿意干。

一日，勾践听说吴王有病，心想这正是好机会，虽然自己是亡国之君被圈禁在吴国，但复国之心不死啊。他请求探视吴王。吴王说，他要来就让他来吧，见见被我打败的人，也好开开心。

勾践来到吴王宫殿时，吴王正在大便，就坐在便桶上接见了勾践。勾践说："听说大王病了，心下不安，特来看望。"吴王道："莫不是幸灾乐祸，看我几时死吧？"

"不……不，"勾践吓出了一身冷汗，"大王真会开玩笑。我是真心盼您早日痊愈康复的。我过去曾经学过医，观察人的粪便，就能知道人的病情。"

吴王说："勾践兄，要是你一直当医生，不至于落到如此下场吧。"

勾践很痛苦，他笑了笑，说："是啊，不过能做您的臣民，我感到荣幸。"

一会儿，吴王大便完毕，勾践立即上前把便桶拿到门外，揭开桶盖，手取其

粪,跪在地上仔细地察看起来。现在医学上也讲到了通过看粪便颜色、闻粪便气味等来分析病情,可很少被人实践。勾践做到这一点,说明早在几千年前就有人对粪便进行研究了,他这一做法,也能被人理解和接受。可接下来,他竟做出了创世之举——尝起了吴王的大便。

由此,吴王夫差相信了勾践的所谓"忠心",放松了对他的警惕,勾践看到了复国的曙光。

海明威说:"人可以被打倒,但不可以被打败。"勾践被打倒了,但他却没有被打败,他在忍辱负重中等待着翻身的时机。如果自己都不给自己机会,还能指望别人尤其是对手给予机会吗?

《荀子·不苟》中有:"与时屈伸,柔从若蒲苇,非慑怯也;刚强猛毅,靡所不信,非骄暴也。以义应变,知当曲直故也。"意思是说,顺应不同时间或屈或伸,像蒲苇那样柔软顺从,这并不是胆小害怕;刚强勇毅,没有什么可以屈服的,这不是骄横暴躁;用义去对付变化,就知道什么时候该屈服什么时候可伸展了。

智慧的人根据时势,在需要屈时就屈,需要伸时就伸,可以屈就屈,可以伸就伸。屈于当屈之时,保持沉默;屈是保存力量,屈是隐匿自我,等待时机。

## 技巧88:忍一口气,养一份性

《坛经》中说:"心量广大,犹如虚空,无有边畔,亦无方圆大小,亦非青黄赤白,亦无上下长短。"

为人处世,适时沉默忍让,绝对有好处。为什么呢?人生的路漫长,我们需要与许多人为伴,而各人的性格、学识、思想不一样,难免冲突碰撞,如果处处与人争辩,赢过人家,那么势必身边的人会越来越少,到最后陷入独立,那也就很难有个良好的生存环境了，更谈不上有所作为。

有一天，释迦牟尼经过河岸，见一只狼想吃乌龟，可是乌龟将头足缩回壳内，多时不动。没有耐心的狼只得弃它而去，结果有耐心的乌龟保存了性命。于是，佛陀对弟子阿难说："修行人也应该像乌龟一样有忍耐心。"

佛陀时代，有一位比丘与一位小沙弥，因对佛陀所教的教法看法不一，而发生了口角，小沙弥便斥责比丘。比丘回到房中，心中恨意难消，过了不久即发病去世，并投生为一条毒蛇，找到小沙弥欲报前世之恨。佛陀知道此事，希望两人能解冤释结，于是，来到小沙弥的住处为其说法，教导小沙弥主动向比丘顶礼忏悔。接着，佛陀又为毒蛇说法："汝于我所，已修净行，合生天上，由嗔火所烧，今作毒蛇。汝应知诸行无常，诸法无我，涅槃寂静。"

蛇听闻佛陀开示后，心意开解了，于是马上命终，投生天道。可见，忍让是多么重要。

忍得一时之气，免得百日之忧。如果有人骂你，不妨当做流行曲来欣赏。如果有人打你，不妨看做在人生地不熟的地方，走路不小心撞到了门柱上。常作如是想，自然能化干戈为玉帛。如若是无名火三丈高，大发雷霆，大战一场，结果必是两败俱伤，不但伤了感情，又失去人格，会让人评为涵养欠缺。

白隐禅师是日本的一位高僧，他住的寺庙旁有一农家女与仇家的小伙子恋爱，并生下了一个孩子。少女的母亲知道后大发雷霆，追问谁是孩子的父亲。少女怕给丈夫招来大祸，不敢吐露实情，而是随便一指院旁的寺庙，说白隐禅师是逾轨犯戒者。少女的母亲立即跑到庙里，当着众僧的面大吵大闹，并把孩子摔给白隐，自己扬长而去。白隐禅师什么话都没说，把孩子抱回屋里，精心地喂养起来。他为了给孩子找奶吃，任人们唾其面也毫无怨言。

几年过去，两仇家和好了，少女说出了怀孕生子的真相。男女双方的家人知情后，来到庙里，诚恳地向白隐禅师道歉。寺内外的僧众知道这件事后，纷纷为这位有德高僧大鸣不平。而白隐禅师把已经学会说话和走路的孩子交给了孩子

的父亲,自己只是淡淡地说一句"就这样",便飘然地走了。

对于平凡人来说,由于每个人有不同的个性以及想法,也会有不同的情绪,所以,往往会因意见相左而产生摩擦,此时,就必须学习沉默忍耐。一个团队,如果每个人都放纵自己,以自我为中心,大家就不能和合。因此,明智的人要先退一步,放下自己的主观想法,不可争来吵去。能够忍,就有充分的时间让自己思考,就不会一时冲动,做出不该做的事。因为忍,而成就宽阔的胸襟、豁达知足的个性,让自己广结善缘。

"受尽天下百般气,养就胸中一段春。"沉默中忍让,可成就健全的人格,可圆满人际关系,可获得家庭的幸福、事业的成功。从养生角度说,清静和气之人少恼少怒,可以增进身体健康。

## 技巧89:忍辱,储备精神力量

忍辱者并非懦弱。能够在沉默中调节自己习气的人,辱会成为开拓未来的一种动力。

忍辱是一种力量,世间的拳头刀枪,使人畏惧,不能服人,唯有忍辱才能感化顽强。

明代时,日本梦窗国师有一次搭船渡河,当船正要开航离岸时,有位带着佩刀拿着鞭子的将军,大喊道:"等一下,船夫,载我过去!"全船的人都说道:"船已开行,不可回头。"船夫也大声回答道:"请等下一班吧!"

这时,梦窗国师说:"船家,船离岸未多远,给他方便,回头载他吧!"船夫看到是一位出家师父讲话,因此就把船开回让那位将军上了船。将军上船以后,刚好站在梦窗国师的身边,拿起鞭子就抽打了梦窗国师一下,嘴里还骂道:"和尚,走开点，把座位让给我！"这一鞭打在梦窗国师头上，鲜红的血流下来，国师不发一言，就把位子让了出去。

大家看了都非常害怕，不敢大声讲话，窃窃私语地说禅师要船载他，他还打他。

将军已知道刚才的情况，却不好意思认错。船到对岸，梦窗国师跟着大家下船，走到水边默默地把脸上的血洗掉。这时，蛮横的将军终于觉得对不起梦窗国师，上前跪在水边对国师忏悔道："禅师，对不起！"

梦窗国师心平气和地说："不要紧，出外的人心情总是不太好。"

看了这个故事，也许你会认为这种忍辱是消极的。其实，这种忍辱是积极向上的态度，因为它感化了人的良知。

# 技巧 90：看大节，不计小过

一个领导，如果要做到对手下人的"小节"装糊涂，沉默不语，这是一种忍让的功夫。如果苛求完美，那么对于下人的"大节"也会不以为然了。巴顿是一位举世闻名的传奇将军，可他却把自己的成功归功于上司对他的忍让。这不是他的玩笑之说，而是说出了他的心里话。

巴顿是个性刚强、脾气暴躁的人，他的行为常常超出了人们的想象。1944年8月，盟军虽已在诺曼底成功登陆两个月，但却被德军围困在诺曼底的"灌木篱墙"地区而动弹不得，此时，巴顿带领其第三集团军一举突破了这种死气沉沉的胶着状态，挥师围攻了布勒斯特，并占领了卢瓦河上的勒芒市，打破了别人未能打破的"灌木篱墙"。这时立了头等功的巴顿成了人们心目中的英雄，但是，他的个性却不时地考验着上司的忍耐力。

在战争中,他屡次与上司的意见相左,甚至发生了拍桌子的事,他的上司从战争利益出发,不得不原谅他,容忍他,因为只要巴顿能打胜仗,被他顶撞也就算不了什么了。在一次突破莱茵河的战役中,巴顿为了加速进攻步伐,竟不惜一切代价、不择手段地搞油料。他授意其部下冒充兄弟部队到友邻那里冒领油料,甚至采取偷窃、抢劫的手段把友邻的油料搞到自己手里。作为集团军司令,他竟自己开着仅剩最后一点汽油的吉普车到上司那里强行要加满油箱。

他的这些越轨行为无疑使他的上司大为恼火,但是他们考虑战争利益,只能容忍着,不对他过多地谴责。正是这些容忍,让巴顿不受干扰地取得莱茵河战役的胜利,率先突破了德军防线,从而为美军陆军争了光,让上司特别高兴。等到战争结束后,巴顿的上司才提出他的某些行为有失检点,这是后话。

战争中,巴顿将军曾和摩洛哥及法国投降德国的维希政权的人频繁交往。这可是政治问题啊,华盛顿的高层首脑很气愤,但是没有处分他,更没有把他从前线调遣回来,这些政治家们知道巴顿是一张厉害的牌,战争的胜利离不开他,所以他们容忍着,对他的行为装作不知道。

有一次,在盟军完全占领德国后,巴顿将军参加了盟军的阅兵式,苏联将领出于对这位美国名将的尊重与钦佩,派联络军官和一名翻译来邀请他参加他们举行的宴会。

巴顿对来人发起脾气,大声吼道:"你们去告诉他,根据他们在这里的表现,我把他们当成仇敌,我宁愿砍掉脑袋,也不同我的敌人在一起喝酒!"

他的话把身边的翻译震住了,不知怎么翻译好,而巴顿却命令他必须一字不漏地给翻译出来。这几乎酿成了一次非常不愉快的外交事件,因为当时美苏均为同盟国的主力,为了消灭法西斯,罗斯福、斯大林、丘吉尔费了很多的努力才结成同盟。对此,罗斯福还是容忍了,他向苏联领导人解释,说巴顿以顶撞上司为乐趣,但他对法西斯的仇恨是强烈的,所以可以保证,他在战争中会发挥重要作用。

　　还有一次，巴顿竟动手打了两名士兵，这一次惹怒了一些国会议员，他差点受到军事审判，他的上司艾森·豪威尔想到战争的需要，出面庇护了他，这样他才免于追究。

　　直到后来，巴顿的成功被人们广泛宣传和鼓吹的时候，他才道出了自己的心里话，他说，如果不是一次次被上司忍让，他不会有今天，他早已没有率兵打仗的资格。可见，对人不能要求太严格，给人留有余地，会感化对方，使其更好地发挥力量。当然，上司的忍让是建立在战争的需要，并对巴顿的军事才能充分了解的基础上的，否则，忍让只会是姑息、怂恿，必然影响战争的胜利。

　　现实中，当我们的事业处在最关键、最需要用人的时候，必须少管或不管下属的"小节"或"小毛病"，不损害其"大节"与"大作为"。与人共事，从大局出发，忍受不满，把矛盾暂时悬挂起来，有意见、看法，等把事情干成后再理论，为一时之气而大动肝火，会影响事业的成败。当有人犯了错误，要分析是无意还是故意，其后果是有损于利益还是不值得一提。对犯错误的人，有时不做及时处分反而于事于人都有利。

# 第 13 章

# 内心明了，表面糊涂：沉默是为了更好地体察

沉默不是默而不示，它是有内容的，其内容有时清晰，让对方明白，有时却是模糊的，不可让对方完全猜透。做到这一点，你必须去了解对方。人的直觉虽然敏感却容易受人蒙蔽，懂得如何推理和判断才是察言观色所追求的顶级技艺。

## 技巧 91：明察言外之意

善于察言观色的人，能够尽早了解对方的心理和动机，在处理和对方的关系时，得心应手。当有所求于别人时，我们才会获得他们的支持和帮助。

有这样一则寓言：一把坚实的大锁挂在大门上，一根铁棍费了九牛二虎之力，还是无法将它撬开。钥匙来了，它瘦小的身子钻进锁孔，只轻轻一转，那大锁就"啪"的一声转开了。铁棍奇怪地问："为什么我费了那么大力气也打不开，而你却轻而易举地就把它打开了呢？"钥匙说："因为我最了解它的心。"

我们有时觉得对方的话很难琢磨，明明听懂了他的话，怎么他还是不高兴呢？这是因为话中通常包含很多意思，我们没有找到一把"钥匙"去打开锁眼，听懂了表面意思，却听不懂言外之意。有时候，尽管不说话，但一个眼神、一个动作就包含了很多意思，这当然需要彼此的默契。如果没有默契，要搞清楚对方到底在说什么，确实很难。

苏东坡被贬至黄州后，一天傍晚，和好友佛印和尚泛舟长江。忽然，苏东坡用手往岸上一指，笑而不语。佛印顺势望去，只见岸边有一只黄狗正在啃骨头，顿有所悟，便将自己手中题有苏东坡诗句的蒲扇抛入水中。两人心领神会，不禁相视而笑。

原来，这是一副哑联。苏东坡的上联是"狗啃河上（和尚）骨"；佛印的下联是"水流东坡尸（东坡诗）"。

当然，要达到苏东坡与佛印这种心灵相通的程度，除了默契之外，还要有较高的智商才行。

言谈能告诉你一个人的地位、性格、品质及至流露内心的情绪，因此善听弦外之音是"察言"的关键所在。

一个举人经过三科，又参加候选，得了一个山东某县县令的职位。第一次去拜见上司，想不出该说什么话。沉默了一会儿，县令忽然问道："大人尊姓？"上司很吃惊，勉强说了姓某。县令低头想了很久，说："大人的姓，百家姓中没有。"上司更加惊异，说："我是旗人，贵县不知道吗？"县令又站起来，说："大人在哪一旗？"上司说："正红旗。"县令说："正黄旗最好，大人怎么不在正黄旗呢？"上司勃然大怒，问："贵县是哪一省的人？"县令答："广西。"上司说："广东最好，你为什么不在广东？"县令吃了一惊，这才发现上司满脸怒气，赶快走了出去。第二天，上司令他回去，任学校教职。

上司生气，究其原因，便是这个县令不会察言观色。难怪有人说"对他人说话，不仅要用耳朵听，还得用眼睛看"。中国人很少说："听他说什么。"而是："看他怎么说。"也就是说，如果单用耳朵听，是理解不了的。有的人说话听起来含含糊糊，但"看"起来清清楚楚。"看话"不能单凭一双眼睛去看，还要动用"心眼"，才能够真正看清楚，才能领悟"话中的话"以及"话外的话"。

"心眼"要大，才听得真实。"心眼"太小，成了"小心眼儿"，就会"以小人之心，度君子之腹"。如果对方有难言之隐，有说不出来的苦衷，有说出来反而彼此难过的事情，千万不要用不正当的心思去曲解。

一句"你看着办吧"，究竟是"全权委托你"，还是"猜猜我的用意"，甚或是"居然搞成这样子，你自己收拾烂摊子吧"？这短短五个字，足够让别人思前想后了。凡是耳朵听不懂的时候，就要用眼睛看，还要动脑筋，用心思索。例如，在访问时常常会遇到一些意想不到的情况，访问者应全神贯注地与被访问者交谈，与此同时，也应对一些意料之外的信息敏锐地感知，恰当地处理。我们如果能真的在交际中察言观色，随机应变，这也是一种本领。

## 技巧92：看准眼神，辨别人心

从医学上来看，眼睛在人的五种感觉器官中是最敏锐的，大概占感觉领域的70%以上，因此，被称为"五官之王"。从眼睛里流露出真心真情是理所当然的，所谓"眼睛是心灵之窗"。深层心理中的欲望和感情，首先反映在视线上，视线的移动、方向、集中程度等，都表达了不同的心理状态。观察视线的变化，有助于人与人之间的交流。爬上窗台就不难看清屋中的情形，读懂人的眼色便可知晓他的内心状况。

清朝名臣曾国藩指派李鸿章训练淮军，李鸿章带了三个人求见，请曾国藩分配职务给他们。不巧曾国藩刚好饭后出外散步去了，李命三人在室外等候，自己则进入室内。

等到曾国藩散步回来，李鸿章请曾国藩传见三人。曾国藩说不用再召见了，并对李鸿章说："站在右边的是个忠厚可靠之人，可委派后勤补给工作；站在中间的是个阳奉阴违之人，只能给他无足轻重的工作；站在左边的人是个上上之才，应予重用。"

李鸿章惊问道："您是如何看出来的呢？"

曾国藩笑道："刚才我散步回来，走过三人的面前时，右边那人垂首不敢仰视，可见他恭谨厚重，故可委派补给工作；中间那人表面上毕恭毕敬，但我一走过，立刻左顾右盼，可见他阳奉阴违，故不可重用；左边那人始终挺直站立，双目正视，不卑不亢，乃大将之才。"

曾国藩所指左边那位"大将之才"，就是后来担任台湾巡抚鼎鼎有名的刘铭传。

那么，人的眼神与性格是否有内在的联系呢？答案是肯定的。你见一个人眼神沉静，便可明白他对于你着急的问题，早已成竹在胸，稳操胜券。你焦虑地向他请示办法，如果他不肯明说，这是因为事关机密，此时不便多问，只静待他到时发话便是。

如果你见他眼神散乱，便可明白他也是毫无办法，向他请示也是无用的。你得平心静气，另想应付的办法，这是显示你本领的机会。

如果你见他眼神横射，仿佛有刺，便可明白他异常冷淡，即使有所求，也不必向他陈说，从速借机退出，研究研究他对你冷淡的原因，再谋求恢复感情的途径。

如果你见他眼神阴沉，应该明白这是凶狠的信号，你与他交涉时，需小心一点，如果你没有准备和他见个高低，那么最好尽早鸣金收兵。

如果你见他眼神似在发火，便可明白此刻他是怒火中烧，意气极盛，如果不打算与他决裂，应该表示妥协，速谋转机。否则，再逼紧一步，势必引起正面的剧烈冲突。

如果你见他眼神恬静，面有笑意，你可明白他对于某事非常满意。你要讨他的欢喜，不妨多说几句恭维话，你若有所求，这也是个好的机会，相信一定比平时更容易满足你的愿望。

如果你见他眼神游移，神不守舍，便可明白他对于你的话题已经感到厌倦，再说下去必无效果，不如赶紧告一段落，或乘机告退，或寻找新话题，谈谈他所愿听的事。

如果你见他眼神呆滞，唇皮泛白，便可明白他对于当前的问题万分惶恐，尽管口中说不要紧，心未绝望，也还在想办法，但却想不出所以然来。此时你不必再问，应该自己考虑应付的办法。如果你已有办法，应该早点向他说出有几成把握。

如果你见他的眼神凝定，便可明白他认为你的话有必要听一听，应该按照你预定的计划婉转述说，只要你的见解和办法可行，他必然是乐于接受的。

如果你见他眼神下垂，连头都向下倾了，便可明白他心有重忧、万分痛苦。此时，你不要向他说得意事，这反而会加重他的痛苦；也不要向他说痛苦事，因为同病相怜越发难忍，你只能说些安慰的话，并且从速告退，多说话对他来说也是无趣的。

如果他的眼神上扬，便可明白他是不屑听你的话，无论你的理由如何充分，你的说法如何巧妙，都不会有好的结果，不如戛然而止，退而求其他接近之道。

总之，眼神有散有聚，有动有静，有流有凝，有阴沉，有呆滞，有下垂，有上扬，仔细参悟之后，必可发现其心情之流露。

## 技巧 93："不可说"，也是一种说

哲学家维特根斯坦说过："对于我们不可说的东西，我们应当保持沉默。"语言是人类创造出来的，只是为了给各种行为提供方便，没有哪一句话能准确地表达人脑中的想法。现实生活中也的确有许多事情或者道理难以说明，甚至越

说越产生歧义，越说越离谱。

禅宗也认为"不可说"，意思是"只可意会，不可言传"。比如说学游泳，教练只能告诉你要领，真正掌握技术是靠自己领会，教练是无法替你领悟的。所以"不可说"！尤其当对方心不在焉，或者怒气冲天的时候，你与其"晓之以理"，还不如闭上嘴巴，保持沉默。沉默本身也是一种语言。

有个僧人去拜访越溪禅师，问："禅师，我研究禅学 20 年，但对于禅道却一窍不通，你能指点我吗？"

越溪禅师并不开口，只是迎面打了他一巴掌，吓得这个僧人夺门而逃，他心想：真是莫名其妙，我一定要找他理论。正在生气的他在法堂外碰到首座老禅师。老禅师看他一脸怒相，就和蔼地问："出什么事情了吗？到我那里去喝杯茶吧！求道的人有什么事情值得生气呢？"

僧人一边喝茶，一边开始抱怨越溪禅师无缘无故地打他。当僧人这么说时，老禅师冷不防挥手也打了他一巴掌，茶杯哗啦一声掉在地上。老禅师说："刚才你说你已懂得佛学，只差一些禅道，现在，我就用禅道供养你，你知道什么是禅道了吗？"

僧人目瞪口呆，不知怎么回答。老禅师又追问一次，僧人始终答不上来。老禅师说："真不好意思，就让你看看我们的禅道吧！"

说着，老禅师弯腰把打碎的茶杯捡了起来，然后拿起抹布，把刚才洒了一地的茶水擦干，接着又说："除了这些以外，还有什么禅道呢？"

僧人顿悟，原来"禅道"就在身边！默默地做该做的事，受人欺负了也默默承受，至少不要立即与人争论。

"不可说"的实际用途很多。例如，当我们想把自己的意见表达出来，争取别人的认同时，往往会犯一个大毛病，那就是说话太多。所以，我们必须认识到沉默与精心选择的词语具有同样的表现力，沉默虽是"不发声"，但其本身也是一种语言，既可表示同意，也可表示拒绝，尤其是当对方揣摩不了你的沉默用意

时,沉默的功效非常大。

我们常常不善于沉默,而沉默往往是适用于各种情况的一种策略。有时片刻的沉默会产生奇特的效果。

## 技巧94:内心清楚,示人糊涂

如果一个人内心本来很清楚,但为了实际的需要,却在外人面前表现出"糊糊涂涂"的样子,这确实是件很困难的事,非有大智慧者不容易办到。而做到了这一点,在生活中绝对是有妙用的。

唐朝末年的宰相陆象先青年时气度就很大,以喜怒不形于色而闻名。早年,陆象先曾做过同州刺史。有一次,他的家童在路上遇到了陆象先的下属某参军时没有下马。在当时,这虽然是一件没有礼貌的事情,但也并不算严重。毕竟这位参军仅仅是陆象先手下负责军事的官员,家童又未必认识他。

可是,这个参军大概想要灭灭自己长官的面子,于是他大发雷霆,拿马鞭子狠狠地抽打了陆象先的家童一顿,接着挑衅似地跑到陆象先的府上禀告说:"下官冒犯了大人您,请您免了我的官职。"这意思就是说:你陆象先要是因为这件事免了我的职,就说明你袒护家奴,迫害下属,你的名声也就完了;你要是不免我的职,只能证明你这个长官好欺负,以后在下属面前也就毫无威信可言。

陆象先知晓了这件事情的原委后,从容地答道:"身为奴仆,见到做官的人不下马,打也可以,不打也可以;做官的人打了上司的家童,罢官也可以,不罢官也可以。"说罢,陆象先也不理睬这位参军,自顾自翻开一本书看起来。

参军在陆象先跟前站了大半天,也揣摩不透陆象先的态度,挠了挠脑袋,只好灰溜溜地悄然退了出去,从此收敛了很多。

陆象先没有把内心的想法挑明，但却非常有力地压住了参军。如果遇事不思考，动不动就说三道四，那么内心暴露无遗，反而给了对方辩驳的机会。

事实上，人们都习惯于某种思维定式，若能跳出这种思维习惯，变换一下观察事物的角度来综观事物的全貌，事情往往就会是另外一种模样，另外一种结果了。

苏联卫国战争初期，德军长驱直入。在此生死存亡之际，曾在国内战争时期驰骋疆场的老将们，如铁木辛哥、伏罗希洛夫等，首先挑起前敌指挥的重担。但面对新的形势，他们渐感力不从心。斯大林起用一批年轻的军事家，如朱可夫、华西列夫斯基、什捷缅科等。

1964 年 2 月，苏联元帅铁木辛哥受命去波罗的海，协调一二方面军的行动，什捷缅科作为他的参谋长同行。什捷缅科早知道这位元帅对总参部的人抱怀疑态度，思想上有个疙瘩，心想：命令终归是命令，只能服从了。等上了火车，吃晚饭时，一场不愉快的谈话开始了，铁木辛哥先发出一通连珠炮："为什么派你跟我一起去？是想来教育我们这些老头子，监督我们的吧？白费劲！你们还在桌子底下跑的时候，我们已经率领着成师的部队在打仗，为了给你们建立苏维埃政权而奋斗。你军事学院毕业了，自以为了不起了！革命开始的时候，你才几岁？"这通话，有明显的侮辱色彩。

这时候，什捷缅科如果不装糊涂学傻，一定会引起对方更大的怒火。什捷缅科沉默了一下，然后老实地回答："那时候，刚满 10 岁。"接着，他又表示自己如何的"不懂军事"，许多问题需要向老前辈学习。

见什捷缅科在自己面前像一个老实巴交的学生，铁木辛哥最后说："算了，外交家，睡觉吧。时间会证明谁是什么样的人。"

什捷缅科和铁木辛哥共同工作了一个月后，在一次晚间喝茶的时候，铁木辛哥突然说："现在我明白了，你并不是我原来认为的那种人。我曾想，你是斯大林专门派来监督我的……"后来什捷缅科被召回时，心里很舍不得和铁木辛哥

分离。又过了一个月，铁木辛哥亲自向大本营提出要求，调这个晚辈来共事。

什捷缅科在受辱之时装憨傻，过了铁元帅关，体现了后生的谦卑及对老前辈的尊重，是大智若愚的表现。可见，内心清楚，示人糊涂，是一种很高的智慧。现实中，许多时候需要这种智慧。

"良贾深藏若虚，君子盛德，貌若愚"，这句古话的意思是：商人总是隐藏其宝物，君子品德高尚，而外貌却显得愚笨。所以需要展示自己时，一定要露一手，让别人记住你，对你刮目相看。但是平时最好"藏其锋芒，收其锐气"，不可将自己的优势让人一览无余，这才是恰到好处的处世策略。

## 技巧95：沉默中蒙蔽对手

《孙子兵法》这部奇书虽是从兵法角度出发，却完全适用于处理人情，且将术理之妙表述得完备而明晰。在战术方面，孙子的中心观念是："兵者，诡道也。"他主张兵不厌诈，战争之前一定要隐秘自己的实力，造成敌人错误的估计，然后"攻其无备，出其不意"。

孙子举出多项战术上可以运用的诡道，例如，能而示之不能——己方实力甚强，却隐藏，以松懈敌人的警戒。用而示之不用——虽已出兵，却装成按兵未动。近而示之以远、远而示之以近——故意使敌方认错己方之距离，以攻其不备。

古代有一个武功高强的武士，精通《孙子兵法》，尽管他年纪很大了，但在和人交手的时候，仍然次次获胜。

有一天晚上，老武士正在院子里纳凉，有人来报，有一个年轻力壮的武士前来拜访。武士感觉到，来者不善，但他平静地说："让他来吧，我欢迎。"

年轻的武士不但武功高强，而且胆大妄为，横行乡里。他每次和强者比赛武艺,都习惯先用各种方式将对方激怒,逼得对方在忍无可忍的情况下先出手,然后,自己抓住这个时机,平静而仔细地观察对方的漏洞,一旦抓住对方的弱点,就以迅雷不及掩耳的速度进行反击。使用这种招数,再加上自己的超常武功,年轻武士在和人交手时,也从未失败过。

年轻武士走进了老武士的院子,眼睛里放出一股凶狠的光,他那天听说老武士的名字后,就寻访过来,目的就是要打败老武士。他年轻气盛,根本不把老武士放在眼里。他急于打败老武士,以此来提高自己的名望,以致对老武士说:"闲话少说,我是来找你比武的。惜您人老眼睛不好,明天白天吧。"

说罢走了出去。

弟子们闻讯后都赶来了,他们担心老武士年龄太大,不是年轻武士的对手,纷纷劝师傅不要接受挑战,或者从年轻的弟子中挑选一个人与对方比赛。

老武士一抬手,说:"休言!"

老武士接下了年轻武士的战帖,并决定亲自出战。

两大高手比赛的消息不胫而走,人们纷纷来到市区的大广场前,观看这场不同寻常的比赛。

比赛开始了,年轻武士像往常那样,开始侮辱老武士:"你这个老家伙,空有名声,在这里混饭吃而已……"

老武士仿佛没有听见一下,无论对方怎么羞辱,他都无动于衷,镇静自若。年轻武士见用脏话侮辱老武士不管用,接着对他扔石头、香蕉皮,还往他脸上吐口水,想以此来激怒老武士,但老武士始终不为所动。

这样折腾了好长时间,老武士始终一动不动,既不生气,也不抢先出手。这是年轻武士第一次遇到的情况,他骂得嗓子都哑了,并且精疲力竭,已经没有力气和勇气向老武士进攻了。最后,血气方刚的武士不战而退,灰溜溜地逃跑了。

## 技巧96：沉默时只睁一只眼

一则寓言很有意思：

一只猫头鹰，长期值夜班，白天需要休息，但休息时也总是单足独立，眼睛半睁半闭。有一天，多嘴的乌鸦见到了，一惊一乍地喊叫起来："哇噻，这只怪鸟又像猴子又像猫，看人总是睁一只眼闭一只眼，好怪哦！"

猫头鹰瞟了它一眼，没说什么。乌鸦这么一喊叫，森林里不少动物都来参观，还指指点点，议论纷纷，笑它是一只疯鸟或者呆鸟。猫头鹰想，那些患了夜盲症的家伙怎么会知道我的夜生活，他们哪里会知道"沉默是金"！

猫头鹰依然睁只眼闭只眼，只是瞥了它们一眼，便不再理睬了。太阳西沉，夜幕降临了。田鼠们鬼鬼祟祟陆陆续续地从洞穴中爬出来。鼠妈妈再三提醒孩子："森林里有咱们的天敌——猫头鹰，正虎视眈眈地想置我们于死地，千万留神啊！"

"噢，就是那只睁只眼闭只眼的傻鸟呀！有什么可怕的！"田鼠娃娃听了乌鸦们的宣传，竟把猫头鹰当做谈笑的资料，它们根本不懂得提防它，竟然明目张胆地蹿到庄稼地里干起那些偷鸡摸狗的勾当来。猫头鹰立即振奋起来，像幽灵一般展开双翅，悄无声息地滑行到猎物身边，盗贼束手就擒。

田鼠们可怜兮兮地求猫头鹰高抬贵手，猫头鹰没有答应。田鼠们说："你不是那只睁只眼闭只眼的怪鸟吗？人家说了你那么多坏话你都无动于衷，为什么对我们田鼠家族却要如此凶狠尖刻，难道不可以睁只眼闭只眼吗？"

猫头鹰笑了，说："我之所以睁只眼闭只眼，就是要麻痹你们的！"

这个寓言告诉我们：人在沉默状态，最容易麻痹对方，使对方不知道其内心的真实想法。在现实生活中，我们有时单凭言语难以说服对方，采取沉默，给对方多一些思考、体验，常可产生用言语不能达到的效应。请看下面的例子：

法国有位农学家，在德国吃过土豆，很想在法国推广种植这种作物，但他越是热心地宣传，别人越不相信。医生认为土豆有害于人的健康，有其他农学家断言种植土豆会使土地变得贫瘠。经过一段时间的思考，这位一心推广土豆种植的农学家，终于想出一个新点子。在国王的许可下，他在一块出了名的低产田里栽培了土豆，由一支身穿仪仗队服装的国王卫兵看守，并声称不允许任何人接近它，挖掘它。但这些士兵只在白天看守，晚上全部撤走。

人们受到禁果的引诱，晚上都来挖土豆，并把它栽到自己的菜园里。而此时这位农学家沉默不语，睁一只眼闭一只眼，好像没有发生偷挖土豆这件事。这样没过多久，土豆便在法国推广开了。

这个推广土豆种植的方法之所以获得成功，就得益于情境的巧用。正面宣传土豆好，人们不信；由皇家种植，国王卫兵看守，暗示的情境意义就是：土豆是贵重物品。由此诱发了人们占有的欲望，加之栽种后亲自品尝与体验，确信有益无害，就会完全接受这种作物。这里"沉默情境"的魅力，就在于利用了人们的好奇心理，睁一只眼闭一只眼，创造了一个使人接触土豆的契机，所以产生了可喜的效应。

# 第14章

## 借形示意，无声胜有声：沉默是为了更好地暗示

体语作为非言语符号，其形成和使用较之语言的出现和运用历史更久，而且其使用频率和使用广度较之言语亦更甚。据美国体态语言学大师伯德惠斯戴尔的测定，两人沟通时，有65%以上的信息是用非言语符号，即体语传递的。

## 技巧97：意会对方的暗示

处理是与非，很多时候是一念间的把握。人与人之间的距离是客观存在的，而常常一个小小的暗示就可以把你与别人联系在一起。但暗示需要你去意会，错误地理解对方的暗示，就会南辕北辙，完全搞反了对方的意思。恰到好处地处理是与非，不在于话说了多少，而在于两个人相互看一眼就会心领神会、心照不宣。这不仅节省了时间，也使墙外的耳朵听不到一点动静。或者你说的是"这"而指的却是"那"，意会者明白，而其他人就会是一头雾水了。

在工作、学习、社会交际中，处处都有暗示的语言在传送信息。暗示代替直言，效果常常更佳。

一位顾客坐在一家高级餐馆里，把餐巾系在脖子上。餐馆经理很反感，叫来一个女服务员说："你让这位绅士懂得，在我们餐馆里，那样做是不允许的，但话要说得尽量委婉些。"女服务员来到那位顾客的桌旁，很有礼貌地问："先生，你是刮胡子，还是理发？"话音一落，顾客立即意识到自己的失礼，赶快取下了餐巾。

暗示有很多种，但概括起来大致有如下几种，掌握了便可以运用，也可以捕捉对方的暗示：

①故事暗示。以讲故事的方式暗示对方。

②笑话暗示。说话中依靠某种隐蔽的观点，以便使他人形成一种印象，认为这些观点正是自己思维的产物，并于脑中形成思维定式。

③诙谐暗示。以幽默的语言或随意说笑的方式，向他人传递信息。

④岔题暗示。故意把话题引开，以暗示自己心里的想法。

⑤侧面暗示。从侧面提出一些看似与主题无关的话题，可以此来达到启示、提醒、劝阻、教育他人的目的。反过来，你也可以领会对方侧面说话的意图。

⑥比喻暗示。用比喻的方式进行暗示。

⑦反问暗示。反问暗示很大程度上取决于对方的智商，因为谜底被深深地埋在谜面下。

⑧借物暗示。在同一语境中，故意说其他事来表达心声。

心理学家认为，有许多体态语言能让下属知晓上司的内心世界，了解他所说的是否就是他的真实想法。

当上司拍拍你的肩后部时，表明他真诚地赞许你；上司友好地、坦率地看着你，甚至偶尔眨眨眼睛，则表明他同情你，对你评价比较高或他想鼓励你，甚至准备请求你原谅他的过错；上司说话时，不看着你，这是个坏迹象，他想用不重视来惩罚你，说明他不想评价你；上司用锐利的眼光目不转睛地盯着你，则表明他在显示自己的权力和优势；如果上司拍拍你的肩前部时，或从上往下拍，则表

明上司倨傲而又显示宽容,这些动作表明他是支配者。

"嘻嘻"地嗤笑,是幸灾乐祸的表现;"嘿嘿"笑时,则意味着讥讽、阴险或者蔑视,这样笑的人多数为狂妄自大、自恃清高的人;"哈哈"大笑时,意味着放松和大胆。

双手叉腰,双肘向外,这是古典体态语,象征着命令式,同时也意味着在与人接触中,他是支配者;手势、表情丰富的领导,是容易冲动、重感情的人;如果手势做得太夸张,那么他就是个敏感的人,容易受别人的影响,是个软弱的领导人。

当上司伸出食指,则表明他是支配者,有进攻性;当上司舒适地向后靠,双手交叉在脑后,双肘向外,这是自负的表现;上司从上到下看了你一眼,则表明其处于优势和支配地位,还意味着自负;上司久久不眨眼盯着你看,表明他想知道更多情况;双手合拢,从上往下压,表明上司想使其内心平静下来;当上司的双手平静地放在背后时,则表明他具有优越性;上司只偶尔看你,并且当他的目光与你相遇后即马上躲避,这种情形连续发生几次,表明面对你,这位上司缺乏自信心;两个食指并在一起,放在嘴边,其余手指交叉在一起,与两个食指形成了一个锥体,这表明在你讲话前,上司已做好了拒绝的准备。

## 技巧98:手势语要恰当

讲话者时常有节奏地做出各种手势。这些手势在强调、渲染讲话者的思想时扮演了不可或缺的角色。

在第二次世界大战中,领导英国进行战争的首相温斯顿·丘吉尔曾做了一个手势,当时引起了轰动。他出席一个场面盛大而又重要的集会,一露面,群众便对他鼓掌欢呼。丘吉尔随即做了一个表示 victory（胜利）的 V 形手势——用食指和中指构成 V 形。做这个手势时，手心要对着观众。不知丘吉尔是不知道还是一时失误，把手背对着观众了。群众当中顿时有人鼓掌喝倒彩，有人发愣，有人忍不住哈哈大笑。这位首相所做的手势表示的是其他的意思。那不是表示"胜利"的 V 形，而是一个不尊重别人的动作。

20 世纪 50 年代后期到 60 年代初期的苏联领导人赫鲁晓夫在美国访问期间，他的言论和举止引起一些争议。引起争议的手势之一是，他紧握双手，举过头顶，在空中摇晃。他的意思显然是表示问候，表示友谊。但是，在场的人和电视观众对此并不欣赏。美国人很熟悉这个动作——这是拳击手击败对手后表示胜利的姿势。在此之前，赫鲁晓夫曾说过要埋葬美国资本主义的话，许多美国人认为，这种手势表示他好像已经取得胜利，扬扬自得，因此感到不快。

现实生活中，我们应注意各种不同的手势，了解各种不同的手势类型及不同作用。人们在沉默不语的时候，几乎很少有手部完全僵直不动的情景。手势语几乎时时伴随着言语交际，忠实地充当着言语的"帮工"，有时甚至"喧宾夺主"，一马当先，独立地在言语交际中"冲锋陷阵"。手势语通常对语言起着巨大的辅助作用，有时甚至起着独立作用。手势语与言语二者相互影响，表现为：

①手势语强调言语所传输的信息，如，口头上说某人心宽体胖，同时两臂下垂，在身体两侧微微张开呈弧形，加以夸大。

②手势语重复言语所传输的信息，如，口头上要求肃静时，还要手心向下频频拍动。

③手势语代替言语所要传输的信息，如，足球场上的裁判可以不和运动员对话，而只以规定的各种手势语传输信息。

④手势语增加言语信息之外的信息，如，当你钓鱼回来，向别人讲述那条"溜掉了的大鱼"时，你会用双手比画那条鱼的大小。

手势语与言语关系甚密，不可忽略手势语的交际功能。人的言语有可能是

假话,而手势语却能真实地表露人们的情感。英国大哲人培根就说过:"美的精华在于文雅的动作。"手势语的运用应恰当,如何做到恰当呢?

①适合交际对象,即应考虑到对方的社会特征、心理特征或文化、亚文化特点,对手势语理解的影响。例如:

年龄因素——与老年人交谈,双手不可反剪,因为此举有不恭敬之嫌。

文化程度因素——与文化程度低的人交谈,多用了"洋手势语",如"OK"手势,就有"卖弄"、"做作"的意味。

工作性质因素——如有本人职业范围以外的人在场,最好不使用那些专业手势符号。如聋哑学校教师所惯用的聋哑人手语、电影导演在摄影棚中的手势语和机场导航人员的手势语等,否则将使人家坠入云雾之中。

民族文化因素——中国人伸出大拇指表示"呱呱叫",而在日本表示"老爷子",在欧美一般表示"1"。无视不同民族体态文化的差异,势必造成交际障碍。

②适应交际情境和环境。在家里与友人促膝谈心到得意处,有时会拇指、食指、指掌用力相搓发出声响,但如果换成庄重的场合就有伤大雅。

③适合人际关系。双方关系的重要性,往往甚于交际内容,例如熟人、朋友间的交际也常少不了唠唠家常、扯扯闲话、寒暄客套、戏谑、逗趣,这类谈话的目的无非是保持彼此之间的联系。交谈内容有时会成为膨胀交际过程的水分,而交际意义的主体则体现于交际双方的关系。

交际对象的熟识程度一般分为三级:陌生人、熟人和朋友。熟识程度和关系的差异,决定了我们不能用千篇一律的手势语言对待所有人。比如:

陌生人之间——交谈通常是粗浅的。信息量要适度,以委婉的、试探性的方式进行信息交流。因此手势语切忌过分,应以少、小、稳为原则。

熟人之间——会有更多的自我表露,从嗜好、牢骚到共同参与的活动等,都是时常谈及的话题。在熟人之间的口语交际中,积极听显得尤为重要,其中包括手势语在内的体态反应尤其重要。一声不吭、僵直不动的"洗耳恭听",容易给人漠不关心或消极应付的印象。如配合简语反馈(简短答辞)，拍手以示赞同对方的态度，摆手表示附和对方否定的观点，用手比画对方所述物的大小比例以表明理解等，这都有助于促成交往。

朋友之间——如果不能经常用言语和非言语来传递友谊，那么朋友关系就会退回到初识关系，反之则可能发展为更亲密的关系。尽管朋友间表示关心、忠诚、同感和理解，可以有其特定代码，比如有些手势语可以表示默契，然而也不能忽视一般的手势语技巧。

# 技巧99：用体态语自我补救

很多性格内向的人，尽管才学兼备，但由于个性偏于懦弱，在工作中和人际交往方面常常表现出自信心不足。美国一位语言学家认为这些人可以利用一些比较显明的"进逼性"体态语言来作补救。这里所说的"进逼性"，并非表示进攻的意思，也并非指那种"硬碰硬"的激烈态度和行为，而是指在说话的行为举止上表现得更肯定，并具有驾驭的能力。

以下是这位语言学专家列举的几种可以增强自信的身体语言：

①在站立时，双手后置于臀部，这种姿势能显示出一种进取的心理。坐着时，则双手平放于双膝之上，同时身体略向前倾，这种坐姿可显示有足够信心，并随时接受挑战。

②双手互锁置于脑后，身体略向后靠(只适合于男性)。这种姿势表示一切都受到控制，并且对事态进展及解决问题早已成竹在胸。

③善用手掌的力量。每次与人寒暄时，先伸手与人相握，主动而先发制人，可传递出"事态进展由我控制"的信息。

④尽量扩展"个人地盘"。与人谈话时,设法将身体倚靠在属于对方的物件上,诸如对方的办公桌和文件柜。这种姿势虽然略显"霸道",但却有震慑对手的功效,同时显示自己有足够的信心去控制场面。

有两种姿势应尽量避免。一是切忌用手遮掩自己的口鼻,揉擦眼睛或抓耳挠腮。这是一个人缺乏自信及内心焦虑的"体态语";二是勿将双手交叠或交叉平放胸前,抚弄首饰或翻弄提包等小动作,这些举动会将一个人羞怯的内心暴露无遗。

## 技巧100:用微笑传递情感

笑,能传递愉快;笑,能打破僵局。相比较而言,会笑的人,在社会交往中,比那些严肃的人有更大的优势,更有利于促进人际关系的和谐和增进朋友之间的友谊。

在拥挤的餐厅,当你挨着一个陌生人坐下时,你很可能会首先冲他微微点头一笑,意思是说:"对不起,我只能坐在这里了,因为别处没空位。"在公共汽车上,你踩了别人一脚,你会立刻致以歉意的一笑,意思是:"实在对不起,我不是故意的,请你原谅!"当朋友把令他愉悦的事讲述给你时,纵然你当时心境不佳,但也会出于礼貌和友情而露出表示高兴的笑容;同样地,你正处于苦恼之中,但是,当你的上级领导出现在你面前时,你也很可能会赔上笑脸。

有个关于笑的故事流传甚广:

唐伯虎是明朝江南才子,秋香是华太师府上的丫鬟,他们的啼笑姻缘流传至今,不断被搬上舞台银幕,最主要的原因是秋香摄人魂魄的笑。

唐伯虎在去庙会的路上,遇上华夫人与秋香等众丫鬟也去上香,一个偶然的相遇，一个短暂的接触，使唐伯虎被秋香的回眸一笑魂牵梦绕。他放不下，忘不了，秋香的笑就像一个神奇的魔法师抓走了唐伯虎的灵魂一样，让唐伯虎乔装成乞丐寻机接近秋香，华夫人与秋香等众丫鬟在回府的路上，又遇唐伯虎前来乞讨，秋香并不知这乞丐就是大名鼎鼎的风流才子唐伯虎，她看这个乞丐憨态可笑，就充满爱心地施舍他两个馒头，并对他回头二笑。

秋香回头二笑，令唐伯虎神魂颠倒，他已经离不开秋香了，怎么才能接近秋香呢？他宁可卖身为奴，到华府做个奴才，也要与秋香在一起。

在华府门前，一身奴才打扮的唐伯虎向华府仆人请求把自己带到华府去。仆人要赶走唐伯虎，于是在华府门前，唐伯虎与华府仆人发生了争吵，秋香与众丫鬟出来观看，此时秋香又对唐伯虎回头三笑。

秋香之笑，使唐伯虎决心一定要进华府。华夫人得知这名身为奴才的人就是唐伯虎，于是百般阻挠唐伯虎进华府，唐伯虎施展才华，写诗作对，挥毫泼墨，最终赢得华太师的信任与喜爱，并把秋香嫁给了他。

唐伯虎才气过人，文字书画精湛超群，一表人才，风流倜傥，按常理，只有绝色佳人，才能被唐伯虎看上。而秋香只不过是个华府里的丫鬟，长得也不是多么出众，她是用什么方法迷住了这个大才子呢？这就是她的笑。

在笑的范畴内，人们最为推崇的就是"微笑"。你向对方微笑，对方也报以微笑，他用微笑告诉你：你让他体验了幸福感，使他觉得自己是一个受欢迎的人，所以他也会向你报以微笑。换言之，微笑可以使人体会到自己的价值和地位。

微笑能给人一种平易近人的印象。善于交际的人在人际交往中的第一个行为准则就是面带微笑。一个友好、真诚的微笑会传递给别人许多信息，能够使沟通在一个轻松的氛围中展开，可以消除由于陌生双方见面紧张所带来的交际障碍。同时，微笑也显示出你的自信——希望能够通过良好的沟通达到预期的目标。

人会笑，所以人有丰富的脸部体语。英语中有"读他人的脸"之说，汉语中有

"鉴貌辨色"一词。这都是说,我们可以识别他人面部表情的含义。笑会向我们传递以下信息:

①露出笑容以后随即收起,或把笑容突然收起,随即沉下脸来,说明此人比较深沉。

②停止露出笑容,是向对方表示无言警告。

③不置可否的微笑表示一种婉转的拒绝或进退两难的意思。

④与陌生人相遇或相撞时,露出微笑是为了向对方表示自己没有敌意。服务行业的从业人员脸上常带微笑,除表示没有敌意外,还进一步表示欢迎和友善的意思。

⑤哑然失笑是企图掩盖自己的内心失望,属一种自我解嘲的笑。咬嘴唇也可以传达同样的信息,但克制程度比哑然失笑强。

⑥社会地位高的人,笑容比地位低的人要少;而且前者比后者更少用非语言传播方式(即动作、手势和表情)来表达意思。

⑦女性比男性喜欢笑、容易笑,而且大部分伴随着语言信息的传递。

⑧女性和男性笑的意义不同:男性在掩饰自己的感情时,大多会露出微笑;女性常带笑容会被认为是缺乏自信、实力不足或有求于人。

⑨男性之间谈话时,微笑能弥补话题的中断或润滑两人之间的关系。女性之间谈话或男女之间谈话时,女性露出微笑,反而会使谈话中断。

⑩没有必要露出不高兴神情的场合,却做出不高兴的样子,是不愿被人发现其内心喜悦的意思,"假作嗔怒"就是在这种场合做出来的表情。它的对立面是"强作欢笑",用来掩饰自己内心的痛苦。此类"假作"或"强作"表情的秘密都可能被眼睛或瞳孔传达出来的信息所"揭穿"。因为一个人在高兴和喜爱的时候瞳孔会放大,眼睛就显得有神,反之就会现出眼光滞迟、暗淡的样子。

如何辨别笑的真假倒是一门很大的学问。真实的微笑,从肌肉的运动可以看出来,这种运动分为两组,一组是将嘴角往上牵动的颧骨肌,另一组是环绕眼睛的括约肌。由于大多数人不能自觉地牵动这些眼部肌肉，因此假笑者只能牵动嘴角，眼睛却是丝毫未动的。另外，假笑的人的笑脸还会出现不对称现象。感到悲哀的冷笑，可以从内向型人的脸孔看到，当他的努力变成泡沫或遭遇到挫折时，他就会垂下双肩幽幽地笑起来，这时的他已经进入"忧郁状态"。他陷入自闭的境地，即使有笑容也十分不自然。

## 技巧101：用眼泪感染对方

眼泪的语言不过是人们沟通情感的"方言"，是现实生活中感受较强的一种表现，也是人们情感沟通的桥梁。

探索哭泣在生理、社会和情感生活的不同功能时，我们会发现，流眼泪本是眼睛的一种生理反应，如今却成为人类的一种特性。我们在解释各种眼泪的意义时，必须有所超越，不再把流泪视为简单的反射行为，而需重视潜藏其中的情感。我们需要聆听的不只是眼泪的语言，还包括隐藏在泪水背后，渴望别人了解自己情感的需求。

在人类的行为当中，眼泪扮演着各色各样的角色，例如，让富有攻击性的人鸣鼓收兵。我们总是对眼泪可以突然改变互动情势的强烈力量感到惊讶不已。

一名男医生在医院斥责一名护士。站在一旁看到这幅景象的人，很明显地看出她愈来愈难过，这名医生却一点也没有注意，依然长篇大论地指责她。

突然，一滴眼泪从她眼中涌出，只是一滴而已，泪珠流下她的脸颊。这位医生一向都是摆足架势，这时却突然住口不言了。这滴眼泪清楚地传达出对方原本看不见的信息。男医生道歉后迅速地离开了。

对医生而言，这滴眼泪真有其他事物无法传达的意义。言辞无法说出的

事物,眼泪能够传达。哭泣是多种感情的一种自然表露的方式——喜悦和悲伤都会令我们哭泣。所以,当别人开始哭泣的时候,你应该递上纸巾,请求对话"暂停"。

哭,其实是一种学问。哭也有真假!古代历史上,像蹇叔哭秦师、申包胥哭秦廷,那是真哭;而像诸葛亮为周瑜吊孝,谋略的成分就要大于感情的自然流露了。

《三国演义》里,诸葛亮听说周瑜死了,便去凭吊周瑜,周瑜部将都要杀诸葛亮,因见赵云带剑相随,不敢下手。诸葛亮设祭物于灵前,亲自奠酒,跪于地下,边哭边读祭文:"呜呼公瑾,不幸夭亡!修短故天,人岂不伤?我心实痛,酹酒一觞;君其有灵,享我蒸尝!……想君当年,雄姿英发;哭君早逝,俯地流血。忠义之心,英灵之气;命终三纪,名垂百世,哀君情切,愁肠千结;惟我肝胆,悲无断绝。昊天昏暗,三军怆然;主为哀泣;友为泪涟……"

这一哭可谓是时惊四方、名垂千古。周瑜三气而命绝,当时,不去吊祭难弥蜀吴之裂痕;去了,不仅如何表白颇费思量,就是自家性命也有危险。诸葛亮长歌当哭,把萧萧杀气的灵堂变成为任其声泪纵横的情感表白之地,此举也促进与巩固了蜀吴联盟。

诸葛亮的哭,是他特殊外交手段的大方略。会哭而且哭得恰到好处,那才是既有人情味又有男子汉气概的大英雄。可见,哭不仅是一种特殊的语言,也是一门不浅的学问呢!

# 第 15 章
# 口讷木言，不生是非：沉默是为了更好地息争

孔子认为君子应"讷于言而敏于行"，这句话很有道理。"敏于行"值得发扬，与它相并列的一项修炼是"讷于言"，也就是我们现在所说的"心直但不能口快"。这里的"心直"是正直率真，胸怀坦荡；"不能口快"是说不能口无遮拦、想说就说。

## ▌ 技巧 102：明智的人慎重开口

人不可能不说话，但智慧的人认为，话不在于说多说少，而在于说得恰如其分、恰到好处。一味地迎合与奉承他人，只会给他人留下圆滑的印象。不讲究方式方法，不掌握策略分寸，定会造成"语言事故"。

卡莱尔有一句名言"雄辩是银，沉默是金"，与老子"知者不言，言者不知"的意思差不多，都是强调人要少说话。可是，既然沉默不言，怎么又说了出来呢？如果讲出来，岂不违犯了本意？如果不讲，又怎么能使人知道有这样的道理呢？这似乎是个悖论。

"沉默"不是要做哑巴，"不言"不是绝不开口，而是要掌握说话的分寸，力求简洁。老子和卡莱尔认为，喜欢夸夸其谈的人，其实懂的并不多，他们说的

甚至是些毫无道理的话，暴露了自己的浅薄无知，所以智慧的人是不愿意随便开口的。

生活中有矛盾本是常事，因言语不慎产生误会也是无可避免的，可是，"说者无心，听者有意"，有的人因激愤而不能让"误会"停止，以至矛盾升级，发展为争论、吵闹……所以更能体现一个人的修养的是"沉默"。正如老子所说："知者不言。"

人与人之间由于性格、修养、思维方式、生活方式等不尽相同，生出某些摩擦或冲突是难免的，愤怒情绪的出现也是可以理解的，但一定要控制怒火，不能使之太凶，否则会误事的，如《三国演义》中的张飞为造白袍责罚部下，结果被范疆、张达割了脑袋；刘备怒气难抑，率兵亲征，结果被东吴火烧连营。制怒并不是一件容易的事，它是一个人以宽广的胸怀和以大局为重的精神境界，而且还需要有强烈的自我控制意识。

发生矛盾后，可以"相逢一笑泯恩仇"。笑是表达和增进感情的重要方式，朋友、同事之间要善于以笑的力量感染对方，创造一种美好和谐的气氛，当然这种笑是满含深情的笑，是健康美好的笑，是"诚于中而形于外"的笑。在同级之间，相逢开口笑，有助于解决某些矛盾和分歧，因为笑是一种奇妙的语言，它既能表达敬意，也能表达歉意，还能表达谅解、宽恕等心意，笑对于缩小彼此心理距离，消除各种疑虑，增强团结与合作，具有不可替代的作用。

指责对方前，要三思而行，保持冷静。在生活中，"听风就是雨"，不仅伤害感情，影响团结，而且也会孤立自己，影响工作。因此不可视之为小事，而要认真对待。遇事三思而后行，多问几个为什么，时刻保持清醒的头脑。注意克服猜疑心理，尤其不能把道听途说的当作事实。据说，一次有人告诉苏格拉底一件事，对方刚开口，苏格拉底反问道："你要告诉我的话是真的吗？"对方回答："那倒不是，我听人说的。"苏格拉底又追问道："它是不是一件好事？如果我知道了是否能防止贻害他人？"对方的回答是否定的。这时，苏格拉底摇了摇头，说："那么好了，让我们把这件事忘掉吧！人生有那么多知道的事情了。"传闻不可信，是因为传话者喜欢添油加醋，与真正的事实脱离太远，甚至以讹传讹，造成诽谤和诬陷。所以对此应特别注意。

在解决这些纠葛和矛盾时，应本着顾全大局，维护团结的良好愿望，对一些无关紧要的小事，采取不予细究、委曲求全的态度，即使遇到一些需要辨清是非的"大事"，也要讲究方式方法，尽量做到心平气和，以理服人。这样做，随着问题的妥善解决，同级之间不但不会伤了和气，反而会在新的基础上，建立起更加牢固的团结关系。

在现实生活中，"知者不言"是处世的一个原则，至少以下三类话不能说：

①说话要分场合。"公私分明"是一条在任何时候都适用的规则。在办公室里不能乱说话，要说也只能说公事，莫谈私事。别人没兴趣会令自己扫兴；别人有兴趣可能会对自己更糟。有的人会抱着这样的心理：我只是了解别人的事，自己的事会守口如瓶。然而，如果你不开口打听别人的私事，自己的秘密就容易保住；不要以为议论别人没关系，谈上几个回合就会烧到自己头上！

②违纪泄密的话不说。小到单位大至国家，在一定时期一定范围内都有秘密，我们必须守口如瓶，不可泄露。某些人轻薄，无纪律性，就私下把机密"悄悄"说出去了，有可能被一些心术不正的人拿去作为谋利的敲门砖，给单位乃至国家造成严重损失。即使是诸如涉及人事变动的内部新闻，你也不必去向有关的人说出，万一中途有变，你如何去安抚别人呢？若为此闹出了矛盾谁负责呢？向亲友泄密，不是害人便是害己。你一片热心向他说了悄悄话，他可能认为这是泄露机密，于是，他当面批评、指责你，甚至状告你，你的体面何在？有些人并不喜欢听那些悄悄话，他不领你的情，这就没有意思了。所以，还是封锁感情，守口如瓶吧。

③悄悄话不披露。需知这世上有些人很怪，情投意合时无话不说，无情不表，一旦关系疏淡，稍有薄待，便反目成仇，无情无义，甚至添油加醋，不惜借此

陷害,从而达到其目的。殊不知,这些抖出悄悄话的人也要吃亏的。悄悄话大多是在两人之间传播,试问你一个人能够证明我有此一说吗?甚至对方出于愤怒会狠狠还击,像编小说一样编出你的悄悄话,将你置于有口难辩的境地,纵然是闹得两败俱伤,也不愿白白被你出卖。结果如何呢?你本是讨好卖乖,求名逐利,或发泄私愤,算计别人,不巧却被悄悄话所害。所以,假使你听了悄悄话,也没有必要往外抖。任何人在这个世上都有一片自由的天地,还是应讲究信义,以善良为本,何必让人反咬一口呢?

## 技巧 103:流言飞语,不怕也不传

有人的地方就有流言。1935 年 3 月 8 日,一代影后阮玲玉在人们的流言飞语中结束了自己年仅 25 岁的生命,含恨留下"人言可畏"的遗言,以此印证了"舌根底下压死人"的俗语。

对别人的流言,我们保持沉默。有时可听,但不可评,更不可传。你要知道,流言这次发生在别人身上,下次就可能发生在自己身上。你希望别人怎么对待你,也就应该怎么对待别人。

当听到别人说自己的流言时,你怎么办呢?有些人会一笑了之,该做什么继续做什么;而有的人却为此坐立不安,甚至神经衰弱彻夜难眠。传播流言的人喜欢看到的是后者。

最容易遭遇流言的,往往是事业上比较成功的人。他们为人所忌妒,由此而生出流言。最容易被流言击倒的,往往是那些不自信、敏感型的人,因为对自己缺乏信心,就会过分在意别人的评价。

听到关于自己的流言之后,你要想清楚几个问题——你能禁止别人的流言

吗?你能到处跟别人解释清楚吗?如果不能做到,那就任由别人去说吧。其实,没有什么流言能真正中伤你,关键还是看你自己怎样对待。

①不相信流言。戈培尔曾说过"谎言千遍成真理",流言的口口相传最终会让其可信度不断提升。战国时,魏国大夫庞恭就以"三人成虎"的故事来告诫魏王不要听信流言。闹市中出现老虎的概率有多大?微乎其微。然而许多人奔走相告时,相信流言的人就开始与日俱增,这就是心理学上的"熟悉效应",即大脑对反复接收到的信息容易产生积极的联想,比如"听起来很耳熟,这事假不了"。

②心宽大度,冷静对待。不要听了流言就暴跳如雷,大吵大闹,这些都于事无补。一味为自己辩解,可能会越描越黑。流言绝非空穴来风,要静下心来寻找一下源头,寻求解决之道。你越平静,越是不当一回事,传流言的人也就越觉无趣。没有了杀伤力,流言也就失去了流传的意义。

③找真心的好友,帮你共同解决,如果能够争取到你上司的支持的话,就更好了。因为很多情况下,你自己去跟人一一解释,一来说不清,二来人家也未必信。由旁人,你的同事、上司甚至下级帮你去澄清,往往会起到事半功倍的效果。如果你有实际证据来证明自己的清白,不要摆给不相干的同事看,要给要好的同事看,争取他们的信任和支持,再通过他们把事实摆给更多的人看。如果流言的性质比较严重,就要寻求单位相关部门的支持,公开澄清。

④自我反省。遭遇流言之后也要好好反问一下自己,流言是空穴来风,还是自己哪方面做得不够。如果真有什么自己不注意的地方,以后做事的时候要更加小心一些。

流言不仅破坏个人幸福,更可能成为社会信念大厦上的"蛀心虫"。流言最大的破坏性在于鼓动群体冲突和不信任,从而激化社会矛盾。

而另一方面,闲言碎语,甚至包括流言飞语,也有它有益的一面,我们要换角度看。首先,流言对可能发生的风险事件有一定预警作用。比如,有流言说自己的孩子结交了不良少年,那么这有助于你引导他远离不良圈子。另外,闲话还

是一种收集有用信息的方式,通过这种途径来收集信息,可以避免直截了当地尴尬询问。再者,只有朋友之间才会家长里短一番,从这个角度来看,一些流言还可能成为人们彼此联络的纽带。

身正不怕影子歪。时间会证明一切的。很多时候流言有粘连性,你不理会它还好些,你一理会它,它也就有了"真正的主人",不仅不能消止流言,反倒揽流言上身。流言犹如一只好斗的公鸡,只要你蔑视它,不和它硬斗,慢慢地它就没有劲头了。

## 技巧104:与人相处,不揭短

从某种意义上讲,"人活一张嘴"是有道理的。自古以来,多少人成,成于言;多少人败,败于言,所以管好嘴巴,是为人处世的关键。一个真正有智慧的人,应该说的时候就会直说,且既不失人也不失言。

三国时,西川刘璋见张鲁引兵来犯,十分惊慌,别驾张松进言说只要让曹操取了汉中,西川便能安全无虞。刘璋命张松为使,带着许多财物去许都。张松暗中画了一幅西川地图带着,把蜀中的山川险要、府库钱粮都画在上面,以便见机行事。

不料曹操见张松长相不佳,已有五分不喜欢,又见张松言语无礼,曹操认为"松有何能?"甩了袖子,便转入后堂去了。

曹操手下有一人叫杨修,见张松说话狂妄,遂与他辩论。后又取曹操写的《孟德新书》让张松看。张松说这书是战国一位不知姓名的人写的,蜀中小孩也能背诵,并当场一字不漏地背诵出来。杨修大惊,认为张松是个奇才。

杨修连忙见曹操,把刚才张松背诵《孟德新书》的事说了,曹操暗想道:"莫不是古人与我暗合？"便叫人把书烧了。次日，曹操与张松前去西校场看军容。曹操问张松，西川是否有这样的军队。张松说："我们没有这般军队，只知道以仁义待人。"并说："丞相在濮阳攻吕布，宛城战张绣，赤壁遇周郎，华容道逢关羽，割须弃袍于潼关，这些都算得上是无敌天下的功绩！"曹操见张松尽揭他的短处，下令乱棒将张松打出。

张松取道荆州回西川，以便探明刘备虚实，不料刚到荆州边界，便被赵云迎接到驿馆，关羽也前来设宴接风。张松深感刘备仁德宽厚。

第二天，刘备引孔明、庞统亲迎，设宴连饮三天。张松说他愿为内应，极力劝刘备取西川，并把所带的地图献给了刘备，还推荐好友法正、孟达给刘备，说他们可以委以重任。

张松与曹操"无缘"，两个人都有责任，你怠慢我，我伤害你，以致刘备捡了个大便宜。

现实中，为了不失人不失言，就要做到不随便伤人自尊。世间没有完人，凡人皆有他的短处，也有他的长处。在与人谈话中，要尽量避免谈论别人的短处；否则，不仅使别人的声望受损害，而且也足以表明你的为人。首先，不可在谈话中借机刺探别人的隐私；其次，不可知道别人的一点短处，便见人就宣扬。

宇宙之大，谈话的题材取之不尽，用之不竭，何必一定要把别人的短处当作话题？你所知道的关于别人的事情不一定可靠，若贸然把你所听到的宣扬出去，有可能会颠倒是非、混淆黑白。然而说出去的话收不回来，当事后完全了解真相时，你还能更正吗？

不论是有意还是无意，伤害他人的话都是不好的。故意的是卑鄙，无意的则是草率。传播伤害他人的流言，有时是出于忌妒、恶意，有时是为了揭示别人不知道的秘密来抬高自己的身价，这些都是不能令人容忍的事情。

在人们的谈话中，有百分之九十是闲聊，许多人闲聊的话题是议论和诽谤别人。多数人都觉得，谈话中如果少了品头论足，就会像掺了水的酒一样淡而无

味。人们最大的兴趣除了自己就是别人,这本身并没有什么错,因此,并不是要求你做到闭口不提其他人,但是,一旦你发现自己想要说些不愉快的事情时,就要"三思而后行"。

## 技巧105:绝对不要口无遮拦

说话直爽,常被人们当做一种优点,但在与同事交往中,却有这样一种现象,同样是直来直去的人,有的人处处受同事好评,而有的人却处处让同事生厌,不想与他多说一句话,一看见他就避开。直爽并不等于言语毫无顾忌。只图一时之快,不讲方式方法的说话极容易得罪人。

一位以主编身份出现在观众面前的某名人解释自己为何没有推出博客,竟然说:"我是一个不会撒谎的人,写博客不会撒谎就很可怕了。"

这番发言一经出口,一位博友就表示不满,指责对方说话欠考虑:"看看你做的广告,方便面真的那么好吃吗?世界本来就没有那么纯洁,可你非把自己标榜成真实的化身,怎能不让人反感?"

另一位网友在某论坛发文称:"撒谎的博客有,但真实记录自己人生的博客更多,你一下就把话说绝了。平凡的人写自己平凡的人生,草根有草根的娱乐,他们不需要撒谎。而明星写博客是为了扬名,当然需要撒点谎。"

结果此名人无言以对,非常尴尬。

可见说话口无遮拦,最后难堪的是自己。有的人讲话不分场合,比如批评别人,虽然心底坦荡,毫无恶意,但因为没考虑到场合,使被批评者下不了台,面子上过不去,一时难以接受。对方的自尊心被伤害了,当然会对你有意见。还有一种情况,平时说话时没有注意,触动了别人的短处或隐私,无意之中也得罪了人。

一旦知道因自己说话直爽而得罪了人，就要找机会真诚地向对方道歉，取得他的谅解。如果你是上班时在大家面前伤害了对方的自尊，你不妨在原来听到的人都在场的情况下，巧妙地以意思相反的话抵消前面自己说过的话，对方见你已经改正错误，自然会谅解你。

不过，如果你一向说话直爽，经常得罪人，你千万不要依靠道歉来取得别人的原谅，因为如果你经常伤害一个人，又经常向他道歉，他一定会认为你口是心非或是有意伤害他。

你不妨回过头来检查一下自己：是不是忽略了场合？说话方式是不是触及了别人的隐私？同样是提意见，为什么不以好的方式达到预期的效果呢？说话时先为对方着想，不要动辄以教训的口吻指责别人，要注意维护对方的尊严，这样，你就会成为一个受同事欢迎的直爽人，而不是喜欢乱说话的"臭嘴者"。另外，需要特别指出的是，不能在背后议论同事，即使是你的上司已主动开头说了。例如，某一天，上司突然问到你："你觉得小刘这个人怎么样？"这是关于人格、性情和品德的问题，如果回答，无疑是背后说人家的闲话了。

中国有句俗话："宁在人前骂人，不在人后说人。"意思是说，别人有缺点或不足之处，你可以当面指出，令他改正，但是千万别当面不说却背后乱说。这样的人，不仅会令被说者讨厌，同样也会令听说者讨厌。

"谁人背后无人说，谁人背后不说人。"这话虽然说得有些绝对，却也说明了一个道理，那就是，大多数人都多多少少地在背后说过别人，只是所说的是好话还是坏话的区别罢了。在背后说同事坏话的人，肯定没有好的人缘，因为他的话很容易就被传出去，他今天说这个同事不好，明天说那个同事不行，后天说某某无能，如此下去，谁都视他为专说别人坏话的家伙。凡是有些头脑的人，都会自然而然地这么想：这次你在我面前说小王的坏话，下次你就可能在小王或小张面前说我的坏话。因此，大家都不相信说别人坏话的人。这样一来，说人家坏话的人就可能会被当成"过街老鼠"，"人人喊打"了。

## 技巧106：多想想自己的“不对”

古代有个故事：阳朱到宋国去，住在旅店里。旅店主人有两个妾，其中一个漂亮，一个丑陋，可是长得丑陋的受到宠爱，而长得漂亮的却受到冷淡。阳朱问其缘故，年轻的店主回答："那个长得漂亮的自以为漂亮，但是我却不觉得她漂亮；那个长得丑陋的自以为丑陋，但是我却不觉得她丑陋。"阳朱转而对弟子说："弟子们记住！品行贤良但却不自以为具有了贤良的品行的人，到哪里去不会受到敬重和爱戴呢？"

是非往往是由偏见造成的，人们喜欢自以为是，以自己的观点去否定对方，而不设身处地地为对方着想。因此，圣人不走划分正误是非的道路，而是观察比照事物的本然，也就是顺着事物自身的情态。

中国台湾星云大师喜欢用故事开示人们，他曾讲过一个故事：

张家与李家是邻居，张家老是吵架，李家则是内外融洽。日子久了，张家很纳闷，就询问李家："为什么我们家天天吵架，永无宁日；为什么你们家一团和气，从来没有纠纷呢？"

李家的人说："因为你们家都是好人，所以总是吵架；我们家都是坏人，所以吵不起来。"

"这是什么意思？"

"比方说，有人打破了花瓶，你家的人都觉得自己没有错，错在别人，一味地指责别人的不是，自然就争执不休了。我们家的人怕伤害到家人，宁可先认错。打破花瓶的人马上道歉：'对不起！对不起！是我太不小心了。'对方也立刻自责：'不怪你！不怪你！都怪我把花瓶放在这里。'人人承认错在自己，关系自然就和谐了。"

星云大师说："好人坏人，老大老二，乃至一切的人际关系都是这样，退一步就海阔天空了。就好像五只手指争着做老大，争来争去也轮不到小指头，但是小指头也不用伤心，双手合十拜佛的时候，离佛离菩萨最近的就是小指头。"

一个人是否具有"豁达大度"之心胸并非小事，它不但关系到我们的工作、学习乃至生命和健康，而且还关系到自身事业的兴衰与成败。

我们生活在社会群体中，人与人之间发生矛盾、产生误解是常有的事。如何处理好这方面的问题，我们的祖先留下了许多闪光的思想和可供借鉴的经验。明代朱衮在《观微子》中说过："君子忍人所不能忍，容人所不能容，处人所不能处。"而在为人处世上动辄发怒使性子的人，最终毁掉的不仅仅是自己的风度，还包括自己的前途。

被人误解，不要太委屈，错的是别人，不是自己，相信事情终会真相大白。当我们做错了事免不了会受到责备时，先冷静下来，从自我意识中深刻反思，这样就不至于发生争吵。

## 技巧107：遇事不必相互争斗

在人际交往中，你的目的是使事情对自己有利，而不是为自己树敌。握手言和的方式常常可以减轻敌意，以免发生更激烈的冲突，造成两败俱伤的结局。

亚历山大·迈考尔·史密斯在一部书中写道，一个年轻人与一个盲人一起到山林中去打猎。他们到了一个可以设置陷阱的地方。盲人听从年轻人的建议，把陷阱设在一个鸟儿可能飞过来饮水的地方。年轻人则把他的陷阱设在不远处，并小心地掩盖它，以免鸟儿发觉。之后，他不耐烦地去掩盖盲人的陷阱，因为天气热，而他又急着回到新婚妻子身边。盲人以为年轻人已经帮他掩盖好陷阱，他不知道年轻人并没有这样做，鸟儿很可能会发现这儿有陷阱。

盲人有特殊的感知力，第二天还没有到达陷阱旁前，他就兴奋地告诉年轻

人，他们捕到了猎物。他说："我能听到鸟声，陷阱里有鸟儿。"年轻人先跑到自己的陷阱跟前，果然看到了一只小鸟。他把小鸟抓出来，放进随身携带的袋子里，然后他走向盲人的陷阱。

"有一只鸟儿在里面，"他对盲人说，"你也捕到了一只鸟儿。"年轻人突然忌妒起盲人，因为盲人捕到的鸟儿有着奇妙的颜色，仿佛它曾经飞过彩虹染上了彩虹的颜色。他想，这只鸟儿身上的羽毛，可以给新婚妻子做一份好礼物。

年轻人弯下腰，从陷阱里取出盲人的鸟儿，然后迅速换上自己的小鸟。他把小鸟交给盲人，而把那只彩色的鸟儿放进自己的袋子里。"这是你的鸟儿。"他对盲人说。

盲人接过小鸟，手指抚过小鸟的羽毛和胸膛，然后，他一言不发地把小鸟放进袋子里。

回家的路上，两个人停在一棵大树下休息。年轻人知道盲人很聪明，尽管他根本看不到任何东西。年轻人想起一个困扰他很久的问题，于是问道："为什么人们要互相争斗？"

盲人沉默了一会儿，然后抬起头，用一双看不见东西的眼睛望着前方。盲人平静地给出了答案："人们相互争斗，因为他们把你刚才对我所做的加之于彼此。"

听见这话，年轻人心里一震，羞愧地低下了头。他从地上拿起袋子，取出那只色彩艳丽的鸟儿，把它还给盲人。盲人拿着那只鸟儿，用他的手指触摸着它，笑了。

"你还有其他什么问题吗？"盲人问年轻人。

"是的，"年轻人说，"争斗之后，人们怎样才能成为朋友呢？"

盲人又笑了，他说："他们做了刚才你所做的。就这样，他们再次成为朋友。"

如果人总想着把好东西留给自己；总想自己比别人有权有势；总想自己不吃亏，吃了亏便从别人那里弥补；总不愿自己落后，落后了便拉住别人不让走，那么显然就会激化矛盾，引起争斗。

从前有位国王，他想把自己的国家治理得更强大，于是去请教住在森林中的一位隐士。

国王到达隐士家中的时候，隐士正在挖地。国王说出了自己的问题，可隐士并不回答。国王没有生气，他见隐士累得汗流浃背，反而也上前帮忙挖。天渐渐黑了，这时森林中来了一位受伤者，国王和隐士连忙将这人救起来，他们把他扶到隐士家中，为他清洗并包扎了伤口。

第二天受伤者醒来，十分感动，他对国王说："我本是准备在你回来的途中刺杀你的，因被你的士兵发现而受了伤。没想到反而被你所救，你是一个仁慈的国王，我希望能做你的朋友。"

国王十分高兴，带着刺客准备回王宫，这时他忍不住再次请教隐士治国的秘密。隐士这次回答道："你自己已经有了答案了。"

国王十分不解，隐士于是说："若不是你的仁慈，你就不会因为帮我挖地而延误时间，那么你就在归途中被刺客杀死了。若不是你的仁慈，你就不会救助受伤的刺客，那么他也不会如此轻易地归顺于你。可见，爱的力量是多么的强大。以爱为武器的国家无往不胜。"

人与人之间相处贵在和谐，如果谴责别人的小过失，揭发别人的隐私，念念不忘别人的旧恶，将使我们的心受到挟制。心眼狭小，更会造成自己与别人相处时的潜藏危机，为自己树立更多的敌人。相反，一个讲宽恕待人之人，心胸开阔、宽恕仁爱，他自身的修养不但臻于完美，与他人之间相处也是一团和气。没有敌人，灾害自然就不会降临到自己身上了。

## 技巧108：得理之后，也应沉默

人与人相处，难免有意见不合的时候，难免会发生纠纷。可人们总是习惯认为别人错，自己对，总是忍不住想问别人："为什么你就是不懂我的心呢？"

这种喜欢责怪别人的人，认为别人不能设身处地站在他的立场，他却很少想想自己有没有"设身处地"为别人想过。所谓"初念浅，转念深"，有时候，在行动之前，先转念思考一下，或许能让自己对事情有不一样的判断，继而能冷却心中的怒火，以平和有效的方式来解决问题。

唐代光禄卿王守和，从不与人发生争执，曾在书桌上写了一个很大的"忍"字，帷帐之中也绣了"忍"字。唐明皇认为王守和的姓氏和名字好像是诽谤当时的政治，于是召见他，问道："你的名字叫守和，已经知道你不喜欢争斗；现在又喜欢写'忍'字，更看出了你的用心所在。"王守和回答说："我听说坚硬的东西容易被折断，万事之中，以忍为先。"唐明皇称赞道："好。"并赏赐他锦帛以示表彰。

如果一个人处处好勇，占人上风，总有一天会遇到更厉害的角色，把自己逼到下风。所以爱占上风是一种不好的习惯，要改掉。

美国总统麦金利因为用人问题遭到一些人强烈反对。在一次国会会议上，有位议员当面粗野地讥骂他。他保持沉默，没有发作。等对方骂完了，他才用温和的口吻道："你现在怒气应该平和了吧，照理你是没有权力这样责问我的，但现在我仍然愿意详细解释给你听……"

麦金利的这种让人姿态，使那位议员羞红了脸，矛盾立即缓和下来。

试想，如果麦金利得理不让人，利用自己的职权和得理的优势，咄咄逼人进行反击的话，那对方是不会服气的。由此可见，当双方处于尖锐对抗状态时，得理者的忍让态度，能使对立情绪"降温"。下面介绍一些适时退让的方法。

### (1)给人台阶下

生活中常有一些人特别固执，很容易为一些小事情同别人争论，而且火药味浓烈。这时候,得理的一方应当有饶人的雅量,可以一面解释一面折中调和,最好使用不带刺激性的"各打五十大板"或者"你好我好"的语言形式,以避免冲突的扩大。

**(2)对蛮横者,不理睬**

面对蛮横无理者,得理者若只用以恶制恶的方式,常常会大上其当。这时候,平息风波的较好方式,莫过于沉默,表示不再说这件事了。有一个商场营业员,遇一个中年男子来退一个电饭锅。那锅已经用得半新半旧了,他却粗声粗气地说:"我用了一个多月就坏了,这是什么鸟货?你再给我换一个!"营业员耐心解释,他却大吼大嚷,并满口脏话:"我来了你就得给退,光卖不退算个鸟!"营业员虽然占理,但为了不使争吵继续下去,便不再理睬。那个粗暴的男人觉得无理无趣,终于停止了争吵,悄然离去。

**(3)表示"恍然大悟"**

有些时候,人和人之间的相互发火,是因为互不了解、有失沟通造成的。这时候得理的一方万万不可因对方的错怪而以怒制怒。如果能用解释、沟通、道歉、劝慰等方式也难以与对方达成谅解或共识的话,那么不如沉默一会儿后恍然大悟地说:"我太蠢了,原来是这回事啊。"对方就不会再吵了。

# 第16章
# 以心代言，贵在默契：沉默是为了更好地理解

有一种比语言更伟大的真理，那就是沉默。一切的含义都蕴涵在一个眼神、一个笑容，甚至一个表情中，这恰恰能表达我们最真实的意图。当你能表达沉默并读懂沉默时，已经参透了与人相处的最大秘密。

## 技巧109：做一个善解人意的人

默契需要善解人意，善解人意就会站在对方的角度去考虑事情，就会将关心寓于不言中，就会无声地做些有利于彼此的事情。

有一位表演大师上场前，他的弟子告诉他鞋带松了。大师点头致谢，蹲下来仔细系好。等到弟子转身后，又蹲下来将鞋带解松。有个旁观者看到了这一切，不解地问："大师，您为什么又要将鞋带解松呢？"

大师回答道："因为我饰演的是一位劳累的旅者，长途跋涉让他的鞋带松开，可以通过这个细节表现他的劳累憔悴。"

"那你为什么不直接告诉你的弟子呢？"

"他能细心地发现我的鞋带松了，并且热心地告诉我，我一定要保护他这种热情的积极性，及时地给他鼓励，至于为什么要将鞋带解松，将来会有更多的机会教他表演，可以下一次再说啊。"

善解人意不等于处处迎合对方，最重要的是尊重对方，考虑对方的心理承受能力，顾及对方的尊严和面子。能尽量用自己的心去体会对方的心，用自己的感觉去体会对方的感觉。人无法要求别人善解人意，但自己要努力做到善解人意。善解人意的最大的受惠者往往不是对方，而是我们自己。

朋友相处要善解人意，夫妻生活要善解人意，领导与下属之间也需要善解人意。拿公司来说，新进来的员工通常都是满腔热血，他们时常会针对公司的部分情况提出各种各样的意见，他们的初衷是好的，但是由于缺乏经验，或者认识不够，从而看法难免偏颇。作为公司的领导，即使知道你的员工提出的意见是错误的，但最好不要直接指出来，而应该感谢他，以后再寻找机会婉转地让他明白真相。如果你说话的态度和方法让对方难以接受的话，也许他就会和你对立，拒绝接受你所说的事实。如果员工的积极性受到挫伤，以后他再也不愿提出意见，没有了创新的精神和开拓的勇气，以后怎么在公司发展？

优秀的管理人员，是不会扼杀员工的积极进取之心的。在员工犯错误的情况下，一味责怪是不可取的，每个人都需要鼓励，有鼓励才能产生动力。管理者都应以一颗宽容的、善解人意的心来对待他的员工。

## 技巧 110：配合好，不在于说得多

在平时的工作中，要完成一项艰巨的任务或把工作做得更加完美，单靠个人的力量是远远不够的，必须充分发挥团队的作用。领导的指挥固然重要，但如果只是领导一人在上面喊破了嗓子，其他人在下面却不理解、不明白，那么也是

浪费精力。所以说,千言万语不如心灵的感召。那么,该如何做到与他人在工作中配合默契,心有灵犀一点通呢?

某公司经理和秘书去局里参加房改工作会议。开会时,经理不是说说笑笑,就是进进出出,很不认真。回本公司传达会议精神时,他只是照本宣科。当职工提出具体问题时,他语塞了,无法解说清楚,而有些地方他自己也没有理解。

此时,有人问起在场的秘书。面对十分尴尬的上司,秘书很巧妙地回答了员工,他不说经理没认真听,也不对问题作具体解释,而是说这些问题上面也没确定,待过几天去问问再作答复。其实,秘书是清楚的,只是为了照顾上司的面子而故意这样说的。事后,秘书就职工提出的问题一一向上司作了解释。

秘书这样的做法,虽然有点虚假的成分,但从配合的角度来说,却是完全必要的。工作本来就是相互配合、相互支持来完成的,他们之所以配合默契,主要原因有两点:首先,知道团结协作的重要性,况且一个人的精力是有限的,不可能将所有事情都做完美,所以需要其他人的协助;其次,大家各有优点和缺点,互相取长补短,弥补各自的不足,平时多了解和理解对方,关键时就会很默契地处理问题了。

总之,人与人配合默契,并非话说得多,而是相互信任,相互理解,相互忍让,相互沟通,并且勇于承担责任,有错必改。只有这样,才能充分发挥团队的作用,公司的未来才会更加美好。

# 技巧111：让对方心领神会

在工作中遇到一些不得不说、但又不便明说的棘手问题时，运用暗示法将是一种得体的选择。

①当下属出现不良苗头时，为了防患于未然而又保护其积极性，可运用类比式暗示法提醒点拨。

下属在工作中出现问题在所难免，领导者有责任及时给予指出，帮助纠正。对于处于苗头状态的问题，领导者既不能熟视无睹，也不能小题大做，此时可运用类比式暗示法进行说服。这样做，既可巧妙地点出问题，又可避免伤害下属的自尊心和挫伤他的积极性。

某机关一个很有才气的大学毕业生，因工作成绩突出而飘飘然，傲气十足，结果导致人际关系很紧张。

领导与之谈话时没有直接指出他的问题，而是谈了一件类似的事：说有位青年能力很强，又有钻劲，成果突出，就是太傲气，瞧不起人，周围的人对他很有看法，在一次民意测验时，他的得分最低。此结果一公布，对他打击很大，他感到灰溜溜的，坚决要求调走。

这位领导惋惜地说："本来是很有发展前途的一个青年，就因为太傲，不善于创造良好的生存环境，使自己的发展受到影响，真是太可惜了。"

这位领导运用了类比式暗示法对下属进行善意提醒。下属也从这番意味深长的话语中，听出了领导的话外音，受到启示，从此觉醒起来，努力克服缺点，改善人际关系，很快使自己成为一个受欢迎的人。

②当无法满足他人要求时，为了避免拒绝的尴尬，可运用关联式暗示法让对方心领神会。

领导者对于下属提出的困难，应在力所能及的情况下，给予积极帮助，但是，对于有违原则或力所不及的要求，则应该说"不"。此时，运用关联式暗示法，就可

以在不得罪人的情况下，使对方的期望值降低，或者打消其不切实际的念头。

在部队精简整编时，有一个军队干部不想转业，他去找自己的一位同乡兼领导，想通过他活动一下留下来。这位领导说："你可能也听说了吧？师政委的侄儿想留下，最后也没成功……"讲到这里，这个干部已经明白，自己的条件不过硬，留下的希望几乎是零。于是，他打消了再去找其他关系的念头。

这位领导并没有直接拒绝对方的请求，只是摆了客观情况和条件，暗示出问题的难度，使对方由此产生联想，做出判断，意会到最终结果。这样，既达到了拒绝的目的，也未影响双方的关系。

③当需要传递坏消息时，为防止不测，也可以运用半遮式暗示法减少刺激。

有时，领导们还会面临一些家庭事件，比如离婚、纠纷等。在处理这类事件时，最好采用半遮式暗示法，即有意不把问题和盘托出，而是半遮半露，说半截话，留下另一半让对方去思索和意会。

有个公务员和妻子关系不好，经常争吵，后来这个公务员决定与妻子离婚。妻子找对方单位领导做工作，希望维持家庭关系。单位领导多次做这个公务员的工作，但都无济于事。无奈之下，单位领导只得将此结果转告这位妻子。他说："我们尽了最大的努力，看来，他的心已经飞了……"对方听后，终于明白事情已经到了无可挽回的地步，她平静地接受了这个残酷的事实。

运用半遮式暗示法传递不幸信息，既能给人留下思索空间和思想转弯的过程，又能展现领导的同情心，显然是处理这类问题的上乘表达方式。暗示法在实际运用中应注意以下几个问题：

①暗示语的表面义与隐含义的联系要恰切。暗示语的表面义与隐含义要有相互联系，缺一不可，而且这种联系必须恰当。如果你的话语表面义与隐含义过于接近，则难以产生委婉达意的效果；如果表里意之间离得太远，就不能让对方产生联想，领悟暗示的真实意图。因此，在语言选择上要精心设计。

②运用暗示法要因人而异。暗示法是借助听者的理解与合作来实现的。如

果对方不合作，或心怀偏见，或充耳不闻，那么暗示内容就不可能为对方所接受或正确领悟。一般说来，暗示法对于自尊心强且有自省能力的人效果会好些；对疑心较重的人，就不一定适用，这类人心胸狭窄，可能曲解你委婉暗示的良苦用心，甚至以为你是含沙射影，指桑骂槐。

③运用暗示法要因事而异。只有问题清楚，表达的目的才能明确，才能达到预期的效果。如果你言不达意，对方不知就里，你的暗示语也就成为一堆废话了。

## 技巧112：工作中，不自怨自艾

我们常常听到这样的抱怨："我的工作太无趣了，天天看报纸、喝茶。简直就是浪费生命。""我的工作没有一点挑战性，天天如此，今天是昨天的重复，明天就是今天的重复，从这里就可以看到10年后的我。"发出如此抱怨的人总认为自己怀才不遇，认为自己太"聪明"了，然而，"聪明反被聪明误"，他们毫无作为，工作上没有任何出色之处。其实，在工作中，还是得踏踏实实地做点事，干出点实实在在的成绩，让成绩来为自己说话，毕竟成绩是任何人都抹杀不了的。

有两个很要好的朋友，一个叫许文华，一个叫程家明。他们大学毕业以后同时应聘到了一家IT公司，从事销售工作。他们虽然是好朋友，但性格迥然不同。

程家明言语不多，在公司上班时，把时间都用在上网收集资料和与客户电话沟通上，和同事谈的也大多是工作之事。相比之下，许文华则显得八面玲珑得多，似乎颇有人缘，夸女同事衣服好看，与男同事称兄道弟，更不忘抽时间陪部门经理搓搓麻将，他也因此了解到了不少的公司内幕，如某某是靠谁的关系进的公司，某某的奖金发了多少。许文华常点拨程家明，只有把与领导和同事的关

系搞好，工作才更好做。

随着时间的推移，程家明的销售业绩开始领先于许文华的业绩。同样提出的方案，大家对程家明的方案讨论得很详细，而对许文华的则往往是没有过多地注意。这让许文华很不平衡，心里有了情绪，工作也受到影响，他甚至已经开始考虑是否要跳槽。后来，公司进行人事改革，有一些岗位在全公司内公开竞聘，程家明报了名。许文华则对程家明说："报了也是白报！我们都是新人，参加竞选的人谁没有关系啊？怎么可能轮到我们呢？"经过积极筹备，程家明从12个竞争者中脱颖而出，成为区域技术销售部经理。总经理对程家明赞赏有加，他说："IT公司具有年轻化的特点，因此新人的晋升机会很大，程家明好学实干、工作能力出色，公司当然会给这样的优秀职员提供锻炼机会。"

程家明通过自己实实在在地工作，已经赢得了总经理和同事的认可，工作已经步入正轨，开始在公司担当重任。而许文华依然还在销售部原来的岗位上，比刚开始更多了几分牢骚和不满，经常自怨自艾。

在职场上，好口才固然重要，但更重要的是实干。公司人多嘴杂，容易传播流言，并且有的人并不喜欢夸夸其谈的人。你若少说多做，靠实力说话，必然会脱颖而出。

在工作中，首要任务是不断充实自己，对自己的工作精益求精，只要自己的工作能力提高了，还担心没有人赏识吗？

## 技巧113：对诽谤置之不理

人与人相处，有一点很重要，那就是彼此要信任，即使他人诽谤、离间，都拆不开你们友好的关系。

战国时，魏国的国君魏文侯打算发兵征伐中山国。有人向他推荐一位叫乐羊的人，说他文武双全，一定能攻下中山国。可是，又有人说，乐羊的儿子乐舒，如今正在中山国做大官，怕乐羊不肯下手。

后来，魏文侯了解到，乐羊曾经拒绝了儿子奉中山国君之命发出的邀请，还劝儿子不要与荒淫无道的中山国君为伍。魏文侯于是决定重用乐羊，派他带兵去征伐中山国。

乐羊带兵一直攻到中山国的都城，然后就按兵不动，只围不攻。几个月过去了，乐羊还是没有攻打，魏国的大臣们都议论纷纷，可是魏文侯不听他们的，只是不断地派人去慰劳乐羊。可是乐羊照旧按兵不动，他的部下西门豹忍不住询问乐羊为什么迟迟不发兵。乐羊说："我之所以只围不打，还宽限他们投降的日期，就是为了让中山国的百姓看出谁是谁非，这样我们才能真正收服民心，我才不是为了区区乐舒一个人考虑呢。"

又过了一个月，乐羊发动攻势，终于攻下了中山国的都城。乐羊留下西门豹，自己带兵回到魏国。

魏文侯亲自为乐羊接风洗尘，宴会完了之后，魏文侯送给乐羊一只箱子，让他拿回家去再打开。

乐羊回家后，第一件事就是打开箱子，原来里面全是自己攻打中山国时，大臣们诽谤自己的奏章。如果魏文侯没有自己的判断，听信了别人的话而沉不住气，中途对乐羊采取行动，那么后果可想而知。

乐羊见到这些诽谤信，只是一笑，他在前线时就料到会有人告他的黑状，并且知道魏文侯是不会相信的。

魏文侯相信乐羊，乐羊也相信魏文侯，这一对上下属都能把对方看清楚，所以无论相隔多远，不用交流，都知道彼此心里在想什么，要干什么，这可是建立在平时观察基础上的综合判断，否则，以惯常的眼光看问题，容易把事情搞砸，把人看扁，情急之下也会乱了方寸。众人皆醉我独醒，好眼力多是这样。

## 技巧114：上司的意图要了解

一个人工作能力强，能够独立地处理手中的难题，会提高自己在上司心目中的地位。但是，需要注意的是：自己所独立解决的问题，是在上司要你独立解决的前提下完成的。否则，自作主张，干得再好，也不会有好结果。做得不好，麻烦就更大了。

工作中，我们要做到认真对待上司的要求，不论上司的要求在你的眼里是多么容易达成，多么不足以让你展示自己的能力，都要把它当成上司对你的考验及你积累经验的必要途径。对所有的工作都要尽心尽力，力求把简单的事情做到完美，把复杂的事情做到出色。深信上司的要求是有道理的，体会上司的思想，从上司的言行等方面加强对上司的了解，力争与上司的思想同步，这样才能让上司尽快信任和重用你！既然你是一块金子，无论放到哪儿，都要让自己闪光，让你的才能为大家所发现，让你的上司为你这个人才骄傲，这时你就前途无量了。

爱若和布若差不多同时受雇于一家杂货商店，开始时大家都一样，都是学徒。可不久爱若受到杂货店老板的青睐，被委以重任。布若却像被人遗忘了一般，依然还是打杂的。终于有一天布若忍无可忍，向杂货店老板提出异议并痛斥杂货店老板的不公平。杂货店老板耐心地听着，他了解这个小伙子，工作肯吃苦，但似乎缺点什么，缺什么呢？他忽然有了个主意。"布若先生，"杂货店老板说，"请你马上到集市上去，看看今天有什么卖的。"

布若很快从集市回来说，刚才集市上只有一个农民拉了车土豆卖。

"一车大约有多少袋，多少斤？"杂货店老板问。布若又跑去，回来说有10袋。

"价格多少？"老板问。

布若再次跑到集上。杂货店老板望着跑得气喘吁吁的他说："请休息一会儿吧，你可以看看爱若是怎么做的。"说完叫来爱若对他说："爱若先生，请你马上到集市上去，看看今天有什么卖的。"

爱若很快从集市回来了，汇报说到现在为止只有一个农民在卖土豆，有10袋，价格适中，质量很好，他带回几个让经理看。这个农民过一会儿还将弄几筐西红柿上市，据他看价格还公道，可以进一些货。这种价格的西红柿杂货店老板可能会要，所以他不仅带回了几个西红柿作样品，而且还把那个农民也带来了，他现在正在外面等回话呢。

杂货店老板看了一眼红了脸的布若，说："请他进来。"

爱若心明眼亮，善于领会老板的意图。老板喜欢他，及时给他加工资是对的。与上司共事，最关键的是领会上司意图，这样你才能真正辅助上司，做好自己的工作。上司的意图通常会以三种方式表现出来，一是明说，二是暗示，三是没有任何表示，全凭你自己的悟性和揣摩。

明说的意图好办，除非话里有话，或者口是心非，否则很容易理解。上司一旦口是心非，要么是他还未考虑成熟，只是在本能地自言自语；要么就是他另有隐情或尴尬，不得不如此掩饰；要么就是他有意混淆别人的判断，为着引诱或套取别人的看法。总之，上司言不达意一定有其道理，凭你对上司的了解，应该能够辨别上司的意图所在。

处事果断的上司，大多会用明说而不是暗示的方式来清楚地表明自己的

意图;而喜欢暗示的上司,如果不是因为处事谨慎,那一定是比较讲究策略。

没有任何表示,其实也是一种态度——捉摸不定,犹豫不决,左右为难。有些城府和自制力的上司往往会在表面上不露声色,让你难以察觉他内心的状态。这样的上司,说句实话,比较难以配合与服务,因为你的聪明过头与反应过慢,都会导致他对你的不满。

其实,领会上司的意图有以下几种有效的方法可以借鉴:

一是察言观色。无论表演天分多高,人的眼神、表情及肢体语言也总会在不经意间暴露出他的内心变化。长期跟随上司,只要稍微长个心眼,用些心思,就能很容易记住并识别上司一些非常有特征的表情及动作,从中作出相应的判断。

二是听话听声。上司说话时的用词、声音、语调、口吻、节奏,甚至隐藏其中微妙的感觉,其实都在传递一种特定的信息。你的听话能力和辨别能力,就是能在各种语言状态中抓住要点,抓住其中真正的潜台词,因为很多时候,上司说出来的话并非完全是他的真实想法。

上司直接交代的都是明示性意图,即在正常情况下明确表达的想法,这种领会比较容易和简单,你照办就是。

上司间接交代的都是非确定性意图,即在言谈举止中流露出来,或是通过暗示的方式表现出来,甚至什么也不表示,但意图却很明显。在这种情况下,你就必须综合自己对上司一贯的为人处世习惯的了解,以及对当时当地特定状态的判别,感悟并领会上司的真实意图,包容及消化上司的真实意图,就此作出准确有效的处理。

领会了上司真实意图之后,你有三种选择,一是直接挑明,请求上司确认;二是心照不宣,按照理解执行;三是婉转暗示,诱导上司明示。

至于究竟采用什么方式,主要视你与上司的共事习惯而定,尤其是根据上司的感受和做事风格决定。和上司对这种默契进行事先的约法三章是不可能的,关键在于自己的用心。

对于领会上司意图,应注意防止和纠正以下问题:

第一,不能一知半解。在接受任务时,有的人实际上并没有真正弄清上司的本意,但怕上司说自己理解能力弱、工作能力差,担心在上司那里留下不好的印象,不敢向上司询问明白,更不敢提"为什么",而违心地回答"明白"、"是"。由于授意模糊不清,理解起来往往陷入困境,甚至"卡壳"。有时之所以"出力不讨好",甚至让上司生气,出现落实结果与上司意图"南辕北辙"的难堪局面,很重要的原因就是一开始并没有完整准确地领会上司意图。

第二,不能生搬硬套。有的在理解上司意图时,习惯于照话直录,机械套搬,从表面上孤立地去理解,也有的拘泥于只言片语,片面咬文嚼字。由于理解不全面、不系统,缺乏连贯思维和综合思考,往往只能依葫芦画瓢,挖掘不出深层次的东西,只能生产出"半成品"。要创造性地领会好上司意图,就要努力提高思维层次,拓宽思维渠道,善于集思广益,不断积累学习,否则就难以向上司交上满意答卷。

第三,不能唯命是从。有的人在理解上司意图时缺乏正确分析和深思熟虑,有顺风倒的现象,把自己放在被动的位置,上司说什么是什么,建议不敢提,问题不敢指,见解不敢说。表面上看是对上司负责,实际上是对上司的不负责。所以,正确的做法是,在上司没有改变意图时,绝不能消极怠工,但也不能不负责地一味照办。

第四,不能固执己见。有的人在领会上司意图时,喜欢用自己的"口味"取舍,把自己的意志强加于上司身上。更有甚者,有的人自视自己水平高、能力强,对上司意图你按你的想法说,我按我的想法办,那就更不对了。当自己的观点与上司意图有分歧时,最好适时提出有理有据的建议,供上司参考,最后还得由上司定夺,不能先斩后奏,喧宾夺主,更不能我行我素,固执己见。

# 第 17 章
## 等待时机，以静制动：沉默是为了更好地博弈

老子说："重为轻根，静为躁君。"人在沉默冷静的时候，思维更活跃，思路更清晰，所以与其当面锣对面鼓地干，不如在沉默中等待时机，选择最有力的方式，然后在"沉默中爆发"。当自己处于被动不利的位置时，保持沉默实际上就是保护自己。

## 技巧 115：利用沉默，表达抗拒

在工作和生活中，如果遇到某些不愿牵扯进去或者感到无能为力的事情，不如利用沉默来表达自己的抗拒，其实这也不失为一种好方法。

某位明星被曝光与一社会名流正在谈恋爱，一时之间，娱乐圈中掀起轩然大波，各家媒体纷纷想尽办法前去挖掘事件内幕，但是，在面对记者们的疯狂追问时，当事人却泰然自若，三缄其口，不动声色，经纪公司也保持沉默，表示对此一无所知。于是，几周甚至几天之后，此事件便不了了之。显然，沉默是明星们拒绝绯闻的最佳方法。

当你觉得语言不能辩白，当你面对蛮横无理之时，沉默是最好的选择，也是最心痛的抗拒。甚至咬紧牙关，连"不"字都不说，因为说"不"，对于被拒绝的一方来说，意味着完成某件事情的希望又少了几分，如果他十分渴望实现自己的目标，必定会想方设法用自己的理由来说服你不要拒绝。

尽管你可以告诉别人恰当的理由，给他指明另外的道路，但如果对方仍旧死不放手，依然不愿就这样被你拒绝，那么势必会与你展开争论。无论争论的结果怎样，对说"不"的一方来说，都是有弊而无利的。即使通过讨论或争论，最终得到的共识依旧是拒绝，你终究已经浪费了大量精力在这件事上，这与你躲避不必要的麻烦、完成应该做的事情的原则不相符。而且如果你稍微心软一些，在对方咄咄逼人的攻势之下，不慎掉入不得不接受的陷阱，那可就亏大了！

例如，当某位银行业务员向你推销他们发行的信用卡时，如果你对此没有兴趣，表示拒绝的回答是："对不起，我已经办了好几张卡了，所以不需要。"那么对方则可能抓住你回答中的弱点进行反击："是吗？那您每天带着好几张卡出门，一定觉得很不方便吧！"

"还好啦！"你的回答通常会是这样，而这就让推销员更有机会深入话题，"其实您完全可以把这些卡丢掉，因为只要您办了我们银行新推出的信用卡，只需要一张就能够走遍全国，甚至在全球八百四十五个城市都可以随时享受我们优质的服务。因为这个月是推广月，现在办的话还可以享受免年费的优惠以及赠品……"

怎么办？原本是想拒绝对方，却因为对方语言功夫厉害而变得难以拒绝。更有意思的是，自己拒绝的理由，反而为他进一步推广自己的产品做了铺垫。无论最终我们是否办了他们银行的信用卡，被对方打扰到已经是无法挽回的事实。

如果你觉得有求于己的人是辩论高手，或自己不够狠，很可能随时动摇，那么最好的应付方法就是，以沉默的态度来拒绝对方。因为没有了回应，再厉害的人也无法抓住语言中的弱点来顺势进攻。

当你遇到类似上述的情况，或在购物时，任凭对方舌灿莲花吹嘘他的产品，

我们都不予理会,在这种缺乏反应的状态下,不消几分钟,对方的语言就已经接近匮乏。而且由于得不到预期中的响应,他们的气势和信心也会逐渐降低,直到彻底放弃。

不过,沉默的拒绝并不是万灵丹,如果对方的行为、语言的目的就是要让你沉默,这时你恰巧沉默以对,反而会助长对方的气势。如,当有人侵犯你的正当权益,如性骚扰、无端扣工资以及欺压等,对方当然希望你不要有所反应。这时沉默的拒绝便不再可行,正确的做法,是尽一切努力让对方明白,自己对此相当不满,而且会采取自我保护手段,进行坚决抵抗。

# 技巧 116:智者拙于言谈

"智者拙于言谈,善谈者罕是智者。"当你保持沉默时,对方会由于不知道你的底牌而感到无穷的压力,这时,他的意志将受到动摇,甚至不战自溃。

东汉建安六年(公元 201 年),司马懿被郡政府举为上计掾,这时曹操任司空,他知道司马懿的名声,决定请他做官。但司马懿见汉朝衰微,曹氏专权,没有同意,推辞说身患风痹,不能起居,加以拒绝。

曹操马上怀疑司马懿是借故推辞,叫他当官他不当,这是对自己的不敬,曹操很是恼怒,马上派人扮作刺客,去验证司马懿是否真有风痹。刺客于夜深人静时,穿墙越屋来到司马懿的寝室,他手挥寒光闪闪的利剑,刺向司马懿。警觉的司马懿察知刺客到来,立即悟到这是曹操所派来验察他的病情的,于是将计就计,装着风痹病重的样子,毅然放弃了一切逃生、自卫和反抗的努力,卧床不动,任刺客所为。刺客见状,认定是真风痹无疑,收起利剑,扬长而去了。

尽管曹操诡诈无比,但还是被司马懿蒙混过去,逃避了曹氏辟征,也逃避了因不受辟将受到的迫害。他的这一做法是一般人难以做到的，需要有对对方来头和用意的准确判断，需要在变化的仓促间生出当机立断的决策，又需要有面对利刃将生死置之度外的勇敢精神。

曹髦即位后，司马懿和曹爽同执朝政。司马懿是三朝元老，曾为曹家立过不少功勋，势力很大，羽翼众多，此次受托孤之恩，其势可谓举足轻重。

曹爽是曹真的儿子，因皇亲国戚关系，自幼出入宫廷，很得魏明帝宠幸。他蓄养的门客有五百多人，何晏、邓扬、李胜、丁谧、毕范、桓范等六人为智囊团，成立小组，参与机密事。

一天，在商谈间，何晏对曹爽说："主公今日手握军政大权，正是施展抱负的时候，只可惜目前多了一重掣肘，无法专意推行，如不及时巩固势力的话，万一发生困难，不免噬脐莫及了。"

曹爽已知其话里意思，却说："司马公和我同受先帝之托，断不可以令他难过的。"

何晏打蛇随棍上，进一步挑拨说："不想想令先翁（即曹真）当年是给这老头气死的吗？"

曹爽一听，猛然醒悟，心想司马懿既容不得我父亲，岂会放我在眼内？于是立即深入讨论，参谋会议一结束，曹爽便马上入宫去，奏知魏明帝，先把司马懿大赞一番，什么德高望重，老成练达，最后奏请把司马懿调做太傅。

按当时编制，太傅是掌理文官的，位于三公之列，太尉才是执掌兵权的。曹爽此计是把司马懿明升暗降，剥夺了他的兵权。

魏明帝准奏之后，将兵权尽赐予曹爽。曹爽立即换将领，委任自己的弟弟曹义为中领军，曹训为武卫将军，曹彦为散骑常侍，各管3000御林军，随便出入禁宫；又任用智囊团何晏、邓扬、丁谧为尚书，毕范为司隶尉，李胜为河南尹。军政大权尽在曹爽控制之下。司马懿见此情形，只好推病不出，在家闲闷，两子司马师、司马昭就没有事做。

曹爽骄横专权，气焰不可一世，连明帝都不放在眼内了。适值李胜升调为荆州刺史，便叫他去司马懿处辞行，探听虚实。司马懿知道曹爽的人来访，便对两个儿子说："这是曹爽要来打探我的动静，你们且回避。"然后去冠散发，拥被坐在床上，诈作重病，叫侍女搀扶着，然后请李胜入见。

李胜行过礼，关切地问："多日未见太傅，不曾想病成这样，在下即将调任荆州刺史，特来向您老人家辞行。"

司马懿有气无力地说："哦，到并州啊，并州靠近北方，一路务必要小心啊！"李胜连忙纠正道："在下是前往荆州任职，不是并州。"

司马懿如梦初醒般笑着问："大人不是从并州来的吗？"李胜心里暗暗好笑，原来这老头儿居然病成这样，都病聋了，便吩咐左右拿来纸笔，手写给司马懿看。

司马懿这才弄明白，自嘲地笑言："不想耳都病聋了！"说完手指指口，侍女即上前喂汤水，司马懿颤巍巍用口去饮，噎在喉中又喷出，弄得满床汤汁，好半天才缓过气来。司马懿气喘吁吁地嘱托李胜："我已经老了，病得又不轻，恐怕活不了几天了，我的几个孩子不成器，希望先生好好训导他们，如果见了曹大将军，千万请他关照！"说完躺倒在床，气喘不停。

李胜将见面情况报告给曹爽，曹爽大喜，得意地说："这老东西如果死去，我也就放心了。"从此不再将司马懿放在心上，更加肆无忌惮地专横弄权。

司马懿召来两个儿子，如此这般吩咐了一番，说："这回曹爽一定会对我彻底放心，只要等他出城狩猎时，伺机给他点颜色看看。"

没过多久，皇帝出城拜祭先祖，由曹爽护驾。司马懿马上率领昔日旧部和家将，占领了武器库，挟持了太后，要求铲除曹爽羽翼，然后飞马传报曹爽，声称只要交出兵权，不会加害于他。曹爽及其党羽全被处斩，司马懿全面掌握了曹魏的军政大权。

司马懿老谋深算，对形势了如指掌，他料定自己下野后曹爽必来相请，到那时，他一可打击曹爽的气焰，二可树立自己的威望；而一旦他被释兵权后，就什么事都不闻不问，以麻痹曹爽。

凡是成大事者，均有识时务、谋深计、擅长蛰伏的功夫。《智慧书》云："胸中要有潜藏隐秘的城府，巨大的空间和微小的沟壑可让重要事情沉淀深藏。含蓄来自于自我控制，能够缄默方为真正的胜利。明慎处世的关键在于内心之平和节制。当有人摸透你的心思，冒犯你的意图控制你，或设置圈套，使最精明的人也泄露秘密，你沉淀深藏的东西便受到威胁。要做之事莫讲出，说出的话比照做。"

## 技巧117：要有蛰伏的耐力

那些高明的谈判者，都善于运用沉默来使结果变得对自己有利。他们深知，大多数人总是讨厌沉默，而试图以语言或其他信息来填补它——这正有其可利用之处。

高明的谈判者知道，除了针锋相对的雄辩，还有沉默不语的"冷战"。当然，若双方都是保持沉默，势必无法从对方那里引出大量的资料。谈判高手会在不得不说的时候才打破沉默，结束"冷战"。相对地，谈判劣手往往缺乏"冷战"的耐力，忍不住以争辩或游说来填补这难堪的沉寂。如此一来，就会让自己处于劣势。两个善于"冷战"的超级人物相遇，一定是场好戏，他们比拼的是耐力。

诸葛亮因错用马谡而失掉战略要地——街亭，司马懿乘势引大军15万向诸葛亮所在的西城蜂拥而来。当时，诸葛亮身边没有大将，只有一班文官，所带领的五千军队，也有一半运粮草去了，只剩两千多名士兵在城里。众人听到司马懿带兵前来的消息都大惊失色。诸葛亮登上城楼观望后，对众人说："大家不要

惊慌,我略用计策,便可教司马懿退兵。"

于是,诸葛亮传令,把所有的旌旗都藏起来,士兵原地不动,如果有私自外出以及大声喧哗的,立即斩首。又命令士兵把四个城门打开,每个城门之上派20名士兵扮成百姓模样,洒水扫街。诸葛亮自己披上鹤氅,戴上高高的纶巾,领着两个小书童,带上一张琴,到城上望敌楼前凭栏坐下,燃起香,然后慢慢弹起琴来。

司马懿的先头部队到达城下,见了这种气势,都不敢轻易入城,便急忙返回报告司马懿。司马懿听后,笑着说:"这怎么可能呢?"于是便令三军停下,自己飞马前去观看。离城不远,他果然看见诸葛亮端坐在城楼上,笑容可掬,正在焚香弹琴。左面一个书童,手捧宝剑;右面也有一个书童,手里拿着拂尘。城门内外,20多个百姓在低头洒扫,旁若无人。司马懿看后,疑惑不已。他的二子司马昭说:"莫非是诸葛亮家中无兵,所以故意弄出这个样子来?"司马懿说:"诸葛亮一生谨慎,不曾冒险。现在城门大开,里面必有埋伏,我军如果进去,正好中了他们的计,还是快快撤退吧!"于是各路兵马都退了回去。

沉默与沉默相撞,照样撞击出精彩的火花。空城计,是沉默的较量。诸葛亮与司马懿,这两个凭智力吃饭的人,在此之前,他们彼此是非常了解的,如性格、修养、爱好、经验等。这为他们战胜对方增加了难度,而现场如何抓住空当,利用对方眨眼的一瞬攻破对方的精神防线,就变得最为重要。

诸葛亮以静制动,他的手临时起到了"语言"的作用——他与司马懿对峙着,古筝飘荡出悠扬的音符,这是他的智慧与勇气,还有孤注一掷的赌注。"此曲只应天上有,人间能有几回闻?"那一刻,老司马不能不选择稳妥的办法,只得下令撤退!

# 技巧118:冷静中悄悄酝酿

形式上的静止与沉默,并不代表思考的停滞。其实正相反,深邃的思想,正是来源于那看似沉默的思考过程。沉默并不等于无言,它是一种积蓄、酝酿,最后爆发的过程。就如同拉弓蓄力,为的是箭发后能铮铮有力,直达目标。

有的人喜欢夸夸其谈,将并不成熟的思想过早地说出来。这就导致他失去了进一步思考、提高自身的机会,使本来可能很有价值的想法,随口溜走了。而对于听者,由于说者的滔滔不绝,很容易忽略了其谈话的重点及思想的核心,只不过是随便一听罢了。

还有的人,因为说话前缺少足够的思考和语言的组织,造成言不达意或逻辑不清,反而影响了感情的交流,真是欲速则不达。思想需要语言的表达,而语言的形成需要经过冷静思考和反复推敲润色的过程。

战国时,楚庄王即位三年,没有发布一条法令。伍举问他:"一只大鸟落在山丘上,三年来不飞不叫,沉默无声,为何?"

楚庄王答道:"三年不展翅,是要使翅膀长大;沉默无声,是要观察、思考与准备。虽不飞,飞必冲天;虽不鸣,鸣必惊人!"

第四年,楚庄王发布了九条法令,废除了十项措施,处死了数百人,选拔了数百人。于是国家昌盛,天下归服。

楚庄王不做没有把握的事,不过早暴露自己的意图,所以能成就大功绩。这正是"不鸣则已,一鸣惊人"!

《周易》说:"扎紧口袋,不说也不动,这样虽得不到称赞,但也免遭祸患。"老子说:"国之利器不可示人。"《淮南子》中说:"藏无形,行无迹。"周文王为讨伐商纣,做了充分的准备,并把保密工作做得很好。他认为君子应有预见性,在不利的情况下,一味前往必招致危险。

在伐纣前,周文王选用了很多能人做文臣武将。有一次,周文王去打猎,在

渭水边看见一位老人坐在岸边钓鱼,老人自言自语地说:"鱼儿鱼儿,愿意上钩的快快上钩来呀!"

周文王觉得奇怪,就和老人攀谈起来。原来这位老人姓姜,名尚,字子牙,是个学问渊博、精通兵法的能人。周文王十分高兴,请姜尚与他合作,为周出力。

姜尚笑着说:"我在这里钓鱼,就是在等像您一样的贤明君主,共图灭商大事的。"

周文王请姜尚和自己共坐一辆车,他说:"我父亲在世时,就盼望着找一位像您一样的人帮助我,您就是我父亲太公盼望的人。"从此,人们称姜尚为太公望,后来就把"望"字省掉,叫他姜太公了。

姜子牙与周文王商讨伐商的计谋时,说:"鸷鸟将击,卑飞敛翼;猛兽将搏,弭耳俯伏;圣人将动,必有愚色。"这句话的意思是,以曲求伸,以退图进,以韬晦之术,解除纣的戒备之心,等待有利时机,再做关键性的一搏。

周文王完全接受了姜尚这一韬略,并运用得十分自如。比如,他对纣表现出十分恭顺的样子,事事照办,句句服从,俯首听命,并率西部诸侯卑身朝觐,频频进贡。对纣所施用的"炮烙"之刑,文王和其他诸侯都恨之入骨,但文王不是当面奏请废除此刑,而是主动献出洛西之地,以此为条件,请纣除去"炮烙"之刑,既达到了废除"烙刑"之目的,赢得了民心,又使纣进一步丧失对文王的警惕心。为进一步蒙蔽纣王,文王还大造舆论和假象,表现出胸无大志,并伴装沉沦之态,"为玉门,筑灵台,列侍女,撞钟击鼓"。纣王闻之,感到更加放心,专力用兵东夷,认为"西伯改过易行,吾无忧矣",并委以处理西部事务的权力,"赐弓斧钺,使得征伐"。

冷静中不声张自己的行动,一方面使纣失去戒备,文王获得了更大的权力和更高的地位;另一方面,文王也赢得了积蓄力量、做好战争准备的时间,最终一举推翻了商纣。

冷静沉默中蕴藏着韬光养晦之术,会使对方失去戒备。这样一来,对方被麻痹了，而自己赢得了悄悄发展势力的时机，最后双方力量会发生根本的变化，弱方可能变强方，劣势的可能变成强势的，一切变得有利于自己，才能实现最终目标。

## 技巧119：冲动最易丧失"根本"

自然界的植物，不管是大树还是小草，根都要稳定，根深而本固。枝叶茎秆随着自然的风向八方摇晃，若遇到狂风暴雨还会折断茎秆、倒毁枝叶，其实这就是大自然给我们的启示：根本不能动！

可是，有的人往往不懂得这个道理，他们不善于冷静，不懂得沉默也是一种战斗力。有一种极易犯急躁毛病的人，他们敢于与对手面对面，明枪真刀地干，认为凭着勇气就能胜过人家。可一旦对手回避其锋芒，采取迂回战术，他们就没有办法了。

关羽为人仁义忠厚，并且武艺高强，这是他的优点，可是他也有清高傲气、听不进下属忠言的缺点，以至于大意失荆州、父子双双败走麦城丢了性命。当这个消息传到阆中，张飞得知结义兄长关羽被害，日夜痛哭。张飞甚爱饮酒，许多将士纷纷以酒劝解，醉酒后，他的怒火烧得更旺，对手下的兵士，稍有过失他就拳打脚踢，兵士受伤轻则残废，重则死亡。刘备知道后，劝他宽厚一些，否则早晚必惹祸上身。张飞却充耳不闻。

一日，张飞令军中三日内置办白旗白甲，全体军士四日后挂孝攻吴。第二天，将领范疆、张达二人进帐禀报：如果三军皆挂孝，数量太多，一时难以备齐，须宽限几日。张飞大怒道："我急着报仇恨，恨不得明天就进军东吴，你们竟敢违令，罪不可赦。"当即下令鞭打二人50军棍。打完之后，张飞手指二人说："白旗

白甲明天全部交上，不然，将你们斩首示众。"两人回营后，范疆说："今日受了刑罚，如何筹办白旗白甲？张飞性暴如火，明天若交不出货，你我都会被杀。"张达沉思片刻，说："与其他杀我，不如我杀他。"范疆说："只有这样了。"当天晚上，张飞又喝得酩酊大醉，躺在帐中呼呼大睡。初更时分，范疆、张达二人各怀利刃潜入帐中，将张飞杀死后，逃到东吴去了。张飞由于"急躁"而失"根本"，到死都不知道自己死于何人之手。

刘备由于接连失去了两位结拜兄弟，他也控制不住自己的情感，犯下了轻举妄动的毛病。刘备为了给关羽、张飞报仇，兴百万之师讨伐东吴。孙权听从阚泽之言，起用陆逊为主将，统率三军抗刘。当此消息传来，刘备问陆逊是谁？马良说是东吴的一位书生，年轻有为，袭荆州便是采用了他的计谋。刘备大怒，非要擒杀陆逊为关、张二弟报仇。马良劝谏道："陆逊有周瑜之才，不可轻敌。"刘备却嗤笑道："朕用兵老矣，岂不如一黄口孺子耶？"而最终的结果是，陆逊用计火烧连营八百里，打败了刘备。

刘、关、张三人，由于不能控制自己的情感，意气用事，导致了他们的"根本"动摇了。真正有智慧的人，遇事冷静，而不是轻浮躁动。如果在极端的无边的欲望驱使下，违背规律，轻举妄动，最终必将丢失根本，丧失主宰，失去自己的根基和地位。

## 技巧120：学会"冷处理"

日常生活中，常有太多的矛盾。比如，夫妻不和、邻里不睦、同事不谐等，这时候，可以用"冷处理"的方法，把正在闪烁的"火星"冷却。

遇到矛盾尽量冷处理，把想说的话咽回去，让自己独处一会儿，或把注意力转移到其他的事情上，不要在目前这件事上与对方再针锋相对。因为人在气头上，毕竟不会说出好听的话来，声音也比较大，往往就会演变成吵架，这时说出来的话，说理性和逻辑性较差。等冷静后，经过大脑的分析和判断，如果觉得这是小事，不如就此过去，这时你可能会庆幸，有的话没说比说了好；如果需要提，那就平静地跟对方谈谈自己的想法和建议，在平缓的气氛中解决矛盾。善于冷处理是一门学问，也是处理矛盾的技巧之一，有时会产生妙不可言的效果。

学会"冷处理"，你就会冷静地调整，面对各种复杂的变化从容不迫，处逆境而不乱，受打击而不惊，化险为夷，转忧为喜。生活中的每个人，总有避免不了的"缺陷"，在人与人之间，我们要"将心比心"，不能一味地去指责他人的欠缺而忘了自己其实也不够完美。以谅解、宽容、信任、友爱等积极态度与他人相处，会得到快乐的情绪体验。有些事情一时想不通时，不要去钻牛角尖，应暂时把它放一放，把注意力转移到别的地方去。

有一次，两同学在教室走廊上打了起来，班长匆匆跑来告诉赵老师。赵老师走到现场一看，有两个同学，你抓着我的头，我抓住你的衣领，仍然保持着"战斗"状态。他们虽然已经意识到赵老师就站在身边，但谁也不愿意先松开手，仿佛谁先放手就是理亏的一方。

见此，赵老师用平静的口气说："怎么能打架呢？都把手放下来。"两人几乎同时放开对方，跟着赵老师来到办公室，但他们眉宇间都透着怒气，大有一触即发之势。此时，赵老师若有半句询问的话，便会引起一场火辣辣的争辩；倘若她大发雷霆，他们没有申辩的机会，问题一下子也处理不了，还会影响在

办公室办公的其他老师。当时，赵老师始终一言未发，亲手搬来两把椅子，示意他们面对面坐着。

沉默了半天后，赵老师十分平静地对他们说："我现在要改作业，请稍等一下，你们先各自想一想，看自己有哪些不对的地方。"她把"自己"二字强调得很重，说完，就改起作业来。其实她当时并非真的忙得没时间来处理此事，而是借改作业之机留心他俩的神情和举止，想让他们先平静一下情绪，再择良机进行处理。

起初，两个学生一个仰面注视天花板，一个扭头望着窗外，互不相视。过了一会儿，他们都偷偷地看赵老师改作业，此时他们的情绪缓和了一些。当两个学生都意识到赵老师似乎不问他们的事，而是忙于改作业时，都低头沉思起来。又过了一会儿，两人都想偷偷看看对方的表情，正当两人的视线碰在一起时，几乎同时，他们的脸红了。

此时，赵老师觉得冷却的时机已经成熟，火候正好，这才放下笔侧向学生，不无幽默地说："你们本来是一对要好的朋友，一定是为了一点鸡毛蒜皮的小事才爆发了战争，我看一个巴掌拍不响嘛，是不是……"没等她把话说完，两个学生便争先恐后地检讨了自己的错误，主动地向对方道歉，并保证今后再也不打架了。十几分钟前还是剑拔弩张，而现在他们又重新和好了，一场打架事件通过"冷处理"就自行解决了。

从这个例子可以看出，赵老师"冷处理"的做法充满智慧，假如她一到现场就大发雷霆，带到办公室又是一番劈头盖脸的训斥，即使学生说出了其中的原委和过程，必定也是各说各的理，若在处理上出现偏差，"不服气"的学生就会产生报复心理，必会为日后留下隐患。

所以，对待偶发事件，随机应变地进行"冷处理"，给他人一个反躬自省的时间和机会，未尝不是一个好的办法，有时会收到事半功倍的效果。夫妻之间，上司与下属之间，这种"冷处理"的方式都是可取的。

## 技巧121：适时打破沉默，化解僵局

打破沉默并不是一件简单的事情，不仅需要技巧，还需要打破沉默的人有很好的分析能力，先分析清楚双方是因为什么才会出现这种沉默的局面，然后再对症下药，这样才能真正达到预想的效果。

有一家公司的销售经理，为了赢得某个客户，已经付出了一年多的时间和大量的精力，但是就在即将达成协议时，这个客户在一次谈判中突然要求再次降价，而且降得不可理喻。

对方说："我对你们提供的柴油发电机组很满意，但给我们的价格里面必须要包括自启动控制屏、自动控制柜、运费及安装费。"

销售经理听见这话，知道留给自己只有两个选择：要么赔钱，要么就彻底放弃。

沉默，双方都不再说话，各自看着自己面前的文件与合同。

销售经理心想，针锋相对并不是解决问题的办法，除非你能满足顾客所有要求；放弃更不是什么好主意；一味地妥协虽然可能会节约一点时间，但是没有满足双方的要求，所以无法实现双赢。你的竞争对手一旦有了好的方案，且令买卖双方都感到满意的话，这笔生意就很有可能被抢走。和客户谈判，想不过多地出现分歧是很难做到的，许多销售人员会在有意无意之间使客户恼怒。长时间没能取得丝毫进展会让人沮丧，这时最关键的就是保持头脑冷静，注意客户的言语及神态，适时总结一下谈判所取得的进展。

突然，销售经理打破沉默说："我们已经在这些问题上工作了两个小时了，试图达成一项公平合理的解决方案。现在，我建议重新回到付款条款上来，看看是否能做出总结。"

他没有等对方开口，接着说："这是我们的标准价格表，但是鉴于你们是家大客户，我们会给你们一定的折扣。"

打破沉默，率先做出让步。对方不好意思再提运费及安装费。

事后，有人问销售经理是如何谈成这笔生意的。销售经理说："对方是个善于沉默的人，我知道他的目的，所以我如果一直与他僵持下去，他会不舒服，倒不如我来打破沉默，以迎合他。在谈判出现分歧的时候，有两类最常见的通病会不时地出现：第一类就是喋喋不休。有些销售人员会不断地重复某一观点，直到顾客感到烦躁和尴尬为止。你的长篇大论无非是试图表明客户的愚蠢，这在无意中就激怒了客户。第二类错误就是无休止的沉默，浪费时间。"

**（1）由自己的原因造成的沉默**

打破由于自己的原因所造成的沉默，则要选择在沉默了一段时间以后再进行。一般来讲，由于自己的原因而引起的沉默往往都是因为自己太清高、架子大，使人敬而远之，从而造成了对方的沉默；或者是因为自己太自负，盛气凌人，使对方反感，而造成了沉默。

如果自己一直都口若悬河，则要注意自己讲话应适可而止，在短暂的沉默之后，主动征求对方的看法和意见，让对方也有机会表达自己的立场和观点。千万不要让人觉得你是在做单方面的"说教"；相反，你应该让人觉得你们彼此之间是在进行双向沟通，让对方产生你很重视他的感觉，引起他的交谈欲望，从而使谈话不致陷入沉默之中。

**（2）由刚刚发生的争吵引起的沉默**

如果是刚刚发生了争论而出现了沉默，那么，就应当冷静下来，心平气和地谈些无分歧的问题，然后借着和对方道歉的机会来打破沉默；如果局势太僵，则可暗示在场的第三者出面积极调解，趁机打破沉默。

**（3）由周围环境不适引起的沉默**

因周围的环境不适而引起的沉默，在这个时候，你可以趁机请对方去散步或者是喝茶，换一种比较轻松的环境再进行交谈，这样，也就能让对方进入一种更好的状态来和你交谈，效果也肯定比先前的还要好。

**（4）由对方防卫意识太重引起的沉默**

由于对方的原因而引起的沉默，还有一种情况就是，对方自我防卫的意识太重，不肯轻易开口。那么，我们就要努力创造非正式的交谈气氛，以一种轻松的心情和气氛来支持、鼓励对方坦率地交谈，对他所提出的任何观点都不要马上反驳，对一些合理的看法应该给予赞许，促使其进入交谈状态。

**（5）由双方关系微妙引起的沉默**

因为双方关系的微妙产生沉默时，你可以借夸奖对方或者是给对方倒水、让座，趁机打破沉默。

要有耐心，对自己无益的沉默，要不失时机地采取适当的方法打破，以免自己陷入被动，造成更多的麻烦。